이 책에 쏟아진 찬사들

"영감을 준다. 대담한 제안이다. 논쟁을 일으킬 책이다. 이 논의가 설득력 있는 이유는, 저자인 밸리언트 박사가 두려움 없이 큰 질문의 중심으로 곧바로 나서기 때문이다. 그는 열정적으로 주장하면서 또한 곧바로 자기 이론이 아직 완전하지 않은 부분들을 이야기한다. 반대 주장을 기대하고 있고, 마주하고 논의하고 싶어한다. 이건 최고 모습의 과학이다. 도그마나 맹목적인 믿음에 이끌리는 것이 아니라 이해하고 싶은 욕구와 지적 단단함 그리고 사실에 기초하려는 태도에 이끌린. 이 책은 생동감 있고 접근하기 쉬운 스타일로 쓰였다. 또 놀랍게도 재미까지 있다. 흥미롭게도, 이 책을 읽은 후에 일상에서 우리가 흔히 하는 것을 바라보는 우리의 시각이 바뀐다. 그 모든 걸 알고리즘으로 보게 되면서, 컴퓨터과학은 컴퓨터보다는 인간에 대한 과학이라는 밸리언트 박사의 주장을 확신하게 된다."

– 에드워드 프렌켈(Edward Frenkel), 뉴욕타임즈(New York Times)

"이 책은 다른 교양 과학서와는 다르다. 이론 자체를 설명할 뿐 아니라 그 이론을 가능하게 했던 컴퓨터과학의 놀라운 성취를 다룬다. 아주 빛난다. 컴퓨터과학의 기초와 중요한 성과를 일반인에게 압축적으로 쉽게 설명하는 면에서도 아주 빛나는 책이다. 컴퓨터과학 전문가 바깥으로는 널리 알려지지 않았던 그런 지식들이다. 이 책은 모든 컴퓨터과학자들의 책장에 있어야할 책이다. 이제는 '왜 컴퓨터과학 이론이 중요하냐?'는 질문에 답할 수 있게 되었다: '이 책을 읽어라'."

– 미국 알고리즘 및 계산 이론 연구회 뉴스(SIGACT News)

"밸리언트는 컴퓨터과학과 진화 뇌과학이 만나는 지점에 있다. 그는 에코리즘을 탐구한다. 에코리즘은 디자이너에 의해 결정된 것이 아니라 놓여진 환경으로부터 학습하는 알고리즘이다. 그래서 에코리즘은 진화의 근본적인 엔진이라고 볼 수 있다. 그의 글은 명료하고 누구나 읽을 수 있다. 그의 주장은 전면적이고 포괄적이다."

- 하버드 매거진(Harvard Magazine)

"컴퓨터과학자인 밸리언트는 튜링을 세 번째 과학 혁명의 시조로 여긴다. 뉴턴과 아인슈타인 같이 세계를 이해하는 우리의 시각을 근본적으로 변화시킨 것 같은 과학 혁명. 왜 아니겠는가, 네 번째 과학 혁명. 여기서 왜 다윈을 빠뜨릴까? 밸리언트는 과감하게 말한다, 다윈의 이론은 근본적으로 불완전하다고. 다윈의 진화론이 양적으로 검증 가능한 예측을 할 수 있기 전까지는 자연 선택에 의한 진화는 현재와 같이 복잡한 생명체로의 진화를 설명하기 힘들다고. 현재의 진화론은 은유 그 이상은 아니라고. 그의 주장은 계산 학습 알고리즘이 핵심이라는 것이다. 특히, 에코리즘이라는 알고리즘이. 에코리즘은 환경에서 얻어진 정보로 유기체의 성능을 개선하게 해 주는 알고리즘이다."

- 더 사이언티스트(The Scientist)

"다루는 범위가 대담하다. 이 책 읽기는 특히 컴퓨터과학에 대한 도전이고 더 넓게는 과학 일반에 대한 도전이다. 일어서 나서라는 주문이고, 비전이고, 호소이고 의제다. 이 때문에 나는 이 책을 모든 분야의 컴퓨터과학자에게 추천한다. 모든 과학자들에게도 추천하려 한다. 그래서 모두가 컴퓨터과학의 한 리더가 명료하게 펼쳐놓은 미래 연구 비전을 볼 수 있었으면 한다. 아마 밸리언트는 계산 이론을 확장해서 다른 과학으로 가져가는 데 가장 관심이 큰 인물이리라."

- 마이클 미첸마허(Michael Mitzenmacher), 하버드 대학교(Harvard Univ.) 컴퓨터과학 교수

Probably Approximately Correct

기계 학습을 다시 묻다

기계 학습을 다시 묻다

초판 1쇄 발행 2021년 11월 1일 **2쇄 발행** 2023년 8월 14일 **지은이** 레슬리 밸리언트 **옮긴이** 이광근 **펴낸이** 한기성 **펴낸곳** (주)도서출판인사이트 **편집** 정수진 **영업마케팅** 김진불 **제작·관리** 이유현, 박미경 **용지** 유피에스 **출력·인쇄** 예림인쇄 **후가공** 이지앤비 **제본** 예림바인딩 **등록번호** 제2002-000049호 **등록일자** 2002년 2월 19일 **주소** 서울시 마포구 연남로5길 19-5 **전화** 02-322-5143 **팩스** 02-3143-5579 **블로그** https://blog.insightbook.co.kr **이메일** insight@insightbook.co.kr **ISBN** 978-89-6626-326-4 책값은 뒤표지에 있습니다. 잘못 만들어진 책은 바꾸어 드립니다. 이 책의 정오표는 https://blog.insightbook.co.kr에서 확인하실 수 있습니다.

일러두기 본문 하단의 주석은 모두 옮긴이의 주석입니다.

기계 학습을 다시 묻다

*

레슬리 밸리언트 지음 이광근 옮김

인사이트

차례

번역을 펴내며

이 책에 대하여

Leslie Valiant, *Probably Approximately Correct:*
Nature's Algorithms for Learning and Prospering in a Complex World,
Basic Books, New York, 2013.

밸리언트(Leslie Valiant) 교수의 이 책을 만난 건 2016년 여름이다. 알파고
충격이 그해 3월이었다. 알파고를 만든 기계 학습*machine learning*을 이해
할 시각을 찾던 중 만난 책이다. 밸리언트 교수는 기계 학습 이론으로
2010년 컴퓨터과학의 노벨상이라 할 튜링상(Turing Award)을 받았다.

기계 학습 이전까지는 소프트웨어를 만들려면 한 가지 방식뿐이었다.
언어와 논리다. 컴퓨터에게 시키고 싶은 일이 있으면, 그 일을 하는 방
법을 우리가 직접 글로 쓰는 것이다. 모든 세밀한 과정을 논리에 맞게
빠뜨림 없이 글로 써서 컴퓨터에 옮기면 컴퓨터는 그 글에 적힌 대로 실
행에 옮긴다.

그런데 우리의 언어와 논리로는 아직 그 방법을 표현할 수 없는 일들
이 있다. 이세돌을 이기고 자동차를 운전하고 통역을 하고 눈치를 채는
일. 그동안 우리는 그런 일을 어떻게 하는 것인지 표현할 수 없었다. "홍
시 맛이 나서 홍시 맛이 난다고 한 것이온데 어떻게 그 맛을 알았냐고
물으시면 어찌 답해야 할지 모르겠사옵니다." 드라마 〈대장금〉의 한 장

면이다. 글로, 명확한 논리로 그런 일을 어떻게 하는지, 어찌 답해야 할지 우리는 아직 모른다. 강아지 사진인지를 판단하는 방법을 글로 적어 보시라. 그리고 그 방법대로 판단하는 과정을 밟아보시라. 틀린 답을 내기 일쑤다. 논리와 언어로는 그 방법을 잡아내지 못한다. 우리가 늘 하는 일이니 분명히 가능한 일인데, 그 방법을 일일이 표현하려 들면 난감해진다. 아직 우리가 이해하는 언어로는 구체적으로 작성할 수 없는 소프트웨어가 우리 몸에서 작동하고 있는 것이다.

기계 학습은 그런 소프트웨어를 만드는 방식이다. 단, 우리가 직접 만들지는 못하고 컴퓨터가 만들도록 한다. 컴퓨터가 학습 과정을 밟게 해서 만들어 내도록 한다. 우리가 할 일은 그 학습 방법만을 논리와 언어로 작성해서 컴퓨터에게 전달하는 것이다. 컴퓨터는 쓰인 대로 학습 과정을 진행하고 그 결과로 소프트웨어를 뱉어낸다. 물론 그 소프트웨어도 글로 쓰여 있다. 그러나 어떤 경우(특히 인공신경망 스타일인 경우) 그 소프트웨어를 우리가 이해하기는 아직 불가능하다. 너무 아래 단계의 글이기 때문이다. 마치 분자 구조로만 적혀 있는 장치랄까. 뭐가 무슨 역할을 어떻게 해서 풍미를 느끼는 혀와 코가 된 건지 상위에서 파악하기 힘든. 그런데 이 소프트웨어가 용케 홍시 맛이 있다/없다를 답한다. 우리가 원하는 일을 얼추 그럴듯하게 해내는 소프트웨어가 학습을 통해서 어쨌든 만들어지는 것이다.

기계 학습은 주입식 학습이다. 많은 정답 예시들을 주입한다. 그러면 출력으로 그런 정답을 낼 수 있는 소프트웨어가 만들어진다. 홍시를 넣은 음식을 많이 맛보게 한다. 설명은 없다. 예시들만 주입할 뿐이다. 그러면 홍시 맛이 도는 요리인지를 감별하는 함수가 만들어진다. "2일 때 3", "−1일 때 0"을 주면 $x + 1$ 함수가 만들어진다. 특수에서 보편으로 건

너뛰는 것이다. 어거지이고 거짓일 수 있다. 사실은 $x^2 - 1$ 함수일 수 있다. 충분히 많은 예시를 주입한다면 어떨까? 서당개 3년이면 풍월을 읊는다는데, 서당개에게 5만 년어치의 글을 들려준다면? 기계 학습을 돌리는 컴퓨터에게 5만 년어치 책을 주입해주면 학습 결과로 얼추 글을 쓰는 서당개를 만들어 준다. 종종 엉터리 글을 쓸 수는 있지만 어느 정도 해낸다.

지금 기계 학습은 전통적인 소프트웨어 제작의 1960년대와 비슷하다. 언어로 직접 짜는 소프트웨어가 시작되던 시절. 멋진 결과들이 나오기 시작하면서 한편에서는 기계적인 계산의 세계(소프트웨어의 세계)를 이해하려는 노력이 시작되었다. 컴퓨터로 어디까지 할 수 있는지, 빨리 풀수 있는 문제들의 경계는 어디인지. 또, 소프트웨어를 기계에 대한 명령으로만 바라볼 필요가 있는지 등. 컴퓨팅 계산 이론*computation theory*과 프로그래밍 언어 이론*programming language theory*이 발아하던 시기였다.

지금이 그때와 유사하다. 그동안 지어내지 못했던 소프트웨어를 기계 학습으로 길어 올리며 북적이는 동요 혹은 격동. 서로들 몸을 던져 들어서는 기계 학습의 우물 혹은 정글.

그런 한편에선 그 정글이 어떤 세계인지를 이해하려고 애쓰는 사람들이 있다. 저건 뭐고 이건 뭐란다. 저건 우리보다 세지만 여기가 급소란다. 이렇게까지 가능해. 그 끝은 이렇고. 이렇게 우리를 안심시키는 이야기, 그런 과학이 있다. 독자들은 그런 과학의 한 줄기를 이 책에서 구경하게 된다.

밸리언트 교수가 그 선두였다. 그의 업적은 기계 학습을 수학으로 명확하게 정의한 것이다. 그가 만든 정의가(혹은 그 변형이) 앞으로 출현할 모든 기계 학습 알고리즘을 포섭할지는 두고 볼 일이지만 그 가능성은 큰 듯하다.

이런 정의가 왜 중요할까? 정의해야 이해할 수 있기 때문이다. 모든 기계 학습을 아우를 튼튼한 정의가 있어야, 비로소 어떤 것이 기계 학습으로 가능할지를 알 수 있기 때문이다. 물론 정의가 없어도 새로운 기계 학습 기술은 부지런히 만들어질 것이다. 하지만 모든 기술을 아우르는 기계 학습을 정확하게 정의하지 않고는 기계 학습의 능력과 한계의 경계를 알지 못한다. 고안한 기술이 그런 지도에서 어디쯤인지, 그래서 그쪽으로 달려가다 부닥칠 한계선을 피할 기술이 어디서부터 필요할는지 알지 못한다. 오리무중. 마치 연금술로만 머물며 헛발질한다고 할까.

컴퓨터의 원천 설계도를 선보인 튜링(Alan Turing)의 업적이 사실 그런 것이었다. 튜링은 1930년대에 기계적인 계산이 뭔지를 명확히 정의한다. 그 정의 덕분에 컴퓨터로 하는 온갖 문제 풀이 능력과 한계를 파악할 수 있었다. 그리고 그 정의가 지금까지 깨지지 않고 유지된 덕분에, 파악했던 것들이 지금까지 사실로 유지될 수 있었고, 컴퓨터 하드웨어와 소프트웨어 분야가 서로 신경 쓰지 않고 전속력으로 발전할 수 있었다.

어떤 독자는 궁금해할 것 같다. 이 책을 읽으면 더 좋은 인공지능을 만들 수 있는 걸까? 당장은 그렇지 않다. 계산 이론을 안다고 더 빠른 길찾기 알고리즘을 만드는 데 도움 되지 않고, 생리학을 안다고 달리기 금메달리스트를 만드는 데 즉각 도움 되지는 않는 것과 같다.

대신에, 이 책으로는 기계 학습에서 하는 일이 결국 뭐다,라는 것을 어느 정도 이해하게 된다. 기계 학습의 정의다. 그래서 기계 학습이 어디까지 나아가게 될지. 지금 이상으로 어떤 것을 상상할 수 있는지. 학습이 만들 인공지능과 인간지능의 한계는 어디까지일지. 현재의 너머까지를 바라보는 긴 안목. 그런 대담함을 자극 받는다. 당장의 정황에 즉각 반응하는 기민함이 익숙한 독자에겐 아마도 소홀했던 시각일 것이다.

이 지점이 이 책을 번역하려던 동기의 시작이었다.

번역 동기

두 가지 정도가 있었다.

하나는, 기계 학습*machine learning*을 보다 근본적으로 이해할 수 있는 시점을 소개하기다. 지금 모두가 놀라는 인공지능을 만드는 주인공 기술이 기계 학습이다. 이 기계 학습의 바다로 많은 배들이 나서고 있다. 만선의 깃발을 날리며 돌아오는 배도, 빈손으로 귀항하는 배도, 폭풍우에 뒤집히는 배도 있을 것이다. 모두가 동요하는 이런 야단법석의 세계. 그 아래를 질서 있게 바라보는 과학이 있다. 흥분과 우려로 충혈된 눈빛을 차분히 가라앉혀 줄 과학. 널리 알리는 것이 어떨까 싶었다.

다른 한 동기로는, 학습 과학*learning science*이라는 새로운 과학을 소개하기다. 학습 과학은 기계 학습만이 아니고 전통적인 과학이 다루지 못한 자연 현상을 다룰 새로운 방법이 될 수 있다,는 소식이다. 중요한 흐름으로 맹렬해질 수 있을 터, 지금 소리소문내는 것도 시의적절하지 않을까 싶었다.

그래서 아무쪼록 이 번역서가 다음의 역할로 독자들에게 다가가는 것을 상상한다. 하나는, 일종의 익스트림 투어 코스 입구에 놓인 가이드북이다. '4차 산업혁명'의 엔진이라는 컴퓨터과학이 인공지능과 기계 학습 관련해서 물밑에서 다지고 있는 기초공사의 한구석. 그곳을 구경하는 투어 코스에 함께하는 안내서 정도. 또 하나는, 일종의 저널리즘 역할이다. 학습 과학이 인공지능을 넘어 그 이상을 펼치게 될 분야임을 예측하는 흥미로운 기별, 그 속 내용을 짚어보는 심야 다큐멘터리 정도다. 마지막으로, 근거 있는 논의를 위한 참고서 역할이다. 인공지능 관련 논의가 신비감에 기대어 부유하지 않도록 과학적인 근거로 내실을 심는 채비다.

번역 방법에 대하여

두 의견에 힘입어 번역에 임했다.

- 번역은 도착어 문화권에만 일방적으로 공헌하는 게 아니다. 번역본과 원서를 모두 합할 때 오리지널 텍스트만 가지고는 도달할 수 없던 수준의 이해를 달성하게 된다.
- 번역은 출발어로 쓰인 텍스트를 도착어로 최대한 정확하게 해석하고 풀어내는 데 머물지 않는다. 번역하는 중에 도착어에는 어휘가 만들어지고 정비되고 문법마저 변형되는 변혁이 일어난다.

이런 생각이 따라 들었다. 직역은 이제 기계가 할 일이다. 사람인 나는 다른 수준의 번역을 해야 한다. 가능해야지 않을까. 원본을 읽는 사람들보다 번역본을 읽는 사람들이 보다 쉽게 잘 이해할 수 있는 번역.

그래서 번역 시작 전에 저자의 다짐을 받아두었다. 번역 중에 조금이라도 의문스러운 부분에 대해서는 자세히 캐물으며 귀찮게 할 듯한데 괜찮겠는지. 나와 저자의 세부 전공이 다르다 보니 의문 가는 대목이 있었다. 저자와 친분이 있을 것 같은 그 동네 동료 교수에게 도움을 청했다. 나를 저자에게 소개시켜 달라. 그렇게 소개받으며 일면식도 없던 저자와 가까워질 수 있었다. 저자는 나의 계획을 기꺼이 환영해 주었다.

번역에는 원 책에는 없던 것이 추가되었다. 원 책이 2013년에 출판된 이후 깊은 신경망deep neural net, 딥뉴럴넷을 이용한 기계 학습 기술은 알파고 같은 놀라운 능력을 다양한 분야에서 보여주고 있다. 새로운 이 기술들을 저자의 이론으로 어떻게 바라볼 수 있는지 물었다. 그 내용을 받아 9장에 첨가하였다.

이 외에 세 가지를 추가하였다. 요약, 각주, 소제목이다. 각 장마다 맨 앞에 그 장의 요점을 정리해서 넣었다. 전경을 미리 조망하고 숲속으로 들어서도록 돕는 안내판이다. 그리고 종종 해설을 각주로 첨가했다. 저자의 호흡이 가파르다고 판단되면 최대한 쉽게 배경을 해설하는 데 각주를 이용했다. 모든 각주는 번역자의 각주다. 내용이 절로 구분되지 않고 너무 길어진 경우 소제목을 달아 부분 부분의 요점을 미리 드러냈다.

번역은 다음을 유지하려고 했다.

- 전문 용어는 최대한 쉽게 풀어 썼다. 전문 개념의 핵심을 쉽게 전달하도록, 최대한 쉬운 일상어로 풀어 번역했다. 학술은 학술의 언어를 – 우리로서는 소리로만 읽을 원어나 한문을 – 사용해야만 정확하고 정밀하고 경제적이라는 데 동의하지 않는다. 아무리 정교한 전문 지식이라도 쉬운 일상어로 짧고 정밀하게 전달될 수 있다고 믿는다. 시에서 평범한 언어로 밀도 있게 전달되는 정밀한 느낌을 겪으며 믿게 된 바이기도 하다. 전문 용어는 항상 해당 우리말 아래에 이탤릭체 첨자$_{subscript}$로 원문을 덧붙였다.
- 가능하면 두괄식 글이 되도록 했다. 각 단락의 요점을 간략하게 정리해서 첫 문장으로 놓는 방식이다. 글을 빨리 수월하게 읽을 수 있게 하는 장치다. 단락의 첫 문장들만 주욱 읽어도 내용을 파악할 수 있다. 두괄식을 위해서 단락에 첫 문장을 추가하기도 했고, 하나의 단락이 하나의 요점만 가지도록 단락들을 쪼개거나 합치고 문장을 재배치하기도 했다.

읽기 안내

차례를 보고 관심 가는 곳으로 곧바로 들어서도 별 문제없을 것이다.

아니면 이런 식도 가능하다. 전체 조망을 반복해서 훑는데, 매번 더 자세히 읽는 방식이다. 우선 저자가 마련한 줄거리 장을 읽는다. 더 궁금하면 각 장의 요약들만 읽는다. 더 궁금한 장이 있으면 그 장으로 들어가서 우선 각 단락마다 첫 문장만 읽는다. 첫 문장들만으론 간지럽다면 단락 안쪽을 모두 읽는다. 그러다 이것 봐라 싶으면 책 모든 문장을 읽는다. 그리고도 간지럼이 남으면 해당 참고 자료들로 옮겨간다.

저자의 참고 자료 인용 부호는 각주와 구별하기 위해 꺾쇠 괄호 안에 알파벳[z]으로 표시하였다. 용어 설명에는 원본 것에 더해서 몇 가지 번역 용어들의 설명을 더했다. 찾아보기는 통상적인 역할뿐 아니라 용어들의 번역 관계를 한눈에 보여주는 역할도 한다. 영어 기준 찾아보기에는 영문 아래 우리말 번역들이 모여있고, 우리말 기준 찾아보기에는 우리말 아래 해당 영문들이 모여 있다.

알고리즘기계 너머 에코리즘기계
디덕기계 너머 인덕기계
확실히 다 맞는 계산 너머 얼추 거의 맞는 계산
이 모든 걸 과학으로 펼치는 지능기계의 언덕

이 책의 슬로건으로 정리해 봤다. 위 슬로건에 대한 궁금증이 수월하게 풀리는 책읽기가 되기를 아무쪼록 빌어본다. 계획한 바, 원서보다 쉬운 번역본이 가능하리라고 나섰는데 결과가 과연 그런지 모르겠다. 독자들의 평가가 남았다.

감사

연구·학기 덕분에 책을 만나고 번역하게 되었다. 아마존에서 책을 구입했던 2016년 여름은 내가 연구 학기 중이었다. 책이 배달된 날이 그해 7월 26일로 메모되어 있다. 파리 고등사범학교(École Normale Supérierure, Paris)의 파스퇴르 빌라(La Villa Louis Pasteur)라는 방문객 숙소에 네 달간 머물 때였다. 책을 대충 훑은 것이 그 여름이었고 번역을 본격적으로 시작한 때는 또 4년이 지난 2020년 여름이다. 다시 연구 학기를 시작하던 때였다.

번역 과정에서 다양한 도움과 응원을 전해준 모든 분께 감사드린다. 함께가 아니었다면 이 책은 나오지 못했다. 저자인 밸리언트 교수는 내 이메일에 매번 하루를 넘기지 않고 늘 친절하게 답장을 해주었다. 책을 읽으며 의아한 부분을 따지듯이 물었던 이메일들이었다. 밸리언트 교수가 그 이메일에 시큰둥했다면 내 에너지는 많이 사그라들고 여기까지 오지 못했을 것이다. 그렇게 편히 이메일할 수 있었던 건 밸리언트 교수에게 나를 개인적으로 소개시켜 준 MIT 아빈드(Arvind) 교수 덕택이었다. KAIST 양홍석 교수는 거의 모든 페이지에 세밀하게 코멘트해 주었다. 귀중한 시간을 너무 잡아먹는 게 아닌지 미안할 정도였다. 매번 걱정 마시라, 재미있게 읽고 있다며 한 페이지 한 페이지 꼼꼼히 코멘트를 달아 전달해 주었다. 옆옆 방의 허충길 교수와는 번역 초안에 대해 이야기를 주고받던 점심 시간이 여럿이었다. 천천히 책 내용에 대해서 서로가 동의하는 지점을 만들어가던 즐거운 시간이었다. 고려대 오학주 교수, 한양대 이우석 교수, KAIST 허기홍 교수와 강지훈 교수, 김진영 박사, 그리고 박사 과정 이동권 군은 다채로운 코멘트를 해주었다. 이들의 코멘트는 든든한 응원이기도 했다. 아래층 김지홍 교수는 이 번역을 보는 다른 시각으로 자극이 되어 주었다. 통계학과 이재용 교수와 김용대 교수는 밸리언트 교수의 이론에 대한 비평을 전해주었다. 너무나 꼼꼼한 학부생 유윤기 군은 전문가 수준의 교정을 봐주었다. 인사이트의 한기성 사장은 내 번역 제안에 흔쾌히 동의하고 지원해 주었다. 편집을 맡은 정수진님은 번역 원고 구석구석을 세밀하게 다듬고 이끌어주었다. 다시 한 번 이 모든 분들의 도움과 응원에 감사드린다.

마지막으로, 편안한 가정을 이끌어주는 아내 이영애의 사랑과 헌신은 늘 따스하다. 마를 수 없는 고마움을 전한다.

줄거리

알고리즘*algorithm*은 문제를 푸는 기계적인 방법이다. 컴퓨터가 우리가 원하는 일을 어떻게 하면 되는지, 한 스텝 한 스텝 방법을 쓴 것이다. 요리법 같은 것이다. 두 경우 모두, 디자이너는 자신의 방법대로 실행에 옮겨지는 환경을 맘에 그리며 원하는 결과가 어떻게 나올지 상상한다.

이 책에서 내가 논의할 알고리즘은 조금 특별한 것들이다. 대부분의 알고리즘과는 달리, 디자인한 사람이 모르는 환경에서 그 알고리즘들이 실행될 수 있다. 그 알고리즘들은 환경과 상호작용하면서 그 환경을 효과적으로 헤쳐나가는 방법을 배운다. 상호작용을 충분히 하고 나면 그 알고리즘들은 더 똑똑해진다. 어떤 전문성을 가지게 된다고 할까. 알고리즘에 미리 심어 넣은 전문성이 아니라 실행하며 외부 환경에서 배워 익힌 전문성이다.

이런 알고리즘을 에코리즘*ecorithm*이라고 부르겠다. 에코리즘이 따르는 학습을 얼추거의맞기*probably approximately correct, PAC* 학습이라고 한다. 이 학습 모델은 성공적으로 학습했다는 게 뭐고 그렇게 되기까지의 비용은 어떻게 되는지를 판단하는 틀을 제공한다. 그 안에서 디자이너들은 알고리즘이 배운 전문성이나 그것을 배우는 비용을 재 볼 수 있다.

에코리즘은 단순히 컴퓨터 소프트웨어에만 한정되지 않는다. 지구에 사는 생명의 특성도 그런 학습 과정으로 만들어진다고 볼 수 있다. 진화의 경로는 유기체가 오로지 환경과 상호작용하고 환경에 적응해가면서 만들어진다. 개별 생명체는 그렇게 적응한 결과를 상속받고 또 새로운 학습을 더하면서 살아간다. 에코리즘을 동원하면 다윈의 진화론은 비로소 정량적인, 구체적인 과학이 될 수 있다.

이 책의 초점은 하나의 통일된 틀이다. 에코리즘이라는 통일된 틀로 컴퓨터과학의 방법을 이용해서 진화, 학습, 지능을 모두 설명하는 것이다.

1, 2, 4장은 정량적인 컴퓨터과학의 접근법을 적용할 자연 현상의 모습을 개괄한다. 3장은 컴퓨터과학의 소개다. 특히 알고리즘과 그 복잡도를 정량적으로 연구하는 것에 대해서, 그리고 그에 사용되는 연구 방법의 배경을 설명한다. 5, 6, 7장은 각각 학습, 진화, 지능에 관해서 이 책이 내놓는 통일된 이론 이야기다. 마지막 8, 9, 10장은 사람과 기계가 미래에 어찌 될지 개인적으로 머릿속에 굴리고 있는 이야기다.

수학

수학이 사용되겠지만 아주 약간만이고, 사용되는 곳에는 설명을 붙일 것이다.

1

에코리즘
Ecorithms

요약

이 책의 주제는, 지금까지 과학이 다루지 않은, 하지만 생명체들은 명백히 잘해가는 경우들을 과학적으로 설명하는 것이다. 그 과학은 학습과 계산이라는 두 기둥으로 선다. 생명체들이 헤쳐나가는 다채로운 방법이 모두 환경으로부터 학습한 결과이고, 이 학습 과정이 기계적인 계산으로 이해될 수 있다는 입장이다. 이런 학습 능력을 갖춘 알고리즘을 에코리즘*ecorithm*이라고 부르겠다. 에코리즘이라는 학습과 계산의 틀, 이 틀로 기계 학습뿐 아니라 진화와 지능 같은 생명의 근본적인 특성을 과학적으로 잡아낼 수 있다. 이 책의 핵심은 그런 에코리즘이 수학적으로 명확하게 정의되고 분석될 수 있다는 소식을 전하는 것이다. 학습과 계산으로 자연을 이해하는 새로운 과학이 현재 싹트고 있다는 소식이다.

이론 없는 것을 과학으로

1947년 당대 천재 수학자로 소문난 폰 노이만(John von Neumann)이 기조연설을 했다. 미국 컴퓨팅학회(Association for Computing Machinery)의 첫 연례행사 장이었다. 이 연설에서 그는 미래 컴퓨터는 12가지 종류의 명령어만 있으면 충분할 것이라고 했다. 수학의 모든 걸 표현하는 데 필요한 연산자들이 그 정도일 걸로 알려진 숫자였다. 연설을 이어가며 말하길, 이 작은 숫자에 놀랄 필요 없다, 왜냐하면 실제 인생에서는 천 개 정도의 단어만 있으면 거의 모든 경우에 충분하다고 하는데, 수학은 인생의 아주 작은 일부분일 뿐이다, 그것도 아주 간단한 일부분이다. 청중들은 아연실색했다. 폰 노이만이 대꾸했다. "수학이 간단하다고 믿지 않는다면, 이유는 간단하다. 인생이 얼마나 복잡한 건지 깨닫지 못했기 때문이다."[a]

상식에는 반하지만, 폰 노이만의 재치 있는 이 한마디는 분명한 진실을 담고 있다. 아인슈타인의 일반 상대성 이론은 간단하다. 그 핵심 내용을 하나의 등식으로 한 줄에 쓸 수 있다. 그 등식의 의미, 그 등식이 유도되는 과정, 그리고 그 등식에서 나오는 사실들을 이해하려면 광범위한 공부와 노력이 필요하지만, 그 등식은 놀랍도록 간단하고 강력하다. 그 강력함은 등식이 품고 있는 일반성에서 온다. 여러 현상을 포섭하는 일반성을 말한다. 그 한 등식으로, 등식을 처음 유도할 때는 생각지도 못했던 많은 현상들을 정확하게 예측할 수 있다는 일반성.

한편, 인생의 많은 것이 그렇게 간단치는 않다. 입사 면접에서, 투자에서, 혹은 배우자 선택에서, 성공을 보장하는 공식 같은 건 없음을 우린 알고 있다. 이런 것들에 필요한 지식이 뭔지 정확히 특정할 수도 없을 것이다. 관련되는 지식을 모두 모았다고 하더라도, 어떻게 꿰어야 최선의 결정을 이끄는지 확실한 방법도 없다.

이 책은 이 구분(수학적인 것과 아닌것)을 진지하게 다루는 데서 시작한다. 좋은 예측 이론이 있는 지식들, 주로 수학 또는 과학의 지식들을 이론 있는*theoryful* 지식이라고 하자. 나머지를 이론 없는*theoryless* 지식이라고 하자. 여기서 '이론'이라는 단어는 과학 분야에서 사용되는 뜻으로 '좋은, 효과적인, 유용한 이론'에서의 이론이다. "그저 이론일 뿐이야"에서 같이 부정적인 의미에서의 이론은 아니다. 뉴턴의 법칙에 근거해서 행성의 궤도를 예측하는 것은 이론 있는 것이다. 그 예측이 궤도를 이론적으로 정확히 예측하는 명확한 모델을 사용하기 때문이다. 카드놀이에서 상대방의 패를 추측하는 것도 똑같이 이론 있는 행동이다. 그 추측이 과학적인 확률을 계산해서 나온 것이라면. 화학자가 두 화합물을 섞어서 나올 결과를 예측할 때 화학의 원리를 사용하는 경우도 같다.

이 책에서 다루게 될 주제는, 이론은 없지만 명백히 잘해가는 경우들을 과학적으로 설명하는 것이다. 사람의 행동을 보자. 사람의 행동들에는 이론 없는 경우가 허다하면서도 그런 행동들은 또 상당히 유효하다. 대부분의 사람이 경제 시스템을 완전히 이해하지 못하지만 그 안에서 자신의 재산을 그럭저럭 적절하게 관리해 간다. 오히려 전문가는 실패하는 경우에도 일반 사람들은 잘 꾸려 간다. 이론 없는 입장에서 해내고 있는 것이다. 또 정확히 그 방법을 말로 옮기지는 못하지만, 즉 이론은 없지만, 사람들은 사회생활을 하면서 얽히고설킨 복잡한 상황을 썩 잘 헤쳐나간다. 이렇게 흔한, 이론 없지만 유효한 행동들에 대해서 아직도 과학적인 설명이 없다

한편, 이론이 있고 없고는 상대적인 개념이다. 행동을 하는 주체가 이론을 알고 있냐 아니냐에 따라 상대적이다. 물체끼리 서로 끄는 힘, 물체의 움직임 등은 물리학자들에게는 이론 있는 것이지만, 물고기나 새에

게 아마도 그런 이론은 없다. 하지만 그런 이론을 모르고도 물고기와 새들은 자연에서 잘 생존한다. 그들에게는 이론 없이 해가는 셈이다. 벌레들은 땅을 팔 수 있지만 관련한 물리 법칙을 이해하는 것은 아닐 것이다.

아무튼 이론 없는 예들을 보면, 늘 접하는 뻔한 현상이긴 하지만 숭고하고 신비한 면이 있다. 따라야 할 이론이나 과학적인 법칙으로 무장하지 않고도 어떻게 그럭저럭 해낸다. 거의 모든 생명체의, 혹은 사람의 행동이 그렇게 이론 없이 어떻게든 해낸다. 그런데 어떻게 그렇게 하게 되었는지, 또 왜 그게 성공적인지를 정확히 이야기하려 하면 말문이 막힌다. 어떻게 그런 유효한 행동을 하게 되는 걸까? 이 세계가 너무나 복잡해서 참고할 명확한 과학 이론이 있는 것도 아닌데. 더 수수께끼 같은 건, 어떻게 그런 유효한 행동을 하는 능력을 얻게 된 걸까? 참 인상적이다. 생명체들은 이론 없는 것에 대처해서 이 복잡한 세상에서 어떻게 그렇게 잘 헤쳐 가는지.

뭔가 공통된 현상이 있을 거라고 본다. 분명히 그런 양상들에는 공통점이 있을 것이다. 아마도 그 모든 것의 배후에 공통된, 과학 법칙으로 정리할 수 있는 하나의 기본적인 현상이 있을 것이다.

학습을 컴퓨터과학으로

이 책은 두 개 입장을 중심으로 펼쳐진다. 첫째는, 생명체들이 어려움을 헤쳐나가는 다채로운 방법이 모두 환경으로부터 학습한 결과라는 것이다. 둘째는, 이 학습 과정이 컴퓨터과학의 방법들로 이해될 수 있는 구체적인 과정을 밟는다는 것이다.

겉으로만 보면, 이론 없이 그럭저럭 헤쳐나가는 것과 컴퓨터과학이 연결된다는 게 불편할 수 있다. 컴퓨터가 전통적으로 가장 효과적이었던 분야가 예측 과학, 예를 들어 유체 흐름에 대한 물리학같이 이론에 기초한 예측 모델에 따라 계산을 하는 분야였기 때문이다.

그러나 컴퓨터과학이 답할 수 있다고 본다. 컴퓨터는 말랑한 면도 가지고 있다. 흔히 생각하는 것과 달리, 컴퓨터과학은 사실 기계보다는 늘 사람에 대한 것이 더 많았다. 컴퓨터가 할 수 있는 많은 일들, 예를 들어 웹 검색, 오탈자 확인, 수학 방정식 풀기, 바둑 두기, 번역하기 등등은 모두 사람이 가진 능력을 흉내 내는 것이다. 일거리에 따라서 현재의 컴퓨터가 사람보다 더 잘하기도 하고 못하기도 한다. 그러나 컴퓨터를 단순히 우리가 하고 싶은 일을 시키는 하인으로만 바라보면, 실마리를 놓치게 된다. 컴퓨터는 사람이 늘 하는 일 중에서 많은 부분을 해내고 있고, 또 이미 반대로 사람에 대해서 가르쳐주고 있을 수도 있다. 그게 무엇인지 물어야 한다. 미래로 확장해서 상상할 것도 없다.

컴퓨터로 실현된 계산이란 것이 다양한 분야에서 응용되고 있는 것, 이건 전혀 예상 못한 20세기의 발견이다. 백 년 전 누군가 예상했었다는 흔적은 없다. 정말 놀라운 사건이다. 우리 각자는 다 다른 방식으로 컴퓨터에 기댄다. 컴퓨터로 할 수 있는 일의 폭이 넓기 때문이다. 몇 년 전 나는 두뇌의 모델에 관심이 있어서 몇 주 동안 혼자 처박혀서 내 노트북에서 어떤 모델을 돌려보며 능력을 분석하고, 그 결과에 기초해서 논문을 썼다. 같은 노트북에서 문서 편집기를 사용해서 논문을 썼고 완성된 논문을 그 노트북에서 학술지 측에 이메일로 보냈다. 지금 우리에게 이런 건 전혀 놀랍지 않다. 그러나, 몇 세대 전에 누가 상상이나 했을까? 하나의 도구로 그런 다양한 일을 할 수 있다는 것을 누가 꿈이라도 꾸었겠는가.

대개 중요한 아이디어들은 길고 복잡한 역사가 있지만, 계산에 관한 지금의 개념(기계적인 계산, 자동 계산의 개념)은 갑작스럽게 가장 완전한 모습으로 출현했다. 튜링(Alan Turing)의 1936년 논문[ㅂ]에서다.1 이 논문 이전에는 과학계에서 기계라는 개념을 다룬 작업은 없었다. 튜링의 논문이 처음이었다.

튜링의 목표는 단순히 기계를 이해하는 것에 있지 않았다. 그는 이렇게 말했다. "숫자로 뭘 계산하고 있는 사람과 유한한 개수의 정해진 규칙만 가능한 기계는 유사하다고 할 수 있다." 그는 기계적인 계산을 규칙을 따르는 과정으로 정의하고는, 자신의 목표를 좇았다. 그 목표는 직관이나 창의력 같은 모호한 것에 기대지 않고 기계적으로 할 수 있는 일의 한계를 확인하는 것이었다. 한편, 이 목표와는 별개로 그의 기계적인 계산의 정의로부터 우리 일상의 모든 구석을 파고든 정보 혁명의 기술이 뒤따른 것이고.1

튜링의 그 논문은 아주 성공적이었다. 컴퓨터라는 말이 그가 정의한 대로 널리 통용되고 있는 것을 보라. 우리가 잊고 있을 정도다. 1930년대까지 컴퓨터라는 말은, 숫자 계산을 직업으로 하는 사람을 가리키는 것이었다. 또 철학자나 심리학자가 기계적인 정신 능력의 본질에 대해서 그 전에 했다는 생각들도 튜링의 작업에 묻혀서 우리 기억에는 희미하게 남아 있을 뿐이다.

실질적인 성공으로는, 튜링은 정확하고 근본적인 법칙을 찾아냈다. 기계적인 계산의 한계를 정확히 증명해 보여주었다. 살아있는 것과 그렇지 않은 것들이 모두 가지고 있는, 하지만 그때까지는 사람 컴퓨터만이 가지고 있는 것으로 보였던 한계.

---

1 튜링의 1936년 논문은 기계적인 방식으로는 모든 자연수에 대해 참인 명제를 만드는 것은 불가능하다는 것을 증명한 논문이다. 괴델(Kurt Gödel)이 1931년에 발표한 불완전성 정리incompleteness theorem의 증명 과정을 배우고 자신만의 스타일로 다시 증명한 것이다. 이 증명에 소품으로 보편만능 기계universal machine라는 컴퓨터의 청사진이 세상에 출현한다.

중요한 점은 튜링의 기계적인 계산의 개념이 사람 행동까지도 이해할 수 있게 해준다는 것이다. 그의 개념은 수십억 개의 기술로 실현돼 우리의 일상을 바꿔버렸지만, 기술의 성공에만 눈이 멀면 이런 중요한 포인트를 놓친다. 튜링이 정의한 기계적인 계산이 인간 행동을 이해할 수 있는 수단이 될 수도 있다.

이건 좀 역설적으로 들릴 수 있다. 사람은 튜링 이전에 존재했고 튜링의 기계적인 계산의 개념은 그전에는 없었다. 그런데 어떻게 그의 이론이 사람에게 그렇게 근본적이란 걸까? 그 개념의 역사가 그 이전에는 없었다면서.

이 질문에 대한 내 답은 이렇다. 튜링 이전에도, 사실 생명의 시작부터 모든 생명체 안에서 지구 위를 휩쓴 힘은 계산이었다는 것이다. 단, 그 계산은 특별한 종류의 계산들이었다. 우리의 노트북과 비교하면 거의 모든 면에서 성능이 떨어지는 계산들이었다. 하지만 한 가지, 적응이란 계산에는 상당히 훌륭했다.

에코리즘: 학습하는 알고리즘

이런 계산을 나는 에코리즘ecorithm이라고 부른다. 알고리즘의 일종으로서 학습 능력을 갖춘 알고리즘을 말한다. 환경에서 학습을 통해 보다 나은 능력을 이끌어낼 수 있는 알고리즘이다. 학습 능력 덕분에 어떤 환경에 놓여도 유효한 행동을 할 수 있는 알고리즘이다.

에코리즘을 이해하려면 튜링이 정의한 기계 계산을 이해해야 한다. 그리고 학습, 적응, 진화라는 특정한 현상을 에코리즘으로 잡아내려면 튜링의 기계적인 계산의 정의를 조금 다듬는 게 필요하다.

사실 학습을 이해하는 것은 몇십 년 동안 내 연구 목표였다. 학습하는 어린아이들에게 자연스레 일어나는 현상을 보면 아주 놀랍다. 이 학습이 기가 막힌 건, 각자의 경험을 기억하는 것을 넘어서, 아이들은 그 경험으로부터 일반화를 할 줄 알고 그것도 아주 빨리 해낸다. 사과나 의자의 예를 몇 개 보고 난 후 새로운 것을 보면 그게 사과인지 의자인지를 구분한다. 다른 아이들이 다른 예를 보고 학습하더라도 아이들이 가지고 있는 개념은 비슷해진다. 다른 예를 보고 배웠다고 해도, 적어도 같은 문화권 안에서는, 같은 개념을 익히게 되는 비율이 놀랄 정도로 높다. 또 구분 능력도 정교하다. 아이들이 모두 사과와 공을 구분해 낼 수 있다. 똑같이 둥글고 빨갛더라도.

이런 학습 혹은 일반화 능력은 기적같이 보이지만, 기적일 수는 없고, 꽤 반복해서 다시 만들 수 있는 자연 현상이다. 잘 익은 사과는 나무에서 땅으로 떨어진다는 것은 충분히 예측 가능하기 때문에, 이 현상에 기초해서 끄는 힘의 보편 법칙을 이끌어 낼 수 있다. 특정한 경험에서 일반화를 성공적으로 하는 어린이들이 바로 이런 예측 가능한 현상을 일반화하는 능력을 갖춘 것이다.

그러므로, 주변에 흔한 이런 기적 같은 일반화 현상은 과학적인 설명을 기다리고 있다. 이 책에서 나는 이런 일반화 현상을 구체적인 기계적 계산의 과정으로 설명하려고 한다.

에코리즘의 명확한 정의를 향하여

과학자로서 일반화를 정의하고 설명하려고 할 때 철학자보다는 조금 유리한 방식으로 풀어갈 수 있다. 일반화는 철학자들이 천 년 이상 논쟁해

온 주제다. 인덕_induction_[2]의 문제라고 한다.[3] 과학자인 나로서는, 철학자들이 일반화(인덕)에 대해서 일반적으로 논쟁한 것과는 다르게, 특정한 종류의 일반화로 초점을 좁히고 그런 일반화의 핵심 부분만 잡아내는 것을 목표로 할 것이다. 그러면 충분하다고 본다.

그리고 인덕 또는 일반화라는 단어들이 사용되는 모든 의미를 다 커버하지는 않을 것이다. 과학에서의 발견 같은 일반화(예를 들어, 케플러(Johannes Kepler)가 발견한 행성 궤도의 법칙 같은 일반화)는 아이들이 어휘를 익힐 때 보이는 일반화 현상과 어느 정도 공통점이 있겠지만, 일반화 현상 중에서 더 깊숙하고 근본적인 능력에서 딸려 나오는, 재생이 더 어려운 현상 같다. 이런 일반화는 논외로 하려고 한다.

내 접근은 튜링의 그것과 비슷하다. 튜링은 계산이라는 개념을 수학적으로 정의할 때 그 단어가 가진 모든 의미를 포섭하려고 하지는 않았다. 그가 계산의 정의에서 잡아내려고 했던 것은 일상에서 계산이라는

---

2 귀납(歸納)이라는 번역어를 쓰는데 어차피 소리로만 전달되는 번역일 바에야 원어의 음을 따서 '인덕'으로 했다. 인덕으로 하면 운도 맞추는 즐거움도 있다. 짝이 되는 다른 두 가지가 디덕_deduction_(연역 演繹)과 앱덕_abduction_(귀추 歸推)이다.
  우리가 새로운 지식을 만드는 방법은 이 세 가지 정도다.

  · 디덕(반드시 이끌기): 알고 있는 사실에서 반드시 사실일 수밖에 없는 새로운 사실을 이끌어 내는 방법이다. 예를 들어, "A이면 B이다"가 사실이고 A가 사실이라고 하자. 그러면 B가 반드시 사실이다. 이런 과정을 디덕이라고 한다.
  · 인덕(짐작해서 이끌기): 예를 들어, 지금까지 관찰한 바 "A일 때는 늘 B더라". 그러면 아마도 "A이면 B이다"가 사실이다. A일 때 B가 아닌 경우도 앞으로 볼 수 있기 때문에 확신할 수는 없다. '아마도'일 뿐이다. 이런 과정이 인덕이다.
  · 앱덕(원인 짐작하기): 예를 들어, "A이면 B이다"가 사실이고 B가 사실이라고 하자. 그러면 아마도 A가 사실이다. 반드시 A가 사실이라고는 할 수 없다. 다른 이유 때문에 B일 수 있기 때문이다. 이런 과정을 앱덕이라고 한다.

3 인덕은 짐작하는 과정일 뿐이다. 100% 확신할 수 없다. 그러므로 100% 확실한 사실만을 만들고 싶은 사람들에게는 받아들이기 힘든, 밟아서는 안 되는 논리 추론의 징검다리다. 이 때문에 '문제'라고 하는 것이다. 'Problem of induction'으로 구글에 검색해 보면 그 논쟁의 역사를 만나게 된다. 흄(David Hume), 로크(John Locke), 포퍼(Karl Popper), 러셀(Bertrand Russell) 등이 출연한다. 이 책에서 곧 이야기하지만, 인덕(학습)은 우리가 주위에서 그 효과를 흔히 보는 것들이다. 배척할 수 없다. 과학의 대상으로 가져와서 정의하고 살펴야 한다.

단어의 용도와는 별개로, 계산 현상의 가장 핵심적인 실체였다.

그러면 인덕induction을 정의하고 설명할 때 우린 어떤 스타일로 해야 할까? 수학적이어야 할까? 이에 대한 반면교사로 튜링의 발자취 중에서 우리가 배울 게 있다. 기계적인 계산에 대한 업적 말고, 튜링이 제안한 '튜링 테스트Turing test'라는 모호한 것이 있다. 기계가 사람 같이 생각한다고 여길 수 있는 조건으로 제안한 테스트다. 사람이 기계와 벽을 사이에 두고 글로 대화를 하는데 상대가 사람인지 기계인지 구분할 수 없으면 그 기계는 튜링 테스트를 통과한 것이다. 이건 아주 애매한 기준이다. 튜링이 기계적인 계산을 수학적으로 정의한 것에 비하면 더더욱. 그러다 보니 인공지능 분야의 발전은, 계산에 관한 지금까지의 발전과 비교할 수 없이 뒤떨어지게 됐다.

따라서 인덕(학습)의 정의는 수학적인, 명확한 것이어야 한다. 튜링 테스트같은 애매한 것이 아니라 튜링의 기계적인 계산의 정의 같아야 한다. 튜링이 계산을 애매하게 정의했었다면 지금 우리는 어디쯤 있을까? 튜링 시절 그럴듯하게 들렸을 기계적인 계산의 정의는 어떤 게 있을까? 이런 건 어떤가. "어떤 일이 기계적으로 계산 가능하다는 것은 다음의 경우만이다. 그 일을 보통의 지능을 가진 사람이 일상적인 일을 하면서, 예를 들어 스파게티를 먹으면서 계산할 수 있는 경우." 이런 정의가 그럴듯하다는 것에 반대할 사람은 거의 없었을 테지만, 1936년에 이런 애매한 정의로 시작했다면 지금 우리가 보는 21세기의 정보 혁명은 싹트지 못했을 것이다.

이 책의 핵심은 자연에서 일어나는 학습 현상을 수학적으로 명확하게 정의한 것이다. PAC 또는 얼추거의맞기probably approximately correct 모델이라고 한다.[d] 이 모델은 학습 과정을 계산 과정으로 보는데, 특히 그 연산 횟수가 제한된 것으로 한다. 생명체는 너무 긴 시간을 학습에 쓸 수가 없다. 다른 일도 해야 하거니와 수명 때문에도 학습 시간이 마냥 길수는 없다. 또, 이 모델은 학습 중에 외부 세계와 주고받는 횟수도 비슷하게 제한된 것으로 한다. 그리고 학습으로 유기체가 새로운 정보를 분류하는 데 틀리는 경우가 적어야 하지만 항상 맞을 수는 없다는 점을 담고 있다. 인덕은 '아마도'가 낀다. 그래서 늘 백 퍼센트 정답만 인덕할 수는 없다. 정답과 조금 어긋난 것을 만들 여지가 늘 있다. 또 세상이 갑자기 변하면 학습한 것은 언제라도 쓸모 없어질 수도 있다.

생명체 진화를 설명하는 에코리즘

자연의 생명체를 생각해 보자. 살아 있는 유기체의 생리 작용은 세포 안팎의 복잡한 회로나 네트워크 개념으로 설명할 수 있다. 지구 위의 생물은 단백질과 그들 사이의 상호작용에 기초하고 있다. 우리의 DNA는 다양한 단백질을 묘사하는 2만 개 이상의 유전자를 가지고 있다. 또 DNA는 제어 방법도 표현하고 있다. 어떤 단백질을 얼만큼 어느 조건일 때 발현시켜야 하는지를 표현한 규칙이다. 엄청나게 복잡한 이 제어 방법은 생명에 아주 근본적인 정보다. 단백질 발현 네트워크*protein expression network*라고 불린다.

이런 단백질 발현 네트워크는 어떻게 존재하게 됐을까? 서로 맞물리는 많은 부품을 가지고 지구 생명체에서 이리 잘 작동하는 아주 정교한 네트워크가 어떻게 만들어진 걸까?

아직 밝혀져야 할 것이 많지만, 그 답은 일종의 학습 과정이라고 할 수 있다. 생명이 환경과 주고받는 상호작용을 통해서 학습하며 만들어간 것이라는. 그런 상호작용은 한 개체의 생명 주기나 좀 더 길게는 유전자와 종의 진화 기간의 스케일로 바라볼 수 있는데, 상호작용을 통해서 얻어지는 정보는 위에서 에코리즘ecorithm이라는 기계적인 방법으로 진행된다고 볼 수 있다. 에코리즘이 작동되면서 위에 언급한 회로를 배워가는 것이다. 배운 회로로 미래 환경에서 더 잘 행동해서 더 좋은 회로로 개선해 가는 것이다.

사람의 뇌 회로도 비슷할 것이다. 수백억 개의 뉴런으로 구성된 뇌 회로는 아마도 사람의 생화학 회로보다 우리의 개인적인 경험과 더 밀접히 관련된다고 볼 수 있다. 우리의 심리적인 행동이 뇌 회로에 지배 받는다. 이 회로들이 진화 과정에서 어떻게 발현되고 어떻게 더 적절한 것으로 바뀌게 되는 걸까? 뇌 회로도 상호작용을 통해서 얻은 정보의 결과임이 분명하다. 그 상호작용은 우리 스스로가 한 것이거나 우리의 조상이 했을 것이다. 그 결과는 모종의 적응 방법을 통해서 우리의 유전자나 뇌에 박히게 된 것이고.

단백질 발현 네트워크건 뇌 회로건, 생명 회로들이 학습 과정을 통해 근본적인 모양이 잡힌다면, 회로 자체나 회로가 만드는 심리를 이해하려면 당연히 회로의 뿌리가 학습에 있다는 것을 인정해야 한다. 지구 생명체에서 사용되는 진짜 에코리즘의 자세한 것은 우리가 아직 모를 수 있다. 하지만 우리의 행동의 뿌리가 그런 학습 알고리즘에 있다는 것 자체로 이미 여러 의미를 가진다.

앞에서 이야기한 이 책의 두 가지 핵심 입장, 즉 생명체들의 행동은 모두 학습에서 나온 것이고 학습은 계산 과정으로 이해할 수 있다,라는 입장은 그냥 가정이 아니다. 생명을 기계적으로 설명할 수 있다는 가정에서 나온 결론들이다.

특히, 에코리즘ecorithm이라는 기계적인 과정으로부터 유도되는 결론이다. 가정의 출발점은 생명체들은 환경 안에서 기계적인 과정이 작동한 결과로 존재하게 됐다는 것이다. 이 기계적인 과정은 두 종류가 있다. 환경과 상호작용하는 개별 개체 안에서 작동하는 과정과 여러 세대를 거쳐 유전 변형을 통해서 개체 외부에서 작동하는 과정 두 가지.

그런데 이 두 가지 과정(뭐든 생명이 꾸려가는 이런 과정)을 모두 에코리즘으로 설명할 수 있다. 첫째, 에코리즘의 정의가 충분히 넓어서 모든 기계적인 과정은 에코리즘에 포함된다. 모든 기계적인 과정은 알고리즘이고 알고리즘은 에코리즘에 포함되기 때문이다. 모든 기계적인 과정이 알고리즘인 것은 아직 깨지지 않은 가설에 기댄 것이다. 처치-튜링 가설*Church-Turing thesis*이라는 것인데, 모든 기계적인 계산은 튜링기계(알고리즘)로 정의할 수 있다는 가설이다. 둘째, 에코리즘을 해석할 수 있는 여지도 충분히 넓어서 환경과 상호작용하는 과정은 학습을 포함해서 뭐든 에코리즘으로 모델링할 수 있다.

따라서, 에코리즘이 그렇게 넓게 정의됐기 때문에 생명체가 자연에서 헤쳐나가는 작동 방법에 영향을 미치는 것은 모두 에코리즘으로 설명할 수 있다.

그래서 다르게 정리하면, 이 책은 새 소식을 담고 있다고 할 수 있다. 학습 알고리즘을 다루는 새로운 과학이 현재 싹트고 있다는 소식이다. 그런 과학이 받아들여지면 생명 연구의 중심은 학습 알고리즘이 될 것은 거의 명백하다.

기계 학습을 넘어서는 에코리즘

이 책에서 내가 제안하는 입장이 얼토당토않은 건 아닌지 확인하려면 어떻게 해야 할까? 다음 장들에서 학습이라는 이론 없는 주제를 자세히 다루겠지만, 지금 내 제안이 맞을 거라는 감을 가지는 건 필요하지 않을까. 위의 제안이 어느 정도 근거 있는 이유는 뭘까?

답은 기계 학습*machine learning*이다. 학습 알고리즘은 기계 학습이라는 이름으로 이미 많은 성과를 내고 있다. 기계 학습은 데이터에 있는 패턴을 찾아서 미래 상황에 대해서 유용하게 예측하는 방법이다. 단, 예측의 이유를 설명해 주는 이론이 꼭 있는 건 아니다.[4] 기계 학습 알고리즘들이 이론없는 다양한 분야에서 이미 쓸만한 결과를 내고 있다는 점, 이게 내 제안이 근거 없는 건 아니라는 증거다.

기계 학습이 이론 없는 분야에서 성공적으로 사용되는 예는 많다. 아마존(Amazon)이나 넷플릭스(Netflix) 같은 데서 하는 상품 추천이 그렇다. 고객들의 과거 데이터를 가지고 기계 학습 알고리즘이 예측해서 내놓는 것이다. 이때 이론은 없다. 사람들의 취향은 언제라도 확 바뀔 수 있는데, 그에 대한 이론이 있을 수는 없다. 하지만 알고리즘이 쓸만한 추천을 만들어 낼 수는 있다. 금융 회사도 이론 없는 분야지만 기계 학습 알고리즘을 이용하고 있다. 예를 들어 신용카드로 구매가 일어났을 때 그것이 사기성인지 아닌지를 판단할 때다. 이때 알고리즘은 고객의 과거 카드 사용 위치 등 다양한 정보를 가지고 정상 구매가 대개 어떤 건지 학습한 후 그에 기대서 결정한다.

물론 학습 알고리즘 개발 자체는 이론에 근거할 수 있지만, '이론 없음'이란 학습 알고리즘의 실행 결과로 나온 판단 함수가 이론 있는 건 아니라는 거다. 즉, 신용카드 사기 판단의 예에서, 사기 자체가 이론 있

---

4   그래서 나는 좀 짓궂지만 "서당개 오만 년 기술"이라고 부른다. 이해하지 않고, 주입식으로 익힌 방식대로 미래에 반응하는 것이 기계 학습의 결과이기 때문이다. 반응을 왜 그렇게 하는지 설명하는 이론은 없지만, 그 반응은 거의 맞다. 이것이 2020년대 현재의 기계 학습이다. 사실, 우리들도 일상에서 왜인지를 설명하지 못하고 반응하는 경우는 흔하다. "내 감이 그래", "육감적으로 그래"라고 하는 경우들이다.

다는 것은 아니라는 거다. 새로운 사기 수법은 항상 새로 나오고 있다. 학습 알고리즘은 단순히 고객의 과거 신용카드 구매 패턴을 파악해서 카드 회사가 신용카드 사기라는 이론 없는 분야를 헤쳐 갈 수 있는 통계적인 능력을 제공하는 것뿐이다.

사람들이 하는 많은 의사 결정들은 기계 학습과 그 본질이 비슷한 것 같다. 모두 과거 관찰로부터 미래를 예측하는 능력에 기댄다. 그리고 그 예측의 이유를 정확히 설명할 수는 없다. 또, 관찰한 현상이나 예측할 현상에 대해서 근본적으로 이해하고 있다고 할 수도 없다. 사람들의 예측이 늘 꼭 완벽하거나 최고일 필요는 없다. 그냥 충분히 쓸만하면 사람들은 만족한다.

아무튼 기계 학습 알고리즘들이 이미 널리 사용되고 있고, 이론 없다고 여기는 많은 분야에서 쓸만한 결과를 내고 있다는 사실, 이것이 우리의 제안이 제대로 된 궤도 위에 있다는 좋은 증거다.

그러나 에코리즘ecorithm 아이디어는 지금의 기계 학습 아이디어를 훨씬 넘어선다. 에코리즘 공부에는 학습 알고리즘 자체뿐 아니라 네 가지 정도의 개념이 추가로 포함된다. 첫째는 학습 알고리즘이 학습 결과로 내놓을 함수의 종류를 미리, 학습이 잘 됐는지 여부를 판단하기 전에, 특정하는 게 중요하다는 점이다. 둘째는, 그렇게 특정된 학습 목표가 마련된 후 학습으로 불가능한 문제가 뭔지 논의할 수 있다는 점이다. 어떤 환경은 너무나 복잡해서 학습하며 헤쳐나가는 게 불가능할 수가 있다. 셋째는, 기계 학습이 하는 일반화를 넘어서서 더 원하는 기능이 어디까지인지에 대한 논의다. 예를 들어, 지능적인 행동을 위해서는 학습에 덧붙여서 일종의 이치 따지기가 필요하다. 마지막으로는, 생명의 진화가 환경에서 헤쳐나가는 방법을 연구하는 데 학습의 틀이 사용될 수 있다는 점이다. 에코리즘을 다룰 때 이 모든 이슈를 포함해서 살펴보려고 한다.

이론 없는 분야에서 예측 가능성을 일구는 에코리즘

이론 없는 것을 다뤄야 하는 경우는 우리 삶에서 늘 있다. 매일 우리는 엄밀한 과학의 영역 밖에서 움직이는 전문가들의 판단을 받아들이게 된다. 의사나 자동차 수리공의 판단에 돈을 지불한다. 그들의 판단은 그들의 경험이나 그들 선생의 경험에 기초한 것이다. 그들의 전문성은 축적된 많은 경험에서 온 것이기 때문에 우리는 이 복잡한 세상을 헤쳐가는 데 유용할 것이라고 받아들인다. 그리고 평가한다. 그들의 진단과 예상이 얼마나 잘 맞는지에 따라 우리는 그들의 전문성을 가늠한다. 우리는 또 매일 뉴스와 관련한 말 많은 평론가들이나 비평가들의 이야기를 듣는데, 그들의 예측이 무작위 추측보다 딱히 좋지도 않다. 우리는 그들의 진단과 예측이 과연 맞는지 잘 확인하지도 않는다. 정치에서, 주식시장에서 또는 경제에서 무슨 일이 벌어질지 그 사람들의 이야기를 듣지만 대개가 알맹이 없는 뻔한 말들이다.

사람들은 왜 자기 자신을 조직적으로 기만해서 미래 사건을 잘 예측한다고 생각할까? 사람들은 왜 그렇게도 지적으로 취약한 걸까? 그리고 왜 그렇게 비이성적으로 행동할까? 사람들은 왜 그리 쉽게 속임수에 당하고 자신을 스스로 쉽게 속일까? 세계 금융위기 같은 드문 일을 예측하는 과학적인 방법이 있을까? 2008년 말에 영국 여왕 엘리자베스 2세가 일련의 학자들에게 왜 세계 금융위기를 예측하지 못했는지 물었다. 모두가 궁금해했다. 그 위기가 근본적으로 예측 못하는 것이었을까? 아니면 우리들이 지독히도 뭘 몰랐기 때문이었을까?

미래를 예측하는 것이 왜 어려운지, 사람들이 쉽게 하는 실수의 이유가 뭔지 널리 분석돼 왔지만[b] 대개 부정적인 관점이었다. 이렇게 이야기한다. 중요 사건마다 원인에 대해서 많은 설명이 나오는데, 그 설명들이 너무 영리하고 그럴듯해서 그것들이 진짜 이유이고 사건 이전에 감지될 수 있었을 것으로 쉽게 오해한다. 그래서 모두가 각각의 사건은 이유가 있고 예측 가능할 것으로 잘못 믿게 된다. 따라서, 세계 금융위기를 더 잘 예측하지 못했다고 실망하는 것은 예측 가능성에 대한 널리 퍼진 과도한 기대와 순진함 때문일 수 있다는 식이다.

이 책에서는 이런 접근법과는 반대되는, 더 긍정적인 관점을 취하려고 한다. 예측이란 근본적으로 어려울 수 있고 우리 사람은 우리만의 특이한 약점이 있지만, 사람의 예측 능력은 상당하고 크게 찬탄할 만하다. 사람을 포함해서 일반적으로 생명 시스템은 인상적인 예측 능력을 가지고 있다.

살아 있는 유기체가 이 위험한 세계에서 살아남는 것을 보면 다음의 능력을 가진 게 분명하다. 자신을 비롯한 주변 개체의 행동의 결과를 예측할 수 있고, 어떤 사태에도 어느 정도 준비되어 있고, 그래서 생판 놀라진 않을 그런 능력. 사람으로 치면, 날마다 많은 사건을 겪고 다른 사람과 교류하며 크게 놀라는 일없이 일상을 늘 무사 통과하는 것. 이것이 우리의 예측 소질이 훌륭하다는 증거다. 물론 능숙하게 잘 하는 예측은 우리 일상에서 흔히 일어나는 일(예를 들어 다른 사람들이 뭘 말할지 또는 다른 운전자들이 어떻게 운전할지 등)에 국한되긴 한다. 단, 그런 뻔한 예측도 어떻게 하는 건지를 파악해서 컴퓨터로 흉내 내려고 하면 불가사의해지는 어려움이 있긴 하다.

이런 관점에서, 우리가 어느 주요 사건 예측에 실패했다면, 왜 우리의 예측 능력이 실패했는지 이유를 찾아야 한다. 세계 금융위기를 예측하지 못했다고 실망한 이유가 그 사건은 예측 가능한 것이었다고 생각하는 순진한 착각 때문만은 아니다. 실망의 이유는 이미 증명된 우리의 예측 능력을 우리가 당연히 높이 샀기 때문이다.

그래서 실패의 이유를 분석하면 우리의 예측 능력을 한층 더 이해할 수 있다. 예측 실패의 이유는 다양할 수 있다. 세계가 갑작스럽게 무작위로 변하는 바람에 과거의 정보로는 미래 예측이 전혀 어긋나서 그럴 수 있고, 어쩌면 사실 이에 대한 과거 정보가 있기는 했으나 그게 너무 복잡해서 그 정보를 감지하는 게 현실적으로 불가능했을 수도 있다. 아니면, 사실 예측이 가능했지만 잘못된 알고리즘이나 잘못된 데이터가 사용되었을 수도 있다.

에코리즘ecorithm 공부는 이렇게 예측 가능성들 사이의 윤곽을 그리려는 것이다. 일상의 관심거리(예를 들어 경제 상황 예측)에서 이런 구분 능력은 중요해 보인다. 그러면 뭔가 더 할 수 있게 되기 때문이다. 사람이 이런 면에서 약하다고 단순히 한숨짓는 것 이상의. 한 나라의 경제를 예측하는 문제는 그런 윤곽에서 불가능한 쪽에 떨어질 수도 있다. 그렇다고 증명하게 되면, 우리가 경제 평론가들에게 귀 기울일 이유는 오락 이상으론 없게 되는 셈이다.

현실적으로 예측이 불가능한 것이 기계적인 계산의 세계에서는 구체적으로 있다. 예측을 위한 충분한 정보가 이론상으로는 있지만 현실적으로는 계산하기는 불가능한, 그런 상황이 기계적인 계산의 세계에서는 존재한다. 암호 분야가 그렇다. 무선 네트워크에 연결돼 있는 집 컴퓨터에서 메시지를 암호화하면 이웃이 엿들어도 무슨 내용인지를 전혀 알 수 없어야 한다. 오랫동안 엿들어서 모은 데이터로 강력한 컴퓨터를 이용해서 아무리 잘 계산해도 메시지의 내용을 알아낼 수 없어야 한다. 다르게 이야기하면, 암호화된 메시지가 만들어내는 상황은 아주 복잡해서 어느 누구도 메시지를 알아들을 수 없어야 한다. 이런 경우가 예측이 불가능한 경우다.

다시 생명체로 돌아가서, 그들은 어떻게 완전히 알지 못하는 세계에서 생명을 꾸려갈 수 있는 걸까? 제일 단순한 생명체는 탄생하면서부터 이 문제에 직면한다. 제한된 방법으로 복잡한 세계에서 살아남아 후세를 만들어내야 한다. 모든 종은 진화하며 비슷한 문제에 직면한다. 나날의 일과를 통과하는 사람도 모두 마찬가지다.

앞으로 내가 주장하려는 바는, 학습 알고리즘의 틀 안에서 이 문제에 대한 답을 찾아야 한다는 것이다. 왜냐하면 학습 알고리즘이 생명체가 환경에서 정보를 끄집어내는 바로 그 방법이기 때문이다. 이 책이 끝날 때까지 독자들을 설득할 수 있기를 바란다. 생명의 근본적인 특성을 이해하려 할 때 학습 알고리즘이 좋은 시작점이라는 것을.

2

예측과 적응
Prediction and Adaptation

그냥 맞춰줘라.
— 이 엠 포스터(E. M. Foster)를 각색해서

요약

생명과 인지에서 가장 중요한 현상 중 하나는 적응이다. 맞춰주기다. 그리고, 생명의 적응 과정을 구체적으로 명확하게 그리고 정량적으로 정의할 수 있으려면 컴퓨터과학의 연구 성과로 드러난 기계적인 계산에 대한 이해를 동원할 필요가 있다. 이를 위해서 환경 적응 능력이 심어진 기계적인 계산의 개념으로 에코리즘*ecorithm*이라는 새로운 단어를 만들었다. 에코리즘은 알고리즘인데 환경 안에서 상호작용하며 학습할 수 있는 알고리즘이다. 진화와 관련한 풀리지 않은 문제에 이 에코리즘이 답이 될 수 있다. 이 책은 에코리즘의 언어를 써서 진화, 학습, 지능을 논의할 것이다. 독자들은 기계적인 계산의 관점이 어떻게 과학의 중심부를 차지하게 될지를 엿볼 수 있을 것이다.

적응: 생명과 인지 현상의 중심

"어디를 가서는 그곳에서 살아온 사람보다 더 잘 안다고 믿으면 안 된다. 귀 기울이고 살펴야 한다. 안 그러면 아주 큰 실수를 할 수 있다."[a] 전 유엔 사무총장이었던 아난(Kofi Annan)의 교훈이다. 외딴 오지의 유엔 지부에 대한 것이 아니다. 미네소타 세인트폴(Saint Paul, Minnesota)[1]에서의 젊은 시절 이야기다. 아프리카에서 학부생으로 경제학을 공부하러 세인트폴에 도착해서 겪은 경험담이다. 추운 날씨를 경험한 적이 없었던 그는 주변 학생들이 귀마개를 쓰고 다니는 것을 보고는 처음엔 아주 우스웠다고 한다. 그런데 추운 날 캠퍼스를 돌아다녀 보고는 당장 귀마개를 사러 갔다고 한다.

에코리즘*ecorithm*의 논리는 아난의 교훈과 공통점이 많다. 귀 기울이고 살피는 것을 강조하는 논리다. 다른 환경에서 구축한 전문성을 지금의 환경에 적용할 때, 지금 관찰한 경험을 존중하고 따르라는 것이다. 맞추려고 노력하는 건 바로 우리여야 한다는 이야기다.

의아하게도 그런 적응의 지혜는 대부분의 속담에는 없다. "모 아니면 도", "죽기 아니면 살기" 같이 양극단의 행동을 이야기하는 속담이 대부분이다. 중간 지점에서 상황에 적절히 적용하라는 메시지가 아니다. 유용한 경우가 있겠지만 맞지 않을 수 있다. 적응 메시지가 빠진 이런 속담만 따르면 당연히 위험에 빠질 수 있다.

아난의 전략(받아들여라, 세계는 다양하다, 그 세계들이 다 똑같다고 가정하지 말라)은 강력하지만 구체적이지는 않다. 어떤 행동을 해야 하는지 구체적으로 처방하고 있지는 않다.

---

1 미국 미네소타 주립대학이 있는 도시다. 겨울 추위로 유명하다. 위도 44.5도 정도에 위치한다. 한반도 최북단인 함경북도 온성군이 위도 43도에 있다.

내가 주장하려는 건 생명과 인지에서 가장 중요한 현상 중 몇 가지가 아난의 것과 비슷한, 일반적인(특별한 전문 지식은 없어 보이는) 적응 전략에서 나온다는 것이다. 귀 기울이고 살펴보며 적응하는 전략은 특정 환경에 세밀하게 맞춰진 것은 아니고 모든 환경에서 두루 효과적으로 보인다. 환경마다 온갖 걸로 복잡하겠지만 약한 규칙성만 있으면 된다. 지구상의 생명과 생명이 길러지는 방법을 효과적으로 설명하는 데 적응 전략에 초점을 맞추는 것이 유용하고 꼭 필요하다고 본다.

에코리즘: 적응하는 알고리즘

이런 아이디어를 담으려고 에코리즘*ecorithm*이라는 새로운 단어를 만들었다. 알고리즘*algorithm*과 에코*eco-*를 합성한 것이다. 알고리즘은 문제를 푸는 기계적인 방법이다. 알고리트미*algoritmi*의 라틴어 번역에서 왔다. 알고리트미는 9세기 바그다드의 수학자 알-콰리즈미(Al-Khwarizmi)의 이름에서 따온 것이다. 알-콰리즈미는 당시에 영향력 있던 대수학*algebra* 책을 쓴 수학자였다.

알고리즘 단어를 쓰는 의도는 우리의 논의가 애매하지 않아야 하기 때문이다. 알고리즘은 컴퓨터가 그대로 실행해 낼 수 있을 정도로 구체적이고 명확하다. 알고리즘 단어가 가장 많이 쓰이는 컴퓨터과학 분야에서는, '명확하다'의 기준이 높다. "컴퓨터로 돌릴 수 있을 정도로 모든 게 구체적이냐"이다. 컴퓨터과학자 커누스(Donald Knuth)[2]의 말을 빌리면, "과학은 우리가 충분히 이해해서 컴퓨터에게 설명할 수 있는 것들이고,

---

2 알고리즘 전반에 큰 공헌을 하였다. 많은 학술 업적 이외에 우리가 직접 체감하는 공헌으로 대표적인 것이 두 가지가 있다. 상위 프로그래밍 언어들을 컴퓨터의 기계어로 번역할 때 처음으로 해야 할 일이 프로그램 텍스트의 문법 구조를 파악하는 것이다. 이 과정을 파싱*parsing*이라고 하는데, 이 과정을 자동으로 신속하고 알뜰하게 해내는 알고리즘을 개발했다. 거의 모든 프로그래밍 언어의 번역기는 이 알고리즘을 사용한다. 컴퓨터 소프트웨어 개발자는 그가 개발한 기술을 늘 사용하는 셈이다. 또, 출판 전문가 수준으로 문서 모양을 자동으로 꾸며주는 소프트웨어

예술은 그밖에 우리가 하는 것 전부다."[b] 커누스가 이야기하는 과학이 될 정도로 명확하게 논의하는 게 목표다.

앞에 붙은 에코eco-는 우리가 다루는 알고리즘은 복잡한 환경, 특히 알고리즘 자체보다 훨씬 복잡한 환경에서 작동한다는 것을 나타내려고 했다. 에코는 고대 그리스 단어 오이코스oikos에서 왔고 집 또는 가정을 뜻한다. 생태학으로 번역되는 이콜로지ecology도 여기서 왔다. 아무튼 환경이 알고리즘보다 훨씬 복잡하다는 의미는 알고리즘이 자신이 사용될 입력 환경을 모른다는 뜻이다. 그런 알고리즘이 잘 작동할 수 있을까? 모순일 듯하지만 그렇다. 알고리즘이 환경과 상호 교류하며 학습할 수 있게 되면, 처음엔 알지 못하는 복잡한 환경에서도 차츰 잘 작동할 수 있게 된다.

그럼, 알고리즘과 에코리즘의 차이는 뭘까? 알고리즘은 위에서 정의한 대로 특정 문제를 푸는 기계적인(컴퓨터로 돌릴 수 있는) 방법이다. 수학과 컴퓨터과학에서 전통적으로 다룬 것이다. 방정식을 풀거나 텍스트에서 단어를 찾거나 하는 문제들, 이런 문제를 푸는 구체적인 방법들이 알고리즘이다. 하나의 예가 유클리드(Euclid)의 최대공약수(두 자연수 모두를 나누는 자연수 중에서 제일 큰 자연수. 30과 42의 최대공약수는 6이다)를 찾는 방법이다. 기계적으로 아무 생각 없이 그 방법대로만 하면 항상 신속하게 임의의 두 자연수에 대한 최대공약수를 찾을 수 있다. 최대공약수를 계산하는 빠르고 올바른 알고리즘인 것이다.

시스템을 개발하였다. TₑX 시스템이라는 것이다. 이 시스템 덕분에 전 세계 수많은 출판 아마추어들이 출판 전문가 수준의 모습을 갖춘 문서를 자동으로 만들 수 있게 되었다. 특히 컴퓨터 학계와 수학 학계에서는 이 시스템에 기대서 대부분의 학술 문서를 만든다. 이 책도 TₑX 시스템으로 우선 모양을 잡은 것이다. 커누스는 많은 책을 저술하기도 했다. 7권으로 계획되어 2020년 현재 4권의 일부까지 완성된 『The Art of Computer Programming』(한빛미디어, 2014)이 대표적이다. 컴퓨터과학 분야에서 주로 사용하는 수학을 정리한 『구체수학Concrete Mathematics』(인사이트, 2018)도 있다. 1974년 컴퓨터과학의 노벨상이라는 튜링상Turing Award을 수상했다.

에코리즘은 알고리즘인데 특별한 알고리즘이다. 특정한 문제를 풀도록 작동 방식이 고정된 알고리즘과 달리, 환경 안에서 상호작용하며 작동 방식이 변할 수 있는 알고리즘이다. 그 환경은 알고리즘 디자이너가 미리 완벽히 파악하지는 못한 환경이고, 아무 일이나 발생할 수 있는 환경이다. 에코리즘은 이런 환경에서 잘 작동하는 알고리즘이다. 에코리즘이 잘 작동할지는 예상할 수 있지만, 실제 어떤 경로를 택하면서 작동해 나갈지는 주어진 환경에 따라 달라진다.

에코리즘: 진화, 학습, 지능의 엔진

이 책에서는 이런 에코리즘의 언어를 써서 진화, 학습, 지능을 설명하려고 한다. 에코리즘이라는 알고리즘으로 생명의 진화 같은 자연 현상을 설명할 수 있으려면 만족해야 할 것이 많다. 특히 제한적인 횟수만 환경과 상호작용해서, 그리고 제한적인 자원만 사용해서 결과를 만들어야 한다. 에코리즘도 그렇고 그걸 품고 고안된 일반 학습 모델(얼추거의맞기*probably approximately correct*, PAC 학습이라고 부르는)도 그런 제한된 자원량 이상을 소모하지 않는 알고리즘이 되도록 정의한 것이다. 이런 알고리즘으로 설명되는 자연 현상은 우리 경험에 익숙한 것(학습, 유연한 반응, 그리고 적응 등)부터 진화와 지능까지 광범위하다.

에코리즘으로 설명하면 다윈의 진화 이론의 빈틈을 메꿀 수 있다는 이야기를 조금 하자. 생물 진화 아이디어는 처음 출현했을 때부터 공격받았고 아직도 빌미가 남아 있다. 진화란 생명체가 시간을 두고 변한다는 아이디어다. 이런 변화를 통해서 현재 지구상의 다양한 생명체가 만들어졌다는 이론이다. 다윈(Charles Darwin)과 밀접히 연결되지만, 이 아이디어의 뿌리는 꽤 옛날로 거슬러 올라간다. 다양한 동식물들이 서로 명백히 닮은 그룹들이 있다는 것은 옛날부터 관찰할 수 있었을 것이다. 그러다가 1790년대 다윈의 할아버지인 에라스무스 다윈(Erasmus Darwin)은 『동물생리; 혹은 생명체의 법칙Zoonomia; or, The Laws of Organic Life』에서 그아이디어를 내놓았다. 널리 논쟁이 일었고, 윌리엄 팰리(William Paley)는 매우 영향력 있었던 『자연 신학Natural Theology』이라는 책에서 이토록 복잡한 생명체들이 디자이너의 도움 없이 존재할 수는 없다고 주장했다.

팰리의 주장을 직접 반박할 수 있으려면 특정 진화 방법을 제시할 수 있어야 한다. 그 진화 방법으로 지구의 시간과 자원만 가지고도 지구상의 생명체들이 보여주는 복잡함의 양과 질이 만들어진다는 것을 보일 수 있어야 한다. 에라스무스 다윈의 책 이후 2백여 년 동안 많은 증거가 나오기도 했고, 유전학과 화석 기록을 통해서 생물학자들은 지구상의 생명체들은 서로 관련되어 있고, 진화해 왔다는 사실을 믿게 되었다. 그러나 그런 많은 증거가 팰리의 결론과 모순됐지만, 그의 반론을 직접적으로 가라앉힐 만한 건 아니었다.

다윈(Charles Darwin)의 주된 작업은 정확히 그런 동기에서 왔다.[다] 그는 진화 과정을 두 가지로 설명했다. 변종과 자연 선택. 이 두 개로 디자이너에 기대지 않고도 충분히 지구상 생물의 진화를 설명할 수 있다고 주장했다. 간단히 설명하자면, 자연 선택 이론에 따르면 각 유기체는 주어진 환경에서 어떤 수준의 적합도를 가지고 있고, 자신의 후세에 다양한 변종을 만들 수 있고, 이 변종들 중에 보다 큰 적합도를 가진 개체들이 다음 세대에 후세를 남길 확률이 더 높다는 것이다.

생물학자들은 다윈의 이론이 근본적으로는 맞는 것으로 널리 받아들이고 있다. 지난 150년 동안 많은 다른 증거에 힘입어 다윈의 진화 이론은 생물학의 중심 입장이 되었다. 최근에는 DNA 염기 서열이 판독되면서 뒤집을 수 없는 증거가 되어 지구상의 다양한 생명체가 유전적으로 연관되었다는 것이 실험적으로 확증되고 있다.

진화가 만든 결과물들은 객관적으로 봐도 매우 인상적이다. 진화는 지구 생명체에 중요한 많은 어려운 문제들의 답을 찾아주었다. 예를 들어 움직이기, 시각, 날아오르기, 자장을 이용한 항해, 소리 반사로 위치 파악하기 등. 막상 사람이 이런 문제에 답안을 만들려고 하면 엄청난 노력이 필요한 문제들이다. 앞으로 생명의 근원을 생화학적으로 규명하다 보면 언젠가는 지구상 생명의 실제 진화 경로가 어땠는지 자세히 설명할 수 있을 것이다.

그러나 다윈의 이론은 구체적이지는 않다. 진화의 작동법에 대해서 얼개만 이야기하는 데에서 멈춰 있다. 진화의 비용을 분석할 수 있을 정도까지는 못 갔다. 컴퓨터로 돌려볼 수 있을 만큼도 아니다. 다윈의 이론을 의심하는 것이 아니고 이 빈틈을 메꾸는 것이 필요하다는 뜻이다. 아직 누구도 그 빈틈을 메꾸지 않았다. 현재 지구상에서 우리가 보는 생명체들을 지구의 시간과 자원만으로 만들어 낼 수 있는 변종과 자연 선택이 구체적으로 어떤 것이었을지, 이걸 우리는 아직 모르고 있다.

현재까지 알려진 대로의 변종과 자연 선택이라면, 지구상의 생명체들을 만들려면 지금까지보다 백만 배 더 긴 시간이 필요했을 가능성이 남아 있다. 진화가 경쟁이고 심지어는 투쟁이라고 해도 이 가능성을 없애버리기는 부족하다. 어떻게 경쟁 자체가 현재의 엄청난 결과를 만드는지 이론이 아직 없다. 복권, 노래 경연 대회, 격투기 대회 들이 생명체 진화와 비슷한 발전이나 새로움을 만들지는 않았다. 진화는 특별한 종류의 경쟁이다. 이 특별한 경쟁이 뭔 종류건 간에 어떻게 이런 눈부신 결과물을 만들어 낼 수 있었는지 이해하려면 어떻게 해야 할까?

핵심 질문은 이것이다. 어떻게 지구상의 복잡한 생명체가 한정된 시간과 자원만 가지고 지금의 모습으로 진화할 수 있었을까? 이 질문에 비하면 진화 이론가들이 논의했던 많은 다른 질문은 부차적인 것들이다. 암컷과 수컷으로 나뉜 양성이 진화에 제공한 이점들은 많이 논의되었지만, 성별이 등장했을 때는 이미 진화가 한참 진행된 후였다. 공작새가 어떻게 그렇게 화려한 깃털을 얻게 되었는지 설명하는 건 다윈에게 골칫거리였다. 그러나 이 경우도, 공작새는 진화에서 한참 후에나 나타났다.

에코리즘: 진화론의 틈새를 메꾸는 정량적인 과학

에코리즘으로 이 틈을 메꿀 수 있다. 현재 이해하고 있는 자연 선택의 일반적인 정의를 끝으로 시작되는 틈. 건너편 목적지에는 우리 주변 생물들의 발생을 설명하는 구체적인 작동 방법이 있다. 이 틈을 메꿀 필요가 있다. 모든 과학 이론은 틈새가 있다. 어떤 질문에는 답을 하지 못하는 허점들. 진화도 이런 면에서 별다르지는 않다. 그런데, 자연 선택 가정은 크게 뚫린 틈새가 있다. 어떤 복잡한 행동의 진화에 필요한 세대의 횟수와 관련해서는 아무런 예측을 하지 못한다. 이제는 이 틈을 메꿀 때가 됐다고 본다.

컴퓨터과학이 그 틈을 메꿀 수 있는 도구라고 믿는다. 전통적인 주장은 아닐 수 있는데, 나는 다윈의 진화론이 컴퓨터과학의 바로 중심에 있다고 본다.

우선 다윈의 이론이 패러다임으로는 에코리즘 스타일의 아이디어라고도 볼 수 있다. 그래서 계산 분야의 중요한 특징을 다윈 이론도 가지고 있다. 계산의 가장 근본적인 특징 중 하나는 어떤 계산이 구현된 속 내용과 그 계산이 외부에 드러내는 겉모습이 분리된다는 점이다.[3] 이게 다윈의 이론에서도 똑같다. 생명체의 적합도는 자신 내부의 생화학과 자신이 놓인 환경의 물리적 화학적 생태적인 요소에 의해 결정되지만, 자연 선택의 원리는 그런 속 내용을 참고하지도 않고 특정 종이 특정 환경에서 가지는 적합도에 대해서도 특정 지식을 동원하지 않는다. 그래서 거의 역설같이 들리겠지만, 물리 생화학 생태학을 마스터한 전문가 레벨에서 행동하듯 보이는 유기체가 그런 전문 지식을 들추지 않는 상위 과정의 결과물인 것이다. 에코리즘이, 특히 진화 알고리즘이 가져야할 기본기가 이렇게 속 내용을 모르고도 상위에서 디자인하는 방법이어야 한다. 컴퓨터과학에서 이런 디자인 원리는 한꺼번에는 감당 못할 복잡한 계산을 차곡차곡 구축할 때 동원하는 기본기다.

다윈의 진화론이 생물학에서 가지는 중심 역할을 생각할 때 다음 사실은 꽤 당황스럽다. 디지털 컴퓨터가 처음 출현한 때부터 여러 사람이 자연 선택에 기초한 진화 알고리즘이 과연 작동하는지 확인하기 위해 컴퓨터에서 모사해 보려고 했다. 지난 오십 년 이상 이런 실험이 여럿 있었지만 적어도 내가 보기엔 모두 실망스러웠다. 살아있는 세포에서

---

3   예를 들어, 곱하기라는 계산을 생각해 보자. 곱하기 방법은 다양하다. 구구단 표를 보고 할 수 도 있고, 더하기를 반복해서 할 수도 있다. 하지만 두 가지 모두 외부에서 보기에는 똑같은 곱하기를 하는 계산이다. 속 내용과 외부에 드러나는 기능이 분리됐다는 것이 이런 뜻이다.
속 내용과 겉모습을 분리할 수 있으면, 복잡한 구조물을 만들기가 수월해진다. 속 내용 감추며 차곡차곡 쌓기*abstraction hierarchy* 지혜다. 크고 복잡한 기계를 만든다고 상상하자. 맨 아래 1단계에는 가장 기본적인 부품들을 만든다. 2단계에서는 1단계 부품들로 조립해서 보다 큰 부품을 만든다. 3단계에서도 마찬가지로 2단계 부품들로 조립해서 보다 큰 부품을 만들어 올린다. 이렇게 쌓아 올려가면 최종적인 목적물은 맨 위에 만들어진다. 각 단계마다 바로 아래 단계의 부품들을 가지고 조립할 때, 각 부품이 어떻게 구현되었는지 그 속 내용은 몰라도 된다. 부품의 기능이 무엇이고 부품을 사용하려면 겉에 드러난 입출력 단자에 뭐를 어떻게 연결하고 어떤 스위치를 어떻게 켜면 되는지만 알면 된다. 맨땅에서는 감당 못하게 복잡한 거대한 구조물이 이런 방식으로 수월하게 만들어진다.
일상에서도 늘 활용하는 지혜이기도 하다. 세계여행 계획을 짠다고 하자. 맨 위 단계부터 아래로 내려간다. 맨 위 단계에서는 어디를 어느 순서로 얼마 동안 지내며 돌지만 정한다. 다음은 각 이동 구간마다 어떤 교통 수단과 숙박 방법을 사용할지 정한다. 다음은 각 교통 수단과 숙박 방법을 구현할 방안을 정한다. 다음은 그 방안들을 구현하는 방안을 정한다 등등.

발견되는 것들과 조금이라도 비슷한 것이 만들어지지 않았다. 컴퓨터 실험들이 진화의 증거가 되기는 역부족이었다.

이러한 실망스러운 결과를 무시할 수는 없다. 다윈의 이론은 더 다듬어져야 한다. 그래야 자연 선택 가설이 더 나은 과학 이론으로 나아갈 수 있다. 다듬기에 들어가야 하는 것은 비용 부분이다. 그래서 분명 이 우주의 자원이 진화를 만들기에 충분했지만 세대의 횟수가 제한적이었던 현실, 세대당 개체수가 제한적이었던 현실을 반영해야 한다. 무한한 자원이라면 진화는 당연히 가능하고 논의할 필요도 없다. 하지만 인류는 1만 세대 정도 존재해 왔고 역사의 대부분 기간을 세대별 적은 인구 수만 있었다고 믿겨진다. 인류 이전의 종도 비슷할 것이다. 어떤 자연 선택 알고리즘이 이 우주의 예산 안에서 잘 맞게 작동한 걸까?

진화에 필요한 시간과 지구의 제한적인 자원 사이의 긴장 관계를 지적한 것은 내가 처음은 아니다. 다윈만큼 이 긴장을 잘 알고 있는 사람은 없었을 것이다. 진화에 필요했으리라고 믿은 긴 시간을 확증해 줄 증거를 찾기 위해서 다윈은 지질학으로 눈을 돌렸다. 『종의 기원On the Origin of Species』 초판에 다윈은 지구의 나이는 적어도 3억 년은 넘으리라고 계산했다. 영국 남동부 녹지 지형인 월드(Weald)가 만들어지려면 지질학적으로 약 3억 년 정도가 필요했으리라 추산된다며.[d] 당대 과학계는 이에 이의를 제기했고, 다윈은 다음 판부터 그런 일체의 예상을 언급하지 않게 되었다. 톰슨(William Thomson)(후에 켈빈 경)과 당대의 물리학자들은 지구의 나이를 생각해도 다윈의 추측은 너무 길다고 주장했다. 그들은 당시 물리 이론으로 지구의 열이 식는 속도를 계산해서 그렇게 공격했는데, 자신의 진화 이론이 이렇게 공격받자 다윈은 신경 쓰지 않을 수 없었다. "지구 나이에 관한 톰슨의 견해는 내게는 한동안 아주 아픈 문제 중 하나였다."[e] 켈빈이 최종적으로 계산한 지구의 나이는 2천 4백만 년이었는데,[f] 사실 현재 물리학자들은 지구의 나이를 이보다 훨씬 많은 약 45억 년으로 (우주의 나이는 138억 년으로) 잡고 있긴 하다.

아무튼, 아직 우리는 정량적인(비용이 맞는) 설명을 가지고 있지 않다. 45억 년이라는 지구의 나이 동안 어떻게 생명체가 지구상에서, 혹은 더 넓게 이 우주에서 현재의 모습으로 진화할 수 있었는지.

이 책에서 이야기하는 이론은 다윈의 진화론을 계산 학습computational learning⁴의 짜임새로 바라보는 것이다. 그래서 그 작동 방법을 비용을 생각해서 정량적으로 분석하는 것이다. 이것이 위의 질문에 에두르지 않고 답할 수 있는, 내가 아는 유일한 방안이다.

진화를 정량적으로 다루는 이전 연구들은, 예를 들어 개체군 유전학population genetics 같은 것들은 경쟁의 효과를 상대적인 개체군의 크기에 대해서 분석하는 것이었다. 예를 들어, 20세기 초에 나온 유명한 하디-와인버그Hardy-Weinberg 이론이 있다. 사람과 같이 양성 교배하고 각 개체가 유전자 복제본 두 개를 가지고 있으면, 유전자 풀에서의 다양성은 유지된다는 이론이다. 다양성이 유지된다는 것은 유전자 변형이 만들어지는 비율이 안정적으로 유지된다는 뜻이다. 개체군에서 유전자의 변형이 두 개 있을 비율이 어느 정도 되고 그 두 변형이 똑같이 이득이 되면, 유전자 변형이 일어날 비율이 안정적으로 유지된다는 거다. 두 변형이 계속 일어나면서.

그러나 이렇게 상대적인 개체군 크기를 분석하는 것은 어떻게 복잡한

---

4 컴퓨터로 실행할 수 있는 학습(예시들을 보고 숨어있는 일반 패턴을 찾는 인덕induction 과정)의 경계를 찾고 이해하려는 분야다. 학습 알고리즘을 찾고 그 계산 비용이나 보장되는 정확도를 규명하는 등 컴퓨터로 실행하는 학습이 어떻게 얼마나 어디까지 가능한지를 공부한다. 통계학과 컴퓨터과학의 방법과 성과가 관련된다. 현재 주목 받는 깊은 신경망deep neural net, 딥뉴럴넷 알고리즘은 다양한 학습 알고리즘 중 하나다. 앞으로도 많은 다른 알고리즘들이 출현할 것이다.

생명체가 간단한 것에서 나오게 되었는지에 대한 답은 아니다. 진화를 의심하는 사람들이 늘 지적하는 점이다. 답을 해야 한다. 답이 아직 없는데 있는 척한다면 과학하는 자세가 아니다.

그리고 다뤄야 할 진화 대상이 구체적으로 뭔지를 이제는 알게 되었다. 지난 오십 년간 발전한 생물학의 성과 덕분이다. 개체군 유전학의 선구자였던 통계학자 피셔(Ronald Fisher)와 동시대 사람들은 알 수 없었던 내용이다. 생물 유기체의 운영체제는 단백질 발현 네트워크*protein expression network*라고 한다. 그래서 진화를 이해하기 위해서는 어떻게 그런 복잡한 회로가 간단한 것에서 진화할 수 있었고, 변하는 환경에서 유지될 수 있는지를 설명할 수 있어야 한다. 생명체가 기대고 있는 단백질 발현 네트워크는 2만 개 이상의 유전자를 가지고 있다고 알려져 있고, 그 네트워크가 만드는 결과물은 수없이 많은 입력의 경우들에 굉장히 복잡한 방식으로 반응한다고 한다. 이 네트워크 회로들은 우리 세포 안에서 단백질들의 농도가 서로 어떻게 통제되는지를 결정한다. 수학적으로 그 회로들을 표현해 볼 수 있다. 예를 들어, 일곱 번째 단백질이 만들어지는 양은 세 가지 다른 단백질의 농도에 의해서 결정된다고 하자. 세 번째, 스물한 번째, 그리고 일흔세 번째 단백질. 의존 관계를 특정하면 $f_7 = 1.7x_3 + 3.4x_{21} + 0.5x_{73}$로 표현된다고 하자. 이 f_7은 모든 2만 개 단백질의 농도를 입력으로 받아서 그렇게 특정된 결과를 내는 함수 $f_7(x_1, \cdots, x_{20000})$인 것이다. 온도와 같은 다른 추가적인 인자들도 필요할 수 있다. 아무튼 그런 함수 f_7는 진화 중에 변하게 된다. 상황이 바뀌어서 다른 결과를 내는 함수가 유기체에 더 많은 이득을 주는 거라면.

우리가 설명해야 하는 것은 얼마 만에, 그리고 어떻게 이 함수들이 진화 중에 새것으로 변하는지다. 환경이 바뀌어서 새로운 함수 f_7'이 이전

f_7보다 더 적합해졌다면 그 함수로 바뀌는 데 얼마나 오랜 시간이 걸릴까? 물론, 이건 일정하게 정해진 단백질들이 진화하는 것만 설명한다. 성공적인 이론이라면 새로운 단백질이 만들어지고 진화하는 것도 설명할 수 있어야 한다. 이건 비슷한 방식으로 다른 종류의 회로를 가지고 분석하면 될 것으로 보인다.

컴퓨터과학: 자연과학의 새로운 방법

다시 논의의 큰 틀로 돌아와서, 지난 수십 년간 컴퓨터과학의 연구 성과로 드러난 계산 법칙들이 있는데, 이 법칙들은 세상을 보는 설득력 있는 새로운 시각을 제공한다. 이 시각을 통하면 진화와 학습 관련해서 생물학이 내놓은, 풀리지 않은 문제들을 해결할 수 있다. 계산 법칙들은 물리 법칙같이 놀라운 성과인데, 알고리즘의 존재와 효율에 대한 법칙들이다. 단, 진화와 학습에 적용되는 법칙은 디지털 컴퓨터 알고리즘에 적용되는 법칙과는 조금 다르다. 따로 살펴봐야 할 법칙들이다. 이게 우리의 출발점이다.

기계적인 계산으로 자연 현상이 이해될 수 있다는 아이디어는 비교적 최근 아이디어지만, 자연의 비밀을 밝히는 데 사용하는 무기의 하나로 확실하게 자리잡고 있다. 물리의 법칙을 표현하는 데 수학 방정식이 유용하다는 아이디어, 실험실의 실험이 화학 세계의 사실을 밝힐 수 있다는 아이디어, 그리고 사회과학에서 통계 분석이 인과 관계에 관한 실마리를 준다는 아이디어들은 널리 받아들여졌다. 기계적인 계산의 관점이 유용하다는 아이디어도 그런 위치에 서게 될 것이다. 의심의 여지가 없다.

이 책이 독자들에게 기계적인 계산(알고리즘) 관점이 어떻게 과학의 중심부를 차지하게 될지를 엿보는 기회가 되기를 바란다. 이 책의 어느 것도 최종 결론으로 의도된 건 없다. 내가 제안하는 접근 방법은 분야 내부적으로도 그렇고 관련된 다른 실험 분야와 교류하면서 광범위하게 발전해야 한다. 우선 자연이 낸 질문들을 살피고 계산 과정의 범위가 일반적으로 어떻게 되는지 살펴보도록 하자.

3

계산 가능함이란
The Computable

정의될 수 있다고
모두 계산 가능한 건 아니다.
Not everything that can be defined
can be computed.

컴퓨터과학의 대상은 컴퓨터가 아니다.
천문학의 대상이 망원경이 아닌 것처럼.

— 다익스트라(Edsger Dijkstra)

요약

튜링(Alan Turing)의 1936년 논문에서 기계적인 계산이 잘 정의되면서 과학의 새로운 방법이 탄생했다. 그 방법이란 실제 세계의 현상을 기계적인 계산 과정으로 허점 없이 튼튼하게 정의하기, 이 정의에서부터 그 현상이 어디까지 가능한지 증명하기, 그 현상의 한계를 드러낼 불가능 성질을 증명하기다. 우리는 학습, 진화, 지능이라는 자연 현상을 이 방법으로 설명해 갈 것이다. 특히, 계산 과정 중에서도 현실적인 시간 내에 결과를 내는 것을 찾는다. 현실적인 계산 과정이란 다항polynomial 시간(입력 크기의 다항식에 비례한 시간) 안에 끝나는 계산을 말한다. 참고로, 모든 계산 과정을 그 계산 비용에 따라 분류해 보면서 각 분류의 범위가 밝혀지고 있다. 다항 시간 안에 끝나는 계산의 범위는 모든 게 정해진deterministic 보통의 계산만 생각하는 경우와 동전 던지기 과정도 동원하는 무작위randomized 계산의 경우, 양자quantum 현상까지 이용하는 계산 등 경우마다 조금씩 다르다. 다항 시간의 계산으로 학습, 진화, 지능을 정의하는 작업은 아슬아슬하다. 흔한 계산 문제 중에 다항 시간에 끝나는 계산법을 아직 찾지 못한 문제들을 컴퓨터과학에서는 많이 겪기 때문이다. 마지막으로, 학습 알고리즘으로서 기본적이면서 중요한 퍼셉트론perceptron 알고리즘을 소개한다.

3.1 튜링의 패러다임

기계적인 계산이란

돌아보면 놀랍게도 우린 정보 처리라는 것에 대해 너무나 오랫동안 무관심했었다. 동물들은 보고 냄새 맡고 만지고 들을 때 복잡한 입력을 받아서 복잡한 방식으로 반응한다. 사람의 경우는 더 복잡하고 이해하기 어려울 수 있다. 이런 현상들은 우리가 매일 보는 것들이니 자연스럽게 의문이 들었을 텐데. 생명체들은 어떻게 정보를 처리하고 행동을 결정하는 걸까? 의아하게도, 수십 년 전까지 이러한 의문을 좇는 공부가 거의 없었다. 사실, 우리가 그런 공부를 하고 싶었어도 근본적인 어려움에 부딪혀 좌절했을 것이다. 문제를 어떻게 정의해야 할지조차 몰랐으니까.

이게 바뀐 건 1930년대다. 튜링(Alan Turing)이 낸 논문 덕분이다. 그 논문의 제목은 〈계산 가능한 수에 대해서, 수리명제 자동생성 문제에 응용하면서(On Computable Numbers, with an Application to the Entscheidungsproblem)〉이다. 이 논문이 역사상 가장 중요한 과학 혁명 중 하나인 정보 혁명을 열게 된다.[a] '수리명제 자동생성 문제*Entscheidungsproblem*'는 영미권에서는 쉽게 결정 문제*decision problem*라고 하는데, 1928년 수학자인 힐베르트(David Hilbert)가 독려한 꿈이었다.1 힐베르트는 수학 명제를 입력으로 받아서 참인지 거짓인지를 기계적으로 판단하는 것이 가능하지 않을까 상상했고, 그 방법을 찾아보자는 문제가 '수리명제 자동생성 문제'였다. 그러나 이 꿈은 산산조각 난다. 1931년 34살의 청년 괴델(Kurt Gödel)이 그 꿈

---

1 튜링의 이 논문에 '보편만능의 도구'로서의 컴퓨터의 청사진이 드러난다. 이 논문의 내용을 일반인을 대상으로 설명한 카오스재단(ikaos.org) 강연 동영상 "컴퓨터과학의 원천 아이디어가 나오기까지"를 추천한다. 책으로는 『컴퓨터과학이 여는 세계』(이광근, 인사이트, 2015)를 추천한다. 이 책의 2장 "400년의 축적"이 이 논문을 최대한 쉽게 다루고 있다. 같은 이름의 서울대학교 교양과목 강의를 현장 녹화한 유튜브 동영상도 있다. 그 동영상의 82편 중 첫 15편이 이 부분에 해당한다.

은 불가능하다고 증명해 버린다. 많은 면에서 파장이 큰 증명이었다. 이 증명 내용을 한 학기 수업으로 들은 튜링은 같은 결론을 더 손에 잡히는 구체적인 방식으로 다시 증명해 보인다. 이 논문이 튜링의 1936년 논문이다.

하지만 이 논문에서는 증명 자체를 넘어서서, 세계를 보는 우리의 관점을 바꾸는 '기계적인 계산'이라는 개념이 정의된다. 이 개념이 공학자들에 의해 실현되면서 우리가 살아가는 방식이 바뀌어 버린 것이다.

튜링이 보인 건 기계적인 계산이라는, 혹은 생각 없이 한 스텝 한 스텝 실행하는 정보 처리라는 애매한 개념이 체계적으로 정의되고 분석될 수 있다는 것이었다. 그 이후로 우리는 기계적인 계산으로 가능한 것과 불가능한 것의 경계를 이해하게 되었다. 다시 말해서 계산이 뭔지를 비로소 이해하게 된 것이다.

기계적인 계산의 비용이 드러내는 한계

기계적인 계산이 뭔지가 명확해지면서 중요한 구분이 하나 드러났다. 원하는 계산이 뭔지를 정의하는 일과 어떻게 그런 계산을 하는지는 다른 것이라는.[2] 이 구분이 즉각 손에 잡히지는 않을 수 있는데, 튜링의 논문에 이 구분이 명백한 계산 문제 하나가 사용된다. 그 문제의 답으로 원하는 것을 정확히 정의할 수 있지만, 그 답을 만드는 기계적인 방법은 존재할 수 없다는 것이 증명된다.[3] 뜻밖의 결과였다. 이 이후 더 정교한 구분들이 많은 연구를 통해 드러났다.

---

2 예를 들어 짜장면을 정의해 보자. "내가 가장 좋아하는 음식이다"로 정의할 수 있다. 이 정의는 짜장면을 만드는 조리법과는 다르다. $\sqrt{2}$를 정의해 보자. "제곱하면 2가 되는 수"로 정의할 수 있다. 이 정의는 $\sqrt{2}$가 1.4124…임을 계산하는 방법과는 다르다. 대상을 정의하는 것과 만드는 방법은 다를 수 있다.

3 멈춤 문제 *halting problem*라고 부르는 문제다. 기계적인 계산기를 보고 정확히 점치는 기계를 만들 수 있냐는 문제다. 입력된 계산기가 돌기 시작하면 끝날지 끝나지 않을지를 정확히 판단하는 기계를 만들라는 문제다. 답으로 만든 기계는 모든 기계적인 계산기에 대해서 정답을 낼 수 있어야 한다. 튜링이 증명한 것은, '기계'가 튜링기계인 경우 그런 기계는 불가능하다는 것이다.

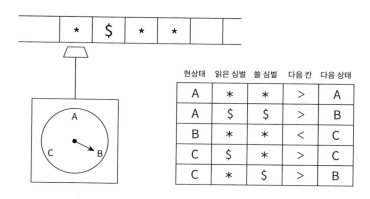

현상태	읽은 심벌	쓸 심벌	다음 칸	다음 상태
A	*	*	>	A
A	$	$	>	B
B	*	*	<	C
C	$	*	>	C
C	*	$	>	B

그림 3.1 간단한 튜링기계의 한 예다. (출처: 『컴퓨터과학이 여는 세계』(이광근, 인사이트, 2015) p.32) 튜링기계는 다음의 부품들로 만든다. 무한히 많은 칸을 가진 테이프, 테이프에 기록되는 유한 개의 심벌들, 테이프에 기록된 심벌을 읽거나 쓰는 장치, 기계 상태를 나타내는 유한 개의 심벌들, 그리고 유한 개의 작동 규칙들이다. 테이프의 시작 모습과 기계의 시작 상태 심벌, 그리고 테이프에서의 시작 위치가 정해진다. 그림에서 박스 안에 시곗바늘이 현재의 상태 심벌을 가리킨다. 작동 규칙표의 한 행이 하나의 작동 규칙이다. 한 작동 규칙은 기계가 어떤 상태에서 어떤 심벌을 읽으면 어떤 심벌을 쓰고, 읽는 장치는 어느 방향으로 움직이며(오른쪽 >, 왼쪽 <, 제자리 ||), 새로운 기계 상태는 무엇이 되는지가 표현되어 있다. 예를 들어, 위의 튜링기계는 테이프 심벌로 $와 * 두 개를 사용하고 기계 상태 심벌로 A, B, C 세 개를 사용한다. 작동 규칙은 다섯 개가 있다. 예를 들어 다섯 번째 작동 규칙이 주문하는 일은, "현재 상태가 C이고 테이프에서 읽은 심벌이 *이면 읽은 곳에 $를 덮어쓰고, 읽고 쓰는 장치를 오른쪽으로 한 칸 움직이고(>), 다음 상태는 B가 되어라"는 것이다.

튜링기계의 작동 과정은 매번 현재 기계의 상황에서 적용할 수 있는 작동 규칙을 실행하는 과정을 반복하는 것이다. 현재 상황에서 적용할 수 있는 작동 규칙이 없으면 기계 작동이 멈춘다. 위의 튜링기계는 입력으로 $과 *의 문자열 중에서 $가 하나 낀 입력을 받았을 때, $를 입력 문자열의 제일 오른쪽으로 옮겨놓는 '계산'을 하는 기계다.

특히 계산에 드는 비용(계산에 필요한 시간과 공간)의 차이에 따라 문제들을 세밀히 분류하게 되었다. 기계적으로 풀 수는 있지만 현실적인 비용 안에 풀이가 끝날지는 아직 모르는 문제들, 모두 현실적인 비용으로 풀리지만 비용의 세밀한 차이에 따라 따로 분류되는 문제들 등.

그래서 우리는 단순히 기계적인 계산이 가능하다는 사실에 만족하지 않는다. 현실적인 시간 내에 결과를 낼 수 있는 계산이어야 하고 최대한 적은 비용으로 해내는 계산이면 좋다. 답을 기다리는데 몇 달, 몇 년, 또는 우주가 수명을 다할 때까지 기다릴 필요가 있다면 현실에서는 쓸모없는 계산이다.

기계적인 계산의 이런 이야기는 곧 에코리즘ecorithm에 대한 이야기다. 에코리즘은 알고리즘algorithm이고 알고리즘은 기계적인 계산의 다른 이름이다. 따라서 에코리즘도 기계적인 계산의 한계를 그대로 가진다.

기계적인 계산의 이런 이야기 덕분에, 학습과 진화의 현상을 근본적으로 새롭게 접근해서 이해할 수 있게 되었다. 기계적인 계산의 능력과 효율이 결국 어떤 한계를 가지는지에 대한 연구 결과[4]에 기대어 학습과 진화를 이해할 수 있기 때문이다. 기계적인 계산이 어떤 재료(반도체, DNA, 뉴런, 혹은 전혀 다른 물질)로 어떻게 구현되든 간에 이런 기계적인 과정의 한계를 드러내는 궁극의 법칙은 늘 존재한다.

튜링의 3원소: 자연 현상을 계산으로 볼 때 펼치는 접근법

지금 보면 계산 연구에 근본적인 것 세 가지가 이미 튜링의 논문에 등장했었다. 기계적인 계산의 정의, 능력, 그리고 한계가 무엇인지.

첫째로는, 기계적인 계산(기계적으로 한 스텝 한 스텝 진행하는 과정)을 명확하게 정의했다. 지금 튜링기계Turing machine라고 불리는 상상으로만 고안한 기계인데, '기계적인 계산이란 튜링기계로 만들어서 돌릴 수 있는 것으로 한다'는 정의다.

---

4 계산 이론computation theory이나 계산 복잡도computational complexity라고 불리는 분야의 성과다. 이 분야의 성과 덕분에 컴퓨터로 풀 수 있는 문제를 정교하게 분리할 수 있게 되었다. 문제마다 급수가 존재한다. 어떤 문제들이 얼마나 효율적으로 풀릴 수 있는지, 문제들의 클래스가 존재한다.

둘째는, 기계적인 계산의 강력한 능력을 보였다. 튜링기계로 보편만능의 기계를 만들 수 있다는 사실을 보인 것이다. 보편만능 기계_universal_ _machine_라는 것이 튜링기계의 한 예로 가능하다는 사실을 보였는데, 모든 튜링기계(기계적인 계산)를 글로 표현해서 입력으로 받아 그 기계의 실행을 그대로 따라 할 수 있는 튜링기계다. 현재의 컴퓨터가 이 보편만능 튜링기계를 구현한 것이다. 보편만능이라는 능력(모든 소프트웨어를 실행시킬 수 있는 능력)이 컴퓨터가 널리 유용한 이유이다. 그 능력이 실제 효과를 본 덕분에 현재 컴퓨터가 어디에나 흔히 있게 된 것이다.

셋째는, 기계적인 계산으로는 절대 할 수 없는, 불가능한 게 있다는 사실을 증명했다. 튜링기계로 할 수 있는 일의 한계다. 정의할 수 있는 문제들이라고 다 기계적으로 풀 수는 없다는 것을 증명한 것이다.[5]

튜링의 이 불가능 결과는 보편만능 기계의 능력만큼 놀랍다. 다음 문제를 푸는 튜링기계는 만들 수 없다는 사실이다. 임의의 튜링기계를 입력으로 받아[6] 그 기계를 실행하면 끝날지 아닐지를 정확히 예측하는 튜링기계가 있는가? 멈춤 문제_halting problem_라고 한다. 애매한 것 없이 정확히 정의된 문제다. 컴퓨터 프로그램을 표현하는 언어가 정해지기만 하면, 위 문제의 답이 뭐가 되어야 하는지를 전혀 애매하지 않게 정의할 수 있다. 아무튼 가능하면 좋겠지만, 튜링이 증명한 대로 임의의 튜링기

---

5 사실 이 세 번째 증명("기계적으로는 …가 불가능하다")을 증명하기 위해서 '기계적인'의 정의가 필요했고 그래서 튜링기계를 정의한 것이다. 그리고 불가능 증명의 소품으로 튜링기계의 능력을 보여주는 보편만능 기계를 고안해서 사용했다. 상세한 내용을 알고 싶은 독자는 『컴퓨터과학이 여는 세계』(이광근, 인사이트, 2015) 2장 또는 카오스재단(ikaos.org) 강연 동영상 "컴퓨터과학의 원천 아이디어가 나오기까지"를 볼 것을 추천한다.

6 튜링기계를 입력으로 받는 튜링기계라고 하면 기기묘묘하게 들릴 수 있는데, 그렇지 않다. 모든 튜링기계는 글로 표현해서 정의할 수 있다. 그림으로 그릴 수도 있지만, 정해진 알파벳으로 정해진 형식의 글로 정확하게 표현할 수 있다. 일상의 많은 것을 글로 표현할 수 있지 않던가. 튜링기계같이 간단하고 명확한 것을 정해진 방식으로 글로 표현할 수 있는 것은 당연하다. 그렇게 글로 표현한 튜링기계를 입력으로 곧바로 넣을 수 있다. 튜링기계의 부품 중에 글자를 일렬로 쓰고 읽는 무한히 긴 테이프가 있다. 이 위에 글로 표현된 튜링기계를 쓰면 그만이다.

계를 입력으로 받아서 그 기계가 멈출지 아닐지를 정확히 예측하는 컴퓨터 프로그램(튜링기계)은 만들 수 없다.[b] 멈춤 문제를 온전하게 풀어내는 튜링기계는 없다.[7]

참고로, 이 불가능 결과는 튜링이 논문에서 목표로 하는 증명으로 가는 핵심 징검다리였다. 그 증명은 다음의 꿈이 불가능하다는 것이었다. 20세기 초 선두의 수학자들(러셀(Bertrand Russell)과 힐베르트(David Hilbert) 등)이 자연수에 대한 명제들의 참/거짓 여부를 기계적으로 판단할 수 있지 않을까 상상한 꿈. 한편 튜링이 논문에서 밝힌 것, 즉 그와 같은 상상이 뭘 뜻하는지 명확하게 정의할 수 있다는 사실, 그리고 그 상상은 불가능하다는 사실을 증명한 것, 이 두 가지가 혁명적인 여파를 만들어낸다.[8] 이 충격은 아직도 학자들 사이에 스며들고 있는 중이기도 하다.

튜링의 1936년 논문에 출현한 튜링의 3원소Turing triad(정의-튜링기계,

7　튜링기계가 소프트웨어이므로, 소프트웨어로 이야기하면 이렇다. 모든 소프트웨어를 입력으로 받아서 그 소프트웨어가 멈출지 멈추지 않을지를 정확하게 미리 판단하는 소프트웨어는 만들 수 없다.

　　여기서부터, 멈춤 여부만이 아니고 소프트웨어의 실행에 관한 웬만한 성질들을 정확하게 미리 판단하는 소프트웨어가 불가능하다는 것이 쉽게 유도된다. 만약 만들 수 있다면 그런 소프트웨어를 이용해서 멈춤 문제를 푸는 소프트웨어를 만들 수 있기 때문이다. 예를 들어, 입력 받은 소프트웨어가 실행 중에 나누기 0을 하는지를 정확하게 판단하는 소프트웨어는 불가능하다. 만일 가능해서 그런 판단기 소프트웨어 X를 만들었다고 하자. 그러면 X를 이용해서 멈춤 문제를 풀 수 있는 모순이 벌어진다. 다음과 같다. 입력 받은 소프트웨어 텍스트를 살짝 바꿔서, 일 끝내고 1 나누기 0을 하는 명령문을 맨 끝에 첨가해서 X에 넣는다. X의 답을 보고 오리지널 소프트웨어가 실행이 끝나는지를 판단할 수 있다. 나누기 0은 일어나지 않는다고 하면 입력 받은 오리지널 소프트웨어가 끝나지 않는다는 뜻이다. 일어난다고 하면 끝난다는 뜻이다.

　　멈춤 문제의 불가능에 대해서 주의해야 하는 점은, 모든 기계에 대해서 그 멈춤 여부를 정확히 답하는 기계가 불가능하다는 것이다. '모든'과 '정확히'가 핵심 조건이다. 몇몇 기계에 대해서만 정답을 내는 기계는 가능하다. 혹은 모든 기계에 대해서 답을 내지만 때때로 틀린 답을 내는 기계는 가능하다. 모든 기계에 대해서 항상 정답을 내는 기계가 불가능하다는 것이다.

8　튜링은 괴델(Kurt Gödel)의 불완전성 정리incompleteness theorem를 다른 스타일로 증명한 것인데, 괴델의 증명과 다른 점은 단도직입적이라는 데 있다. '기계적인 계산'을 정말 기계 같은 손에 잡히는 구체적인 모습으로 정의하고, 목표한 증명으로 나아갔다. 이 정의는 현재까지 우리가 상상한 기계적인 계산의 모든 것을 표현할 수 있는 튼튼한 정의로 남아 있다. 이런 든든한 정의 위에서, 모든 기계적인 계산을 돌릴 수 있는 기계로서 증명에 사용한 보편만능 기계universal machine 때문에 오늘날 컴퓨터의 원천 설계도가 탄생한 지점이 튜링의 1936년 논문이 되었다.

능력-보편만능, 한계-계산 불가능)는 그 자체로도 중요하지만, 그것의 일반 버전을 생각하면 그 시각의 폭이 의미심장하다. 일반 버전으로 3원소는 ①실제 세계의 현상을 계산의 일종으로 보고 명확하게 정의하기, ②이 정의로부터 그 현상이 어디까지 가능하고 ③어디서부터 불가능한지 규명하기가 된다.

학습, 진화, 지능이라는 자연 현상에서도 이 3원소를 찾으려고 한다. 그 현상들의 작동 비밀을 밝히기 위한 내 전략이다. 그 현상들에 해당하는 3원소(정의, 능력, 한계)를 계산의 세계에서 규명해 가기.

이를 위해서는 계산에 대한 섬세한 이해가 필요하다. 학습, 진화, 지능 모두는 계산이 만들어 내는 현상으로 정의할 것이다. 그런데 자연에서 구현된 그것들은 섬세하고 미묘해서 현실적인 비용으로 할 수 있는 계산의 한계 가까이서 아슬아슬하게 작동하고 있다. 따라서 그 현상의 비밀을 밝힐 수 있으려면, 기계적인 계산에 대해서 잘 이해할 필요가 있다.

3.2 깨지지 않은 기계 계산 모델

눈치챈 독자도 있을 텐데, 이전 절에서 한 군데 건너뛴 곳이 있었다. 튜링이 정의한 튜링기계가 과연 기계적인 계산의 다일까? 튜링기계로 멈춤 문제를 풀 수 없다고 해서 정말 기계적인 계산으로 풀 수 없는 걸까?

이렇게 건너뛰어도 괜찮다는 건 컴퓨터과학에서 가장 알 수 없는, 하지만 운 좋은 미스터리다. 틀렸다고 증명되지도 않았고 그렇다고 증명할 수도 없는. 튜링기계가 기계적인 계산의 다인 것 같다는 신비다. 기계적인 계산 모델을 튜링기계와 다르게 아무리 만들어봐도 그 능력에서

차이를 만들지 못해왔기 때문이다.[9]

튜링 3원소 중 하나인 기계적인 계산의 정의, 이게 그래서 중요한 시작이었다. 튜링은 그 모델로 기계적인 계산이라고 할 수 있는 현상을 모조리 잡아내려고 했다. 누구도 생각하지 않았던 현상까지 모조리. 사람이 창의성이나 영감을 이용하지 않고 기계적으로 별생각 없이 하는 일들이라면 모두 튜링기계로 표현하려는 게 목표였다.

이런 과감한 시도는 당연히 많은 사람의 관심을 끌었고, 튜링이 정의한 기계보다 더 많은 것을 할 수 있을 것 같은 새로운 정의를 시도해 보았지만 모두 실패했다. 다른 모델을 정의해 보지만 모두 튜링기계의 범주를 벗어나지 못한 것이다. 예를 들어 테이프가 두 개, 세 개, 혹은 2차원 테이프를 사용하는 기계라고 해 봤자 새로운 능력을 가지는 것은 아니었다. 또, 양자역학*quantum mechanics*이 밝힌 자연 현상에서 힌트를 얻어서 무작위를 도입하고 계산이 동시에 되는 병렬성을 첨가해도[10] 새로운

9　1930년대에 거의 동시에 '기계적인 계산'을 수학적으로 정의한 독립적인 시도들이 있었다. 대표적으로 세 명이었다. 괴델(Kurt Gödel), 튜링(Alan Turing), 처치(Alonzo Church)다. 괴델은 재귀함수 *recursive function*로, 튜링은 튜링기계*Turing machine*로, 처치는 람다계산법*lambda calculus*으로 정의하였다. 재귀함수로 표현할 수 있는 것만 기계적인 계산으로 정의했고, 튜링기계로 만들어서 돌릴 수 있는 것만 기계적인 계산이라고 정의했고, 람다계산법으로 계산할 수 있는 것만 기계적인 계산이라고 정의했다. 그런데 이 모두가 똑같은 정의였다는 것이 밝혀진다. 재귀함수는 모두 튜링기계로 표현할 수 있고, 튜링기계는 모두 람다계산식으로 표현할 수 있고, 람다계산식은 모두 재귀함수로 표현할 수 있다. 셋이 각자 독립적으로 정의한 것이 나중에 보니 똑같은 것이었다. 이러다 보니 사람들은 기계적인 계산의 정의는 그게 다인가보다 믿게 되었다. 그래서, 이것을 처치-튜링 가설*Church-Turing thesis*이라고 한다.

10　양자에서 일어나는 현상을 이용하면 동시에 많은 것을 알뜰하게 계산할 수 있다. 2^n개의 데이터를 n개의 (양자) 메모리에 모두 담을 수 있고, 같은 계산을 모두에게 동시에 적용할 수 있다. 양자 컴퓨터의 능력을 보여주는 가장 대표적인 것이 인수분해다. n자리 자연수를 디지털 컴퓨터로 인수분해하려면 10^n에 비례한 횟수의 연산이 필요하지만, 양자 컴퓨터를 이용하면 n에 비례한 횟수면 충분하다. 그러나 양자 컴퓨터가 할 수 있는 일을 디지털 컴퓨터는 모두 할 수 있고 반대도 마찬가지다. 현실적인 성능(속도와 메모리 소모)의 차이만 있을 뿐이다. 양자 컴퓨터만의 성능이 가능한 이유는 양자에서 관찰되는 세 가지 현상, 중첩*superposition*, 엮임*entanglement*, 확률진폭*probability amplitude* 때문이다. 더 자세한 내용은 『컴퓨터과학이 여는 세계』(이광근, 인사이트, 2015) 126~134쪽을 추천한다.

능력이 더해지지 않았다. 기계적인 계산이라는 직관을 정의하는데, 튜링기계보다 더 많은 걸 할 수 있는 모델을 찾으려고 애썼지만 모두 실패했다.

따라서 사람들은 믿게 되었다. 튜링의 정의가 깨지기 힘들다는 것을. 여러 가지로 변형을 해도 결국은 모두 똑같은 능력의 것을 정의했음을 알게 되면서. 이래서, 튜링의 기계적인 계산의 정의(경계)는 과학에서 알려진 가장 안정된 이론의 반열에 오르게 되었다.

학습과 진화에도 필요한 튼튼한 모델

튜링 모델이 이렇게 튼튼하기 때문에, 그 모델이 이 책에서 이야기할 내용의 근본 열쇠가 되고 도약대가 되어 준다. 학습과 진화를 공부하는 데도, 강인한 모델은 일반 계산을 공부할 때만큼 중요한 시작점이다. 모델이 실제 현상을 잡아내는 데 부족하면 그에 기초한 어떤 결과도 의심스럽게 된다. 확신하고 싶은 것은 아무 결과가 아니라, 진화와 학습 등 실제 현상의 성질을 잡아냈냐는 것이다. 현상을 정의한 모델이 튼튼해야만 그런 확신이 설 수 있게 된다.

기계적인 계산이라는 튼튼한 정의가 발견되면서 과학의 새로운 방법이 탄생한 것이다. 그 방법이란 애매했던 개념을 정확하고 구체적으로 정의하고, 그 위에서 그 개념의 성질들(가능성과 한계 등)을 밝히기다. 괴델(Kurt Gödel)이 인정한 대로, 계산 이론은 "처음으로 성공한 분야다. 우리가 머릿속에 가진 흥미로운 개념을 절대적으로 정의하는 데. 즉, 어떤 식으로든 다르게 정의하려 해도 다를 게 없는 정의를 찾는 데."[d] 계산 가능한 것들의 범주는 튜링 모델의 세세한 디테일을 어떻게 바꿔도 변하지 않는다.

그런 반석 같은 모델이 있어야 그 위에 찾은 사실들이 말이 된다. 같은 이유로, 학습과 진화라는 개념에 대해서도 그런 절대적인 정의를 찾아야 한다. 이게 뒤에 오는 장들에서 다루는 이야기다.

물론 절대적인 정의가 우리가 사용하는 모든 단어의 개념마다 있을 수는 없을 것이다. 모든 단어마다 그 개념의 본질을 잡아내는 강인한 계산 모델이 가능할 수는 없다. 사실 계산 가능성, 학습 가능성, 진화 가능성은 그런 정의가 가능한 몇 개 안 되는 예일 것이다. 우리가 알고 있는 다른 대부분의 개념들은 그런 강인한 계산 모델이 알려진 게 없다. 자유의지나 의식 같은 개념들에 대해서 계산의 방법론으로 이론을 만들 수 있을지는 그런 개념들의 튼튼한 정의를 계산 세계에서 찾아낼 수 있느냐에 달렸을 것이다.

3.3 계산 법칙의 특성

튜링이 시작한 과학하기의 새로운 짜임새

튜링의 공헌은 1936년 논문에서 증명한 특정한 사실에만 머물지 않는다. 튜링의 논문은 과학하는 새로운 방법을 알려 주었다.

이 면에서, 튜링의 성과는 뉴턴(Isaac Newton)과 비견된다. 뉴턴이 물리학에 공헌한 성과는 타의 추종을 불허한다. 만유인력의 발견 때문만이 아니라, 과학하는 새로운 방법을 알려 주었기 때문이다. 뉴턴 덕분에 수학 등식으로 표현되는 법칙으로 자연 현상을 설명하기,라는 방법이 받아들여진 것이다.[11] 그래서 수학 등식을 풀어서 미래에 일어날 일을 정

---

11 이전까지는 인류의 지식 표현 방법이 애매한 자연어 문장으로 이야기하는 서술형*descriptive*에 머물렀다. 뉴턴 이후 수학을 이용해서 자연 현상을 정확하고 검증 가능하게 방정식형*equational* 으로 표현하는 방법이 탄생한 것이다. 참고로, 21세기 현재는 또 하나의 방식을 인류가 사용하게 되었다. 계산형*computational* 지식 표현이다. 컴퓨터 소프트웨어로 지식을 표현하고 검증하는 것이다.

확히 예측할 수 있게 되었다.

　뉴턴의 물리 이론들은 당장 널리 적용될 수 있는 데 머물지 않는다. 그 이론들은 더 높은 수준의 초(超)일반성을 가지고 있다. 새로운 분야가 나오고 이론을 만들 때 어떻게 하면 된다는 청사진을 제공해 주었다. 물리학자들은 뉴턴 이후로 물리 법칙을 수학 방정식으로 표현하는 데 이끌렸다. 전자기학 이론, 일반 상대성 이론, 그리고 양자역학은 뉴턴의 역학에서 나온 게 아니라 뉴턴 역학의 지적 패턴을 그대로 따른 것이다. 물리 법칙들을 수학으로 표현하기. 이런 의미에서 수학은 그 이후 세대들이 이전 세대 물리학자들이 꿈꿀 수 없던 것을 이해할 수 있게 한 마법 같은 것이었다. 17세기 이후 물리학으로 설명할 수 있는 현상의 폭이 몇 배나 넓어졌다. 뉴턴의 이론 자체는 대체되고 있지만 물리학은 아직도 뉴턴의 방법론을 따라 연구되고 있다.

　물리학에서는 왜 그런 초일반성이 존재하는지 누구도 모른다. 물리학자 위그너(Eugene Wigner)는 이 이점을 그냥 즐기라고 제안했다. "물리학에서 자연 법칙을 수학의 언어로 쓸 수 있다는 기적. 이 기적은 이해하지도 못하겠고, 받아도 될지 모르겠지만 기막힌 선물이다. 감사히 의지해야 한다. 미래에도 그리고 널리 다른 분야로도 확장될 것이다. 좋건 나쁘건, 즐겁게도 혹은 혼돈스럽게도."[d]

　튜링의 튼튼한 계산 모델들이 컴퓨터과학에서 이런 초일반성을 제공할 것이라고 본다. 수학 등식이 물리학에서 그랬듯이 말이다. 각각의 계산 모델들은 대상으로 하는 계산 현상의 범위와 한계를 밝혀줄 것이다. 마치 지난 삼백 년 동안 물리학 성과들의 짜임새가 뉴턴이 했던 것을 따랐듯이, 앞으로 미래 세기에 나타날 많은 새로운 과학의 짜임새는 튜링이 시작한 것을 따를 것이다.

컴퓨터과학의 특성

참고로 컴퓨터과학과 물리학의 다른 점을 비교해 보자. 물리학은 온갖 것의 움직임(예를 들어, 입자가 자연의 힘 아래서 어떻게 움직이는지)을 설명할 수 있는 최소한의 기본 과정을 이해하는 데 집중한다. 반대로, 컴퓨터과학은 궁리해 보는 과정들이 훨씬 다양하다. 한 발짝 한 발짝 실행시키는 규칙으로 정의할 수 있는 과정이면 뭐든지 궁리의 대상이 될 수 있다. 물리 법칙으로 움직이는 어떤 궤적이든 한 발짝 한 발짝의 실행 규칙으로 다 흉내 낼 수 있으면, 계산으로 물리학이 다루는 모든 과정을 포섭할 수 있다. 그러나 아무거나 다 계산 과정인 건 아니다. 물리학에서 다루는 과정보다 일반적이기는 하지만 계산 나름의 논리적인 법칙과 한계가 있다. 계산 과정을 지배하는 법칙이 이 장에서 우리가 다룰 주제이기도 하다.

컴퓨터과학과 물리학이 주로 사용하는 수학도 차이가 있다. 튜링 이전의 수학은 연속한 세계를 다루는 것*continuous mathematics*이 지배적이었다. 물리학에서 주로 사용하는 수학이다. 변화가 한없이 작은 양으로도 일어난다고 생각하는 세계다. 하지만 튜링기계는 연속하지 않는 모델이다. 변화가 뚝뚝 끊겨서 일어나는 세계를 다루는 이산수학*discrete math-*

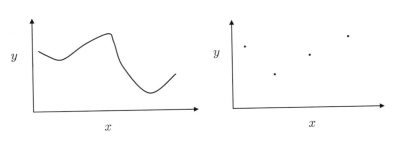

그림 3.2 연속한 모델*continuous model*에서는 가능한 상태가 무한히 많다. 왼쪽 그래프는 곡선 위의 한 점이 한 상태를 뜻하는 모델을 보여준다. 이산 모델*discrete model*에서는 그런 연속된 곡선일 수 없다. 오른쪽 그래프는 별개로 떨어진 점들이 네 개의 별도 상태를 뜻하는 이산 모델이다.

*ematics*의 세계다. 튜링 이전까지는 이산수학은 거의 연구되지도 않았다. 사실 튜링의 영향이라고 거의 이야기되지 않는데, 이산수학이 부상하게 된 것이 튜링 때문이다. 이 책에서 우리가 다룰 학습과 진화 등의 현상을 정의할 때도 이산 모델이 가장 튼튼한 모델이 된다. 학습과 진화의 핵심 현상을 끄집어내는 데 가장 유효한 것이 이산 모델들인 것이다. 연속 모델이 결국에는 큰 관심을 받겠지만, 첫 스텝으로서 가장 근본적인 개념을 정의하는 데는 연속 모델보다는 이산 모델이 직관적이다.12

사용하는 수학이 연속이냐 아니냐의 이분법을 떠나서, 물리학과 컴퓨터과학 사이에는 더 근본적인 차이가 있다. 물리에서는 법칙을 표현하는 수학 등식은 변할 수 없는 근본적인 법칙으로 본다. 예를 들어 이런 사실들을 표현한다. 두 물건 사이의 끄는 힘은 떨어져 있는 거리의 제곱에 반비례하고, 거리에 대한 다른 어떤 함수에도 비례하지 않는다.

반면, 계산에서는 무슨 일을 하는 프로그램을 만들 때 한 가지 법칙만 있는 게 아니다. 광범위한 폭을 허용한다. 이렇게 짜도 되고 저렇게 짜도 되는, 기본 스텝들로 짤 수 있는 온갖 프로그램은 뭐든 허용한다.

그래서, 프로그램이 어떻게 만들어질 수 있는지를 규약한 것들이 계산 법칙이 아니다. 계산 법칙은 어떤 일을 할 모든 프로그램에 대해서 그것들이 할 수 있는 것과 못하는 것에 대해서 말해준다. 멈춤 문제의 계산 불가능성 같은 것이다.

그리고 이런 계산 법칙이 맞고 틀리고는 수학으로 증명하는데, 그 법칙이 의미가 있으려면 깔고 있는 수학 모델이 튼튼해야 한다. 기계적인 계산이라는 대상을 온전히 빠뜨리지 않고 명확하게 정의한 모델이어야

---

12 컴퓨터과학에서 사용하는 수학은 반드시 이산수학에 머물지 않는다. 경우에 따라 수학의 다양한 분야(대수학*algebra*, 해석학*real analysis*, 기하학*geometry*, 심지어 위상수학*topology* 등)의 개념이 동원되어 계산(소프트웨어)의 광범위한 여러 양상을 모델링하고 분석한다.

그 위에서 증명하는 계산 법칙이 의미 있기 때문이다.

참고로, 물리 법칙과 대응되는 것은 계산 법칙이 아니고 계산 모델이다. 물리 법칙이 계산 법칙같이 수학적인 증명의 대상은 아니기 때문이다. 물리 법칙은 오히려 계산 모델과 대응한다. 물리 법칙과 계산 모델은 그것들이 맞냐 틀리냐가 수학의 세계에서 확인되는 게 아니고 그것들이 포섭하려는 실제 세계(물리 법칙은 자연, 계산 법칙은 계산)로 가서 옳은지 증거를 찾게 되기 때문이다.

3.4 현실적인 시간이 드는 계산

컴퓨터가 널리 보급되어 프로그램을 짜고 컴퓨터로 실행하는 일이 빈번해지면서 알고리즘의 계산 비용을 따지고 세밀하게 구분하는 것이 중요해졌다. 계산 복잡도*computational complexity* 분야라고 부른다.[e] 이 분야에서는 단순히 어떤 일을 하는데 알고리즘이 존재하느냐 여부를 구분하는 것뿐 아니라, 몇 번의 스텝 만에 알고리즘이 일을 끝마칠지를 재고 분류한다. 그 일을 하는데 기본 작업이 몇 번 필요한지를 따져서.

두 숫자를 곱하는 알고리즘을 생각해 보자. 세계 어디서나 초등학교에서 가르치고 있는 알고리즘이다. 그 알고리즘의 비용은, n자리 십진수 두 개를 곱하는 데 약 n^2번 연산이 필요하다. 그림 3.3에서 예를 볼 수 있다.

곱 알고리즘을 돌리면 한 자릿수 곱을 하는 연산의 횟수가 $4n^2$이거나 $5n^2$이거나 정해진 상수 c에 대해서 cn^2이다. 어떤 연산을 기본 연산으로 정하느냐에 따라 이 상수가 결정된다. 하지만, n^2의 속도보다 빨리 커지지는 않는다. n^3이나 n^4의 속도는 아니다. 그리고 그보다 천천히

$$
\begin{array}{r}
314159265358979 \\
\times 271828182845904 \\
\hline
1256637061435916 \\
0000000000000000 \\
2827433388230811 \\
1570796326794895 \\
1256637061435916 \\
2513274122871832 \\
628318530717958 \\
2513274122871832 \\
314159265358979 \\
2513274122871832 \\
628318530717958 \\
2513274122871832 \\
314159265358979 \\
2199114857512853 \\
628318530717958 \\
\hline
853973422267354181503 99772016
\end{array}
$$

그림 3.3 $n=15$자리인 두 수를 곱하는 과정을 보이고 있다. 위 숫자를 아래 숫자의 각 자릿수로 곱해서 더하면 된다. 이 과정은 n^2에 비례한 횟수의 한 자릿수 곱하기와 더하기를 하게 된다. 그러나, n^2번 해야 하는 것에 불필요한 반복이 있어 보인다. 이 때문에 좀 더 빨리 할 수 있는 방법이 있을지 궁금해진다. 왜 이 자연스러운 질문이 1960년대까지 없었고 답(3.5절)이 나오지 못했는지 설명하기 어렵다.

자라지도 않는다. $n^{1.9}$ 같이. 이 커지는 급수를 O 표기법*O notation*이라는 것으로 표현한다. 상수 c를 버리고, 이 방식으로 이야기하면, 위의 곱 알고리즘은 $O(n^2)$ 알고리즘이라고 한다.[f]13

다항 시간: 현실적인 알고리즘의 기준

일반적으로 다항*polynomial* 시간이 드는 알고리즘과 기하급수*exponential* 시간이 드는 알고리즘을 구분한다. 현실적인 비용인지 비현실적인 비용인지의 대표적인 기준이다. 다항 시간이란 상수 k에 대해서 $O(n^k)$ 만큼의 연산 횟수가 드는 것을 말한다. n은 입력의 크기다. 곱의 경우 곱할

---

13 따라서 $O(f)$는 f에 비례하는 크기를 뜻한다. "얼추 f만큼"이라고 읽으면 크게 무리가 없다.

숫자의 자릿수 또는 입력을 쓰는 데 필요한 메모리 양이다. 물론 최고는 아주 작은 k이다. 1이거나 2. 기하급수 알고리즘은 $O(k^n)$ 만큼의 연산 횟수가 드는 알고리즘이다. 입력 크기 n에 대해서 2^n이나 10^n 같이.

기하급수로 시간이 드는 알고리즘은 현실적이지 않다. 입력 크기 n이 작아도 그렇다. 예를 들어, 어떤 작업이 10^n번 연산이 필요하다고 하자. 만일 n이 겨우 30이 되어도, 필요한 횟수는 1,000,000,000,000,000,000, 000,000,000,000이다. 1초에 1조 번 연산을 할 수 있는 컴퓨터로도 300억 년 이상이 걸린다. 현재 우주의 나이보다 두 배 이상의 시간이다. 컴퓨터 여러 대로 동시에 돌려도 별 도움이 안 된다. 우주에 있는 모든 입자 수만큼(10^{90}개 보다 작다) 컴퓨터가 있다고 해도, 300억 년 동안 10^{90} $\times 10^{30} = 10^{120}$번 연산을 할 수 있다. 10^n번이 필요한 일을 한다고 하면, 입력 크기가 $n = 120$인 일은 우주 나이의 시간이 걸리는 셈이다. 각 컴퓨터의 속도를 $10^3 = 1000$배 올린다면, 같은 시간에 할 수 있는 연산이 $10^{120} \times 10^3 = 10^{123}$번이 되므로, 우주 나이 안에 끝낼 수 있는 입력의 크기는 겨우 3만큼만 더 늘 뿐이다. $n = 120 + 3$. 생각해 보자. 123은 입력의 크기로 큰 수가 아니다. 123자리 숫자는 이 페이지의 두 줄 정도면 쓸 수 있는 숫자다. 컴퓨터의 많은 소프트웨어는 훨씬 큰 입력이 필요하다. 예를 들어, 항공사에서 비행기 스케줄을 잡는 데 입력으로 고려해야 할 비행기는 수천 대가 될 수 있다. 또, 어떤 주제에 대한 웹 페이지를 입력으로 다루는 경우 웹 페이지 수는 수백만 개일 수 있다. 이 경우에 알고리즘이 10^n번 연산이 필요하면 완전히 쓸모 없는 알고리즘인 것이다. 이 우주의 모든 자원이 우리 손에 있다고 해도 충분치 않다.

따라서 일반적으로 다항 시간까지가 현실적인 비용이라고 여긴다. 다항 시간 안에 계산이 끝나는 일거리 또는 문제 들은 현실적인 비용 안에 계산할 수 있는 문제들이다. 그런 문제들의 집합을 P 혹은 P 클래스라고 부른다.[6] 두 정수를 곱하는 일은 따라서 P 클래스에 들어간다. 위에서 살펴본 알고리즘이 $O(n^2)$번 연산이 필요했기 때문이다.

계산 복잡도로 문제를 분류한다는 것은 문제를 푸는 방법으로 문제들을 분류한다는 뜻이다. 문제의 정의로 문제를 분류하는 게 아니다. 문제의 정의와 문제를 푸는 방법은 다른 세계의 것이다. 어떤 문제는 문제 푸는 방법은 있는데 알려진 모든 방법이 비현실적인 비용이 필요한 경우도 있다. 이런 상황 때문에 계산 복잡도 분야가 흥미진진해진다. 아무튼, 문제를 푸는 방법의 계산 비용에 따라 문제를 분류하는 건 아주 자연스럽고, 컴퓨터과학의 중심 아이디어 중 하나다.

계산 복잡도를 다루지 않는 전통적인 과학 교육의 문제점

여담으로, 현재의 과학 분야 전반에서 계산 복잡도의 중요성을 흡수하는 과정에 있지만, 전통적인 과학 교육은 아직 그런 상황을 준비하는 것 같지는 않다. 계산 복잡도로 보면 전통적인 수학과 과학 과목에서 푸는 문제들은 모두 현실적인 비용에 풀 수 있는 것들로 제한되어 있다. 산수도 그렇고 선형대수도 그렇다. 이 상황은 당연히 이유가 있지만(현실적인 비용으로 할 수 있는 방법만 가르쳐야 했기 때문에) 그러나 이런 문제들만 다루는 교육은 잘못된 인상을 남긴다. 쉽게 정의되는 문제는 모두 효율적으로 풀린다는 인상을 줄 수 있다. 이러면 학생들이 잘못 준비될 수 있다. 전혀 새로운 문제에 직면했을 때 계산적으로 비용이 현실적인 풀이법을 찾아야 한다는 기준을 간과할 수 있다. 현실의 문제를 보자. 튜링이 2차 세계대전 중에 암호를 깨기 위해서 했던 일은 암호문에서 원문을 복구하는 문제였다. 이 문제에서 적군이 암호화하는 데 사용할 수 있는 열쇠의 개수는 기하급수로 많아서 모두 샅샅이 훑는 것은 현실적으로 불가능했다. 비슷하게, 사람들이 컴퓨터로 풀고 싶은 흔한 문제들, 예를 들어 스케줄링*scheduling*[14] 문제는 최적의 답을 찾으려면 기하급수로 많은 답안 후보들 중에서 찾아야 한다. 이런 많은 문제가 기하급수의 시간이 드는 알고리즘들만 알려져 있고 더 빠른 알고리즘은 알려지지 않았다. 이런 경우 정확한 답은 포기하고 만족스러운 답을 찾는 현실적인 비용의 풀이법을 만들려고 노력해야 한다.

현실적인 비용으로 풀리는 문제 클래스들: P, BPP, BQP, PhyP

이유는 모르겠지만, 다항 대 기하급수라는 기준은 정의 자체보다는 실제에서 그렇게 갈라지기 때문에 기준이 된 것이라고 볼 수 있다. 중요한 문제들의 경우 알려진 대다수 알고리즘들은 양쪽으로 멀찌감치 갈라지기 때문이다. 한쪽은 알고리즘이 모두 $O(n^2)$같이 2 정도가 다항식의 제곱수로 올라가든가, 다른 쪽은 기하급수 경우로 모두 $O(2^n)$같이 2 정도가 제곱의 기초가 되어 멀찌감치 벌어져 있다. 비록 현실적인 비용과 그렇지 않은 비용의 경계가 애매하지만 다항식 복잡도가 현실적인 비용의 기준이 되는 것은 그 경계를 긋기에 가장 편리한 곳으로 판명됐기 때문이다. 기하급수로 비용이 드는 계산이 비실용적인 것은 위에서 살펴본 대로 자명하다. 사실, 다항식이어도 제곱수로 올라간 상수가 크면(예를 들어 n^{100}) 그것도 실제로는 기하급수만큼 현실적이지 않은 비용이 된다. 그렇지만, 다항 대 기하급수의 구분은 아무튼 현실적으로 매우 유용

---

14 예를 들어, 김장 김치를 동네 사람들이 모여서 같이 담글 때를 상상하자. '누구에게 어느 일을 어느 시점에 맡겨야 김장 담그기가 가장 빨리 끝날까?'라는 문제를 스케줄링 문제라고 한다. 재료마다 분량과 준비할 일이 다르고, 사람마다 일처리 속도가 차이가 난다. 또, 배추를 절이고 나서 고춧가루와 버무려야 하는 등 일의 순서가 있다. 이런 상황을 모두 고려해서 최단 시간에 끝낼 방법을 찾아야 한다.

하게 사용되고 있다.

경험상, 아직 P 클래스의 문제로 판명되지 않은 문제에 대해서, 누군가 어떤 알고리즘이 실제 크기의 임의의 입력에 대해서 현실적인 비용 안에 일을 끝낸다고 주장한다면, 대개 이런 경우다. 입력들이 진짜 임의가 아니고 어느 제한된 경우로 좁혀진 것이든가 제한된 분포에서 가져온 것이다. 그래서 그런 제한된 입력에 대해서는 사실 다항 시간 내에 풀릴 수 있는. 더 살펴보면 그런 의외의 좋은 성능이 왜 가능했는지도 설명할 수 있다. 사실 현재 컴퓨터과학에서의 많은 연구는 언제 그런 가능성이 있을지를 밝히는 데 집중하고 있다. 때로 각 문제마다 하나하나씩, 완전히 일반적이지는 못해도, 어떤 경우 다항 시간 내에 유용하게 풀릴 수 있는지.

계산을 정의할 때 또 중요한 구분이 있는데, 하나는 계산의 매 스텝이 정확하게 한가지로 결정되는 경우다. 모든 게 정해진*deterministic* 계산이다. 상식적인 정의다. P 클래스를 정의할 때 이런 계산을 가정했다. 그러나 여러 실용적인 이유로 이 조건을 느슨하게 할 수 있다.

다른 하나는 계산의 일부 스텝이 동전 던지기 같이 무작위 선택을 하는 경우다. 이런 알고리즘도 맞는 답을 낸다. 단, 100% 확신할 수는 없지만 매우 높은 확률로 그렇게 된다. 무작위 알고리즘*randomized algorithm* 이라고 하는데, 모든 입력에 대해서 매우 높은 확률로 답을 내는 알고리즘이다. 실제 써 보면 무작위를 쓰지 않는, 모든 게 결정된 정확한 알고리즘만큼 잘 작동한다(예를 들어 그림 3.4). 확률이 끼는 이유는 실행 중에 하는 동전 던지기 때문이다. 그런 알고리즘이 틀릴 수 있는 경우는 동전 던지기 결과들이 매우 드문 조합일 때다. 예를 들어 동전 던지기를 천 번 하는데 딱 세 번만 앞면이 나오는 경우 같이. 그런데 각 입력에 대해서 틀린 답을 낼 확률을 기하급수로 급속히 줄일 수 있다, 알고리즘을 독립적으로 처음부터 반복 실행하면 된다.

무작위*randomized* 튜링기계가 그런 튜링기계다. 튜링기계의 정의는 모든 게 정해진*deterministic* 게 표준이지만, 이런 식으로 동전 던지기를 해서 다음 스텝을 결정하도록 확장한 튜링기계다.

이 기계로 다항 시간 안에 풀 수 있는 문제를 BPP 클래스라고 한다. 오류율을 잡아둘 수 있는*bounded* 확률형*probabilistic* 다항*polynomial* 클래스라는 뜻이다. 만일 무작위를 쓰는 다항 알고리즘은 뭐든, 모든 게 정해진 알고리즘으로 다항 시간 안에 흉내 낼 수 있으면 P와 BPP는 똑같을 수는 있다. 하지만 이것이 사실인지는 아직 모른다.

BPP 클래스보다 더 큰 클래스로 BQP라는 것이 있다. 오류율을 잡아둘 수 있는*bounded* 양자*quantum* 다항*polynomial* 클래스라는 뜻이다. 물리학이 밝혀낸 양자 현상을 계산에 이용하는 경우다. 양자 현상을 이용하면

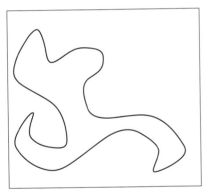

그림 3.4 무작위*randomized* 알고리즘의 예. 임의의 모양이 사각형 안에 그려져 있다고 하자. 그 모양의 면적을 어림잡는 방법으로 그 사각형 안에 점을 무작위로 찍어서 그 중에서 모양 안에 들어가는 점들의 비율로 계산하는 것이다. 조건은 점은 사각형 안에 어디에나 동일한 확률로 찍는 경우여야 하고, 각각의 점 찍기는 독립적이어야 한다. 크게 틀리는 경우는 아주 운이 나빠서 균일하게 점을 찍지 않게 되는 경우다. 이런 경우는 점점 더 많이 점을 찍으면 줄어들게 된다. 무작위 알고리즘은 근본적으로 이런 식의 성공 보장을 한다.

훨씬 빠르고 알뜰하게 계산할 수 있다. 아주 간단히 이야기해서, 양자 현상을 이용하면 하나의 양자 컴퓨터_quantum computer_로 백만 개의 계산이 동시에 진행될 수 있다. 일반 컴퓨터 한 대로는 백만 개 계산을 차례차례 진행해야 하거나 백만 대의 컴퓨터가 필요한 일들을. 양자 컴퓨터로 다항 시간 내에 풀 수 있는 능력을 이해하려는 많은 연구가 진행되어 왔다. 양자 이론이 제공하는 제한된 병렬 처리 능력을 수학적으로 더 이해하고 싶은 게 있고, 다른 면으로는, 그런 양자 컴퓨터가 실제 어떻게 만들어질 수 있는지 연구되고 있다.

또, PhysP라는 클래스를 정의할 수 있다. 이 우주에서 다항 시간에 풀 수 있는 문제들의 최대 클래스다. PhysP가 어디까지인지를 파악하는 것이 우리 시대의 원대한 과제 중 하나일 것이다. BQP가 후보일 수 있다. 양자 컴퓨터가 실현 불가능하면 BPP가 가장 자연스런 다음 후보다. PhysP를 규명하는 것은 근본적으로 물리학의 문제지만, 수학이 역할을 할 수 있다. 수학 안에서 P = BPP 또는 BPP = BQP 또는 심지어 P = BPP = BQP를 증명할 수도 있다. 이렇게 되면 일거에 증명한 게 된다. 양자 컴퓨터로 다항 시간 안에 할 수 있는 일은 뭐든, 보통의 튜링기계 _deterministic Turing machine_로 다항 시간 안에 할 수 있게 된다.

한 가지 우리가 아는 것은 이 세 클래스(P, BPP, BQP)가 상당히 견고하다는 것이다. 각 클래스마다 계산 모델이 하나 있는데, 더 많은 것을 포섭하는 모델을 찾으려 해도 없어 보인다는 말이다. 다시 말해서, 각 클래스를 아무리 더 넓히려고 해도 더는 없어 보인다는 뜻이다. 그래서 이 우주에서 현실적인 시간 내에 풀 수 있는 문제들의 최대 한계가 BPP 나 BQP 중 하나일 거라고 추측할 수 있다. 후보가 두 개나 있는 게 혼란스럽겠지만 꼭 그렇지만도 않은 게 BQP에 있는 자연스런 문제들 중에서 BPP에 들어가는지 아직 모르는 문제는 거의 없다.

다항 시간이라는 제한을 내려놓으면, 모든 종류의 알고리즘(모든 게 정해진*deterministic*, 무작위*randomized*, 양자*quantum* 알고리즘)을 온전히 포섭하는 모델은 튜링기계다.

반대로 제한을 더 첨가하면 어떻게 될까? 나중에 보게 되겠지만 다항 시간뿐 아니라 점점 더 많은 제한이 필요한 학습 가능한 클래스와 진화 가능한 클래스의 경우, 그런 클래스를 온전히 포섭하는 모델을 만들기는 점점 까다로워진다.

3.5 맞닥뜨릴 수 있는 궁극의 한계

이전에 설명한, 정수 곱 같이 정해진 작업을 하는 방법을 튜링의 방식으로 이야기할 때 세 가지 부품이 있다. 작업을 하는 실제적인 비용을 잡아내는 적절한 모델을 정의하기, 가능한 결과를 보이기, 즉 적은 스텝만에 일을 해내는 알고리즘을 보이기, 그리고 불가능 결과를 보이기, 즉 더 작은 스텝 수로 해내는 알고리즘은 없다는 것을 보이기.

우리가 빨리 풀고 싶은데 그 방법을 모르는 문제는 많다. 이런 문제 대부분은 가장 **빠른** 알고리즘으로 알려진 것이 모두 기하급수의 시간이 필요한 것들이다.

당연하지만, 지금까지 알려진 알고리즘이 제일 좋은 알고리즘이라고 단정할 수는 없다. 더 좋은 것을 아직 못 찾았을 수 있다. 정수 곱 문제를 다시 보자. n자리 정수 두 개를 곱하는 가장 **빠른** 방법은 무엇일까? 이 질문에 대해서 지난 50년간 연구가 진행돼 왔다. 1960년에 첫 알고리즘은 $O(n^{1.6})$ 시간이 드는 것이었다(당시 소련의 수학자 카라츠바(Anatoly Karatsuba)의 작업[h]). 아주 큰 n이면 이 알고리즘은 $O(n^2)$짜리 알고리즘보다 상당히 차이가 난다. 이 결과(전 세계 어린이들이 알고 있는 정수 곱 알고리즘보다 훨씬 빠른 알고리즘)가 이렇게 최근에 나왔다는 게 상당히 놀랍다.

이 알고리즘 이후로 좀 더 개선된 것들이 따라 나왔다. 이것들의 총아가 1971년에 나온 알고리즘이다.[i] 이 알고리즘은 $O(n)$은 아니지만 거의 가깝고, $O(n^{1+x})$(임의의 $x > 0$)보다는 더 빠르다. 이런 연구 덕분에, 과거 오랫동안 정수 곱은 $O(n^2)$ 알고리즘보다 더 빠른 게 있을까 싶었지만 더 빠른 알고리즘이 실제 있다는 사실을 알게 되었다.

하지만 당황스럽게도, 아직 모른다. 정수 곱이, $O(n)$인 정수 합보다 더 시간이 드는 문제인지. 아이러니하게도 이런 불가능 결과에 대한 연구는 별로 없다. 거의 제로에 가깝다. 정수 곱은 일단 n자리 두 입력 정수의 $2n$개 숫자를 쳐다봐야 하므로 $2n$번 스텝보다 작게 들 수는 없다. 그러나 가능성은 남아 있다. $O(n)$짜리 정수 곱 알고리즘, 예를 들어 $10n$번 스텝이 드는. 이런 정수 곱 알고리즘이 있는지를 밝히는 것이 컴퓨터과학에서 하나의 숙제다. 정수 곱이 근본적으로 정수 합보다 어려운 일인지, 아니면 그렇게 보이는 것뿐인지.

정수 곱은 비교적 간단한 문제이고, 예전부터 알려진 알고리즘으로도 충분히 실용적이지만, 골치 아픈 건 아직까지도 기하급수 알고리즘만 알려진 문제들이다. 이 문제들이 다항 알고리즘을 가지고 있을지 아니면 불가능한지, 이게 문제다. 계산 복잡도*computational complexity* 분야가 이 문제를 다룬다. 이 절의 나머지에서 이 분야를 리뷰하겠다. 흥미로운 컴퓨터과학의 배경지식이지만 이 책의 나머지를 이해하는 데 반드시 필요한 것은 아니다.

한계선 너머 언저리까지 포함하는 NP 클래스

문제 클래스로 NP라는 유명한 클래스가 있다. 운에 기대면 다항 시간 안에 풀리는*nondeterministic polynomial* 문제들을 모은 클래스다. 그것도 가장 운 좋을 때를 가정한다. 다르게 이야기해서, 답을 쉽게 찾을 수 있는지 없는지는 모르겠으나 답안 채점은 쉽게 되는(다항 시간 안에 확인할 수 있는) 문제들이다.[15] 예를 들어, 자연수 x를 받아서 그 수가 자신보다 작은 두 수 p, q의 곱인지 알고 싶다고 하자. 후보 쌍 p, q가 주어지면 우리는 쉽게 확인할 수 있다. 그 곱 $p \times q$가 x와 같은지 보면 된다. 그런데 단순히 x만 주어지고 인수분해*integer factorization*를 하라고 하면 빨리 하기 어렵다. 예를 들어 923을 보고, 인수 71과 13을 찾는 빠른 방법이 알려진 게 아직 없다. 초보적인 방법은 x보다 작은 자연수를 모두 하나하나 훑으면서 x를 나눠서 떨어지는지 보는 것이다. 이건 x가 n자릿수면 대략 10^n번 따져야 한다(현재까지 알려진 가장 빠른 방법은 $O(10^{\sqrt[3]{n}})$이 걸린다. $O(10^n)$보다는 빠르지만 다항 시간은 아니다).

소수*prime number* 문제는 자연수 n을 입력으로 받아서 1과 n 이외의 자연수로 나눠지는지 확인하는 문제다. 이 문제는 NP에 속한다. 주어진 인자 후보를 보고 과연 인자인지 확인하는 것은 다항 시간 안($O(n^2)$)에 가능하기 때문이다. 사실, 소수인지를 확인하는 다항 시간 알고리즘은 있다. 그런데, 인자가 뭔지는 모르고, 인자가 있는지 없는지만 확인하는

---

15 이런 문제가 '운에 기대면 다항 시간 안에 풀리는*nondeterministic polynomial*' 문제인 이유는 이렇다. '운에 기대면'이란 곧 '답안의 증거대로'와 같은 뜻이기 때문이다. 우선 문제들은 모두 예/아니오로 답하는 문제만 가지고 분류한다. 그리고 예라고 답하기까지만 따진다. 답안의 증거를 받아서 맞는지 확인하는 과정은, 그 증거대로 하나하나 만들면 "예"에 해당하는 증거가 되는지를 보는 것이다. 증거대로 만들어 가는 과정은 정답대로 하게 되는 가장 운 좋은 과정이다. 예를 들어, 미로 찾기 문제를 생각해 보자. 입구에서 출구로의 길이 있다는 답에 해당하는 증거로는 그런 경로를 보여주면 된다. 그런 정답 경로는 올바른 선택의 연속이다. 현재 방에서 옮겨갈 수 있는 여러 개의 방 중에서 정답 경로에 해당하는 다음 방을 선택한다. 이런 정답 경로를 보고 증거가 되는지를 확인하는 과정은, 매번 정답 경로대로 다음 방을 선택하는 운 좋은 과정과 같다.

알고리즘이다.[j] 따라서 소수 문제는 NP 문제이면서 또 P 문제이기도 하다.

현재까지 다항 시간 안에 인수 분해를 하는 알고리즘은 양자 컴퓨터를 이용하는 것 이외에는 알려진 게 없다. 무작위 알고리즘(BPP) 중에도 없다. 인수의 존재 여부를 알아내는 것과 인수를 찾아내는 것 사이의 어려움은 기하급수로 차이가 난다. 이 차이가 암호 시스템들의 기초다.[k] 예를 들어 RSA 암호시스템[16]에서는 두 개의 큰 소수 p, q를 골라서 곱한 결과 x를 공개하고 p, q는 내가 비밀로 가지고 있는다. 다른 사람들이 x를 가지고 내게 보낼 메시지를 암호화하면 나만 p, q를 가지고 그 암호화된 메시지를 풀 수 있다. 임의의 소수 p, q를 만드는 일은 임의의 수를 선택하고 소수인지를 확인하면 되지만, 암호화된 메시지를 엿들으려면 x를 인수분해해서 p, q를 알아내야 하는데 이건 훨씬 어려운 일이다. (이 인수분해 문제는 BQP에 속한다. 즉, 양자 컴퓨터로는 다항 시간 안에 할 수 있다. 이런 이유 때문에도 양자 컴퓨터가 실현 가능할지를 많은 사람들이 궁금해하는 것이다.)

NP 개념의 핵심 포인트는 머릿속에서 탐색하는 일반적인 과정을 잡아낸 개념이라는 점이다.[l] NP 문제들은 머릿속(컴퓨터 안)에서 만들어내는 것들을 탐색하면서 답을 찾아야 하는 문제들이다. 외부 세계를 탐색하는 것은 아니다. 인터넷에서 정보를 탐색하거나 땅속의 석유를 탐

---

16 공개키 암호*public-key cryptography* 시스템이다. 발명자 이름(리베스트(Ron Rivest), 샤미르(Adi Shamir), 애들만(Leonard Adleman))을 따서 RSA이다. 나의 공개키*public key*와 암호키*private key*가 짝으로 만들어지고 공개키는 공개되어서 누구나 그 키를 이용해서 암호문을 만들어서 내게 전달한다. 나는 내 암호키를 가지고 나만 그 암호문을 풀 수 있다. 또, 암호키와 공개키의 역할을 바꾸면 진품인지를 판단하는 데도 사용된다. 나는 내 작품에 내 암호키로 서명을 덧붙여서 공개한다. 누구나 그 작품에 딸려온 서명이 내가 한 것인지를 확인할 수 있다. 공개된 내 공개키를 이용해서 딸려온 서명이 내가 한 서명이고 그 작품에 한 서명인지를 확인할 수 있다. 일반인을 위한 조금 더 자세한 설명으로 『컴퓨터과학이 여는 세계』(이광근, 인사이트, 2015) 258~272쪽을 추천한다.

사하는 게 아니다. 문제가 주어지면 가능한 답안들의 집합을 아주 넉넉하게 잡아서, 그 안에 진짜 답이 반드시 있도록 세팅할 수 있다.

예를 들어 n자리 자연수 x를 인수분해하는 문제의 경우, 가능한 답들은 $\{2, 3, \cdots, x-1\}$에 있다. 답은 이 집합의 숫자를 하나하나 가져다 x를 나눌 수 있는지 확인해 가면 찾을 수 있다. 이런 식으로 모조리 훑는 탐색은 입력 크기 n이 크면 실용적이지 않다. 인수를 찾는 문제도 그렇고 다른 문제도 마찬가지다. 따라서 NP 문제를 풀 때 핵심적인 물음은 모조리 훑는 탐색보다 더 효율적인 방법으로 답을 찾는 것이 가능하냐는 것이다.

일상에서 만나는 NP 문제들 대다수도 그렇고, 많은 문제가 아직 다항 시간 안에 푸는 모든 게 정해진*deterministic* 알고리즘이나 무작위*randomized* 알고리즘을 찾지 못하고 있다. 심지어 인수분해 문제 같이 양자 컴퓨터로는 다항 시간에 풀리는 그런 경우도 아직 드물다. 즉, 많은 문제들을 P 클래스나 BPP 클래스 또는 BQP 클래스로 가져가지 못하고 있는 상황이다.

놀랍게도 NP 문제들 중 많은 것이 서로 동등하다는 사실이 증명되었다. 서로 동등하다는 의미는 그중 한 문제만 다항 시간에 풀리는 알고리즘을 찾는다면 그 알고리즘을 이용해서 나머지 NP 문제들을 모두 다항 시간 안에 풀 수 있게 된다는 것이다. 이런 문제들을 NP-완전*NP-complete* 문제라고 하는데,[17] 아직 이 그룹의 어떤 문제에도 다항 시간 알고리즘을 찾지 못하고 있다. 누군가 이 그룹의 한 문제에 대해서만 다항 시간 알고리즘을 찾으면, 그 알고리즘을 이용해 모든 NP 문제들에 대해서도 다항 시간 알고리즘을 만들 수 있다.[m]

---

17 '완전'이라고 이름 붙인 이유가 NP 문제들은 하나도 빠뜨리지 않고 모두 그렇게 거느리기 때문이다.

그런 NP-완전 알고리즘의 예로 외판원 문제*traveling salesman problem*라는 것이 있다. 입력으로 지도와 예산 x가 주어진다. 지도에는 방문해야 할 도시들과 도시들 사이에 직통 도로가 그려져 있고 도로마다 이동 비용이 적혀 있다. 문제는 도시들을 한 번씩만 방문하면서 모두 들르고 총 비용이 x를 넘지 않는 여정이 있냐는 것이다. 이 문제는 NP 문제다. 왜냐하면 후보 여정을 주면 쉽게 그 여정이 모든 도시를 한 번씩 방문하면서 예산 x를 넘지 않는지 확인할 수 있기 때문이다.

어떤 조건을 만족하는 순서를 찾는 다양한 종류의 스케줄링 문제들은 하나같이 탐색 과정이 필요하고 우리는 그 탐색을 효율적으로 하는 알고리즘을 찾고자 한다. 그러나 거의 다 NP-완전 문제들이다.

NP-완전 문제는 수학에서도 많이 찾을 수 있다. 예를 들어 방정식 분야를 보면, 소수 문제는 n자리수 정수 c에 대해서 방정식 $xy = c$를 만족하는 정수 x, y가 존재하느냐는 문제다. 물론 어떤 방정식은 이것보다 쉽다. 정수 a, b, c에 대해서, 방정식 $ax^2 + bx + c = 0$을 만족하는 정수 x가 있냐는 문제는 우리가 고등학교 때 알고 있는 2차 방정식의 답 공식에 기대어 답이 정수인지 보면 된다. 그런데, 문제가 살짝만 달라지면 곧바로 NP-완전 문제가 된다. 방정식 $ax^2 + by + c = 0$을 만족하는 정수 x, y가 있느냐는 문제는 NP-완전 문제다.[n] 아직 다항 시간에 풀리는 알고리즘을 모른다. 그래서 우리가 고등학교에서는 쉬운 것들만 배운 것이다.

한계선 너머 문제들이 있다는 가설: P≠NP

많은 사람이 NP가 P와 같아질 수 없을 것으로, 즉 P ≠ NP로 추측하고 있다. P로 끌어내릴 수 없는(다항 시간에 풀 수 없는) 문제들이 있다는 추측이다. NP-완전 문제(NP 문제 중에 제일 어려운 문제)들의 경우 다항 시간에 푸는 알고리즘은 없는 것으로 추측하고 있다. 지금까지 찾으려는 노력이 모두 실패했기 때문이다.

비슷하게, NP-완전 문제들을 BPP나 BQP로 끌어 내릴 수도 없을 것으로 추측하고 있다. 이 추측이 튜링의 멈춤 문제의 불가능 증명같이 기계적인 계산에 대한 법칙으로 결론 내려질 것이라고 본다. 언젠가는 그 추측이 사실인지 아닌지 증명될 것이다.

가설 P ≠ NP는 현재는 물리 법칙과 비슷한 처지에 있다. 물리 법칙도 수학적으로 증명되지 않는다. 물리 법칙은 당연히 수학적으로 증명되는 게 아니다. 계산에 대한 가설이 물리 법칙과 역할이 비슷한 이유는 누군가 틀렸다는 증거를 내놓기 전까지는 가설로서 유용하게 살아있기 때문이다. 우리의 경우 가설은, 다항 시간에 마칠 수 있는 알고리즘은 NP-완전 문제들에는 없다는 것이다. 결국에 이 가설이 틀렸다고 밝혀지면 물론 좋은 일이다. 모든 NP-완전 문제들을 푸는 효율적인 알고리즘을 찾아낸 셈이므로. 그게 충분히 효율적이면 혁명적인 결과가 될 것이다.

계산 복잡도 이론의 쓰임새

뒤에 오는 장에서 학습learning과 진화evolution, 이치 따지기reasoning를 다룰 텐데, 이때 튜링의 3원소를 따르려고 한다. 강인한 계산 모델 세우기, 가능한 것이 뭔지 증명하기, 궁극의 한계를 설명할 불가능한 결과를 증명하기. 계산 복잡도 이론에서 일반적으로 그런 것처럼 불가능한 결과를 증명하기는 특히 어렵다. 아마도 필요한 것은, 기꺼이 증명은 못하지만 가설로서 알고리즘에 대한 불가능 법칙을 제시하는 것이다. P ≠ NP

가설 아래 NP-완전성 같은. 그런 가설들은 틀렸다고 밝혀지기까지는 유용하게 이용할 수 있다. 예상외로(또한 기쁘게도) 틀렸다고 밝혀지면 그때까진 불가능하다고 생각된 계산 현상이 사실은 가능한 것으로 밝혀지는 거고.

복잡도 클래스 이야기를 조금 더 하면, NP 클래스를 포함하는 더 큰 클래스가 #P이다('샵 P'로 읽는다). 이 클래스의 문제들은 NP 문제의 해답 개수를 세는 문제다. NP 문제의 답은 "예" 아니면 "아니오"인데, "예"인 경우 그 증거의 개수를 세는 것이다. 이 클래스도 NP 클래스처럼 가장 어려운 문제들의 모임이 있다. #P-완전 문제라고 한다. NP-완전 문제에 대해서 해답의 개수를 세는 것은 적어도 답이 있느냐 없느냐를 판단하는 것만큼 어렵다. 당연히 개수가 0보다 크다고 나오면 답이 존재하는 것이므로.

더 재미있는 것은, 주변에 흔히 만나는 많은 문제가 답의 존재만 묻는 질문은 P 문제지만 해답의 개수를 세는 것은 #P-완전 문제가 된다는 점이다. 즉, 그런 문제들은 답의 존재를 판단하는 것은 빠르게 할 수 있어도 해답의 개수를 세는 것은 NP-완전 문제만큼 어렵다는 것이다.[이] 이런 문제들의 예는 고장을 견디는 시스템을 디자인하는 분야에 많이 있다. 예를 들어, 복잡한 네트워크나 시스템에 쓰인 부품들의 고장 확률이 주어졌을 때 전체가 고장 날 확률을 계산하는 문제를 생각해 보자. 뭔가가 일어날 확률은 일어날 횟수와 관련이 있기 때문에, 고장 확률은 어떤 것을 세는 문제로 볼 수 있다. #P 클래스는 최소한 NP뿐 아니라 양자 클래스인 BQP를 포함한다고 알려져 있다.[이] 따라서 다항 시간 알고리즘이 나와서 #P의 모든 문제를 해결하면 그 알고리즘은 NP, BPP, BQP 문제들을 모두 다항 시간 안에 해결하게 된다.

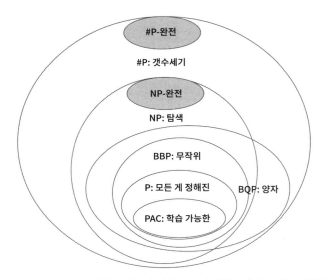

그림 3.5 복잡도 클래스 사이의 상대적인 범위(2013년 기준). 각 원은 해당 클래스의 문제들 집합을 뜻한다.[비] 우리 주변의 문제들이 이런 모습으로 관련된 클래스와 결부된다는 것은 쿡(Stephen Cook)이 1971년 NP-완전*NP-complete* 클래스를 정의하면서 처음 보였다. 이 그림은 예전에는 생각 못 한 풍부한 구조를 보여준다. 이런 구조는 다른 문제들 사이에도 많다는 것이 현재 알려져 있다. PAC 클래스는 실용적인 비용으로 학습할 수 있는 문제를 뜻한다. 5장에서 다룬다.

이런 다양한 복잡도 클래스들이 중요한 점은 또 있다. 복잡도 클래스들은 주변에서 흔히 만나는 문제들을 구분하는 데 유용하다. 많은 문제가 생각으로 탐색하는 문제이거나 해답의 개수를 세는 문제다. 그래서 이렇게 된다. 우리가 풀고 싶은 새로운 문제를 만난 경우 다항 시간 알고리즘을 찾을 수 없으면, 종종 그 문제는 NP-완전이거나 #P-완전하다고 증명할 수 있게 된다. 논리적으로만 보면 그 중간 지점(P와 NP-완전 사이)에 있을 수도 있지만, 우리가 이해 못하는 이유로 그런 경우는 드물다.

이런 이유로, 복잡도 이론은 새로운 문제를 만났을 때 현실적으로 풀 수 있는 문제인지 아닌지를 알려주는 유용한 안내자가 된다. 왜 주변의 자연스런 문제들이 이런 식으로 양분되는지는 알 수 없다. 설명해 주는 이론도 없다. 우리로서는 이해할 수 없고 그럴 자격도 없는, 위그너 미스터리*Wigner's mystery*[18] 중 하나다, 감사하게 즐기기만 하는.

이런 근본적인 질문들, 그러니까 복잡도 클래스들 사이의 범위에 대한 질문들은 PhysP 클래스의 실제 범위가 어떻게 될지와 밀접하게 관련된다. PhysP는 이 우주가 물리적으로 실용적으로 계산할 수 있는 문제들 클래스다. PhysP가 양자 클래스인 BQP와 같다고 판명되면, 즉 양자 컴퓨터까지가 우주에서 물리적으로 우리가 돌릴 수 있는 컴퓨터의 끝이라면 NP나 #P도 BQP에 속할지, 즉 물리적으로 허용될지 알고 싶어질 것이다. 따라서 복잡도 클래스들의 상대적인 범위에 대한 질문은 물리학에게 던지는 질문으로 볼 수도 있다.

3.6 복잡한 행동을 하는 간단한 알고리즘들

우리가 본 대로 알고리즘이 할 수 있는 일에는 궁극적인 한계가 있다. 다르게 이야기하면, 우리가 계산하고픈 것을 정의하는 능력은 계산 자체의 능력보다 크다.

그럼에도 불구하고 알고리즘이 표현할 수 있는 범위는 아주 넓다. 튜링이 보인 보편만능 기계*universal machine*는 알고리즘(기계적인 계산)의 엄청난 능력을 보여준다. 하나의 튜링기계인데 모든 기계적인 계산을 입력으로 받아서 그 계산을 해주는 능력 말이다.

알고리즘의 풍부한 능력에 대한 또 다른 면은 이런 것이다. 아주 간단

---

18 노벨 물리학상 수상자인 위그너(Eugene Wigner)가 1960년에 발표한 글 "자연과학에서 수학이 이상하게 잘 작동하는 점에 대해서(The Unreasonable Effectiveness of Mathematics in the Natural Sciences)"에서 제기한 미스터리다. 수학은 순수하게 머릿속으로만 상상해서 나온 발명품인데 우주의 현상을 모델링하고 예측했을 때 맞아 떨어지는 신비함에 대한.

한 알고리즘인데 그 실행 양상은 우리 같은 유한한 존재로서는 도무지 알 수 없는 경우가 있다. 실행 양상을 파악할 수 없는 알고리즘으로 잘 알려진 것이 있다.

다음의 알고리즘이다.

1. 양의 정수 n으로 시작한다.
2. $n = 1$일 때까지 다음을 반복한다:
    (a) 만일 n이 짝수면 n을 $n/2$로 바꾼다.
    (b) 만일 n이 홀수면 n을 $3n + 1$로 바꾼다.

예를 들어, $n = 44$에서 시작하면 다음의 값들을 만든다. 44, 22, 11, 34, 17, 52, 26, 13, 40, 20, 10, 5, 16, 8, 4, 2, 1. n의 첫 값이 정해지면, n의 다음 값들을 차례로 계산하는 것은 간단하다. 알 수 없는 것은 시작하는 양의 정수가 뭐가 되었든 만들어지는 숫자열이 항상 끝날지 여부다. 수학자 콜라츠(Lothar Collatz)가 1937년에 낸 문제인데 그 이후로 많은 양의 정수로 시작해 봤는데 모두 1을 만들고 알고리즘이 끝났다. 그러나 (그 문제가 얼마나 간단한지에 대비해서 놀랍게도) 누구도 증명할 수는 없었다. 모든 경우 늘 끝나는지, 아니면 어떤 양의 정수의 경우 끝나지 않는지.

콜라츠 문제는 간단한 알고리즘에 숨은 근본적인 복잡성에 대한 한 예다. 특히 그 알고리즘은 외부 환경과는 완전히 격리되어서 작동하는 알고리즘이었다. 입력이란 것도 필요 없이 구성할 수 있다. 시작 수를 2, 3, 4 등 계속해서 넣어주는 과정으로 둘러싸면 된다. 이전 숫자로 시작한 과정이 끝나면 다음 숫자를 넣고 돌리는. 이렇게 구성한 프로그램에 대해서 모든 양의 정수를 다 시도하게 되는지, 즉 모든 수마다 1을 만들고 끝나게 되는지를 물으면 처음 질문과 같게 된다. 이런 면에서 멈춤 문제*halting problem*를 기계적인 계산으로 풀 수 없다는 사실에 그렇게 놀라서는 안 된다. 멈춤 문제도 예측 문제였다. 기계 계산의 정의를 입력으로 받아서 그 계산이 결국 어찌 될지 미래에 대해서 정확히 결론을 내리는.

3.7 퍼셉트론 알고리즘

계산 복잡도의 주요 주제에 대해서 살펴본 우리의 여행이 이제 최종 목적지인 에코리즘*ecorithm* 공부 언저리에 오게 되었다. 마지막 코스로 살펴볼 것은 간단하지만 중요한 알고리즘이다. 콜라츠 문제*Collatz problem*와 비슷해서 그 작동 내용이 상당히 복잡할 수 있는데 다른 점은 그 복잡성이 알고리즘 바깥의 환경에 기인한다는 것이다. 그런 예로 퍼셉트론*perceptron* 알고리즘이 있다. 로젠블라트(Frank Rosenblatt)가 1950년대에 제안한 알고리즘이다.[r]

퍼셉트론 알고리즘은 다음과 같은 상황에서 작동한다. 예시들의 집합이 있다고 하자. 각각의 예시들은 어떤 식으로든 표현되었다고 하고, 예마다 참인지 거짓인지가 표시되어 있다고 하자. 예를 들어, 꽃 사진들이 예시들의 집합이고, 그 꽃이 종류 A이면 참으로, B이면 거짓인 걸로 표시된 것을 생각하자.[s] 이 경우, 꽃이 표현된 방식은 두 개의 숫자 x, y라고 하자. 각각 꽃잎의 길이와 너비다.

퍼셉트론 알고리즘은 지도 학습*supervised learning* 알고리즘의 일종이다. 예들에 미리 표시해 놓은 참/거짓에 따라 학습하는 알고리즘이다. 첫 단계는 연습 단계다. 학습할 예시들을 알고리즘에 입력으로 준다. 그 예시들에는 꽃잎의 길이와 너비 그리고 참/거짓이 표시되어 있다. 예를 들어, 한 예는 이렇게 표시되어 있다. 꽃잎 길이가 3, 꽃잎 너비가 1, 그리고 종류는 A. 연습 단계가 지나면 다음은 시험 단계다. 시험으로 주는 입력은 꽃잎 길이와 너비다. 종류는 없다. 알고리즘의 목적은 이 시험 입력에 대해서 그 꽃이 종류 A인지 B인지를 믿을 만하게 예측하는 것이다.

퍼셉트론 알고리즘이 작동하려면 어떤 수학적인 잣대가 있어야 한다. 예를 들어 직선 경계선으로 두 종류의 꽃을 구분하는. 이 잣대는 다음과 같은 규칙이다 .

$$px + qy > r$$

여기서 p, q, r은 숫자이고 위의 식을 만족시키면 종류 A이고 아니면 B인 거다. 예를 들어, $(p = 2, q = -3, r = 2)$이면 규칙은 다음과 같다.

$$2x - 3y > 2$$

그러면 꽃잎 길이가 5이고 너비가 2인 것은 A 꽃으로 결정된다. 왜냐면 $(2 \times 5) - (3 \times 2) = 4 > 2$이기 때문이다. 한편 꽃잎 길이가 3이고 너비가 2면 B 꽃이다, 왜냐면 $(2 \times 3) - (3 \times 2) = 0 \leq 2$이기 때문이다. 그래프로 이야기하면, 예시들이 이차원 평면에 점을 찍는 걸로 하고 꽃잎 길이 x를 가로축으로, 너비 y를 세로축으로 하면 경계선이 $2x - 3y = 2$에 해당하여 A 꽃들은 그 선 아래쪽에 찍히고 B 꽃들은 그 선 위쪽에 찍힌다(그림 3.6).

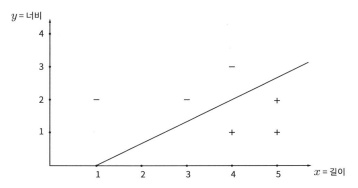

그림 3.6 기울어진 선이 $2x - 3y = 2$에 해당한다. $(x=4, y=1)$, $(x=5, y=1)$, $(x=5, y=2)$는 모두 $2x - 3y > 2$를 만족시키고 +로 표시했다. $(x=1, y=2)$, $(x=3, y=2)$, $(x=4, y=3)$은 그렇지 않고 −로 표시했다. 다시 말해서 A 꽃은 선의 아래쪽이고 B 꽃은 선의 위쪽이다.

물론 퍼셉트론 알고리즘이 경계선의 진짜 방정식을 미리 알고 있는 것은 아니다. 찾아야 한다. 알고리즘은 연습 데이터를 훑으면서 작동한다. 매 순간 직선 경계선 관련해서 $ax + by > c$ 형태의 가설을 유지보수해 간다. 설명을 간단히 하기 위해 $c = 0$으로 놓고 이야기하자.[t] 알고리즘은 가설 $0x + 0y > 0$으로 시작한다. 훈련 예들을 하나하나 보면서, 현재 가지고 있는 가설로 예들이 맞게 예측되는지 본다. 맞으면 가설은 그대로 유지된다. 훈련 예가 현재 가설이 하는 예측과 다르면 가설을 손본다. 그 훈련 예에 대해 제대로 맞출 가능성이 높아지게.

더 정확히 이야기하자. B 꽃인 훈련 예 (u, v)를 A 꽃이라고 현재 가설이 잘못 분류했으면(즉, $au + bv \leq 0$라서), 알고리즘은 a를 u만큼 키우고 b를 v만큼 키운다. 가설에서 왼편 식이 $(a+u)x + (b+v)y$가 된다. 이러면 틀리게 분류했던 예 (u, v)에 대해서 $(a+u)u + (b+v)v$가 된다. 이 값은 이전보다 $u^2 + v^2$만큼 큰 거고 따라서 0을 넘을(제대로 분류할) 가능성이 더 커진다. 반대 경우로, A 꽃을 B 꽃이라고 잘못 분류했으면 a를 u만큼 줄이고 b를 v만큼 줄인다. 이러면 가설의 왼편 식이 $(a-u)x + (b-v)y$가 되고, 같은 예에 대해서 $u^2 + v^2$만0큼 줄어서 0 아래로 내려갈(제대로 분류할) 가능성이 커진다. 훈련 데이터들이 어느 순서로 퍼셉트론 알고리즘에 먹여지냐에 따라서, 경계선 가설이 상당히 다른 모습을 거치며 다듬어지게 된다.

재미있는 사실은, 아무 데이터나 퍼셉트론 알고리즘에 먹이고 손을 놓고 있어도 결과는 아주 놀랍다는 것이다. 이 알고리즘의 능력에 대해서 노비코프(Albert Novikoff)가 이 알고리즘이 알려진 초기에 증명한 것인데, 진짜로 직선 경계선이 있는 경우라면 퍼셉트론 알고리즘은 반드시 그것을 찾아내거나 아니면 유한 번만 틀리게 분류한 후에 모든 훈련 데이터를 맞게 분류하는 가설을 만든다.

더군다나, 다듬는 횟수가 어느 이상 넘지 않는지도 훈련 데이터가 주어지면 계산할 수 있다. 이 위 뚜껑upper bound은 M/m^2이다. M은 훈련 데이터 중에서 원점 (0, 0)과 가장 멀리 떨어져 있는 것의 거리이다. m은 일종의 여지인데, 분류할 훈련 데이터가 경계선에 가까이 우글댈수록 작아지는 수이다. 이게 분모에 놓여 있으므로, 훈련 데이터들이 여지없이 경계선에 가까이 밀집하면 알고리즘이 실행 중에 틀리는 횟수가 많아진다. 상식과 맞는다.

퍼셉트론 알고리즘이 중요한 이유는 다음과 같다. 첫째, 실행 중에 경계선을 다듬는 횟수가, 변수가 둘일 때뿐 아니라 몇 개가 되더라도, M/m^2 형태를 넘지 않는다. 둘째, 실제에서는 훈련 데이터가 틀린 게 끼더라도(데이터와 함께 붙은 참/거짓 답안이 틀리더라도) 작동한다. 셋째, 직선으로 경계를 그을 수 없고 더 복잡한 곡선이 필요한 훈련 데

사실	예시	예전 가설에 따르면	새로운 가설
			$0x + 0y + 0z > 0$
+	$(4,1,1)$	−	$4x + 1y + 1z > 0$
−	$(1,2,1)$	+	$3x - 1y + 0z > 0$
+	$(5,1,1)$	+	$3x - 1y + 0z > 0$
−	$(3,2,1)$	+	$0x - 3y - 1z > 0$
+	$(5,2,1)$	−	$5x - 1y + 0z > 0$
−	$(4,3,1)$	+	$1x - 4y - 1z > 0$
+	$(4,1,1)$	−	$5x - 3y + 0z > 0$
−	$(1,2,1)$	−	$5x - 3y + 0z > 0$
+	$(5,1,1)$	+	$5x - 3y + 0z > 0$
−	$(3,2,1)$	+	$2x - 5y - 1z > 0$
+	$(5,2,1)$	−	$7x - 3y + 0z > 0$
−	$(4,3,1)$	+	$3x - 6y - 1z > 0$
+	$(4,1,1)$	+	$3x - 6y - 1z > 0$
−	$(1,2,1)$	−	$3x - 6y - 1z > 0$
+	$(5,1,1)$	+	$3x - 6y - 1z > 0$
−	$(3,2,1)$	−	$3x - 6y - 1z > 0$
+	$(5,2,1)$	+	$3x - 6y - 1z > 0$
−	$(4,3,1)$	−	$3x - 6y - 1z > 0$

그림 3.7 3차원에서 퍼셉트론 알고리즘 작동 예. 훈련 데이터 여섯 개 +(4, 1, 1), −(1, 2, 1), +(5, 1, 1), −(3, 2, 1), +(5, 2, 1), −(4, 3, 1)은 이 순서로 세 번 반복해서 먹여졌다. 사인은 데이터의 분류다. 초기 가설은 $0x + 0y + 0z > 0$. 첫 데이터 (4, 1, 1)을 초기 가설에 넣으면 값이 0이고 데이터에 붙은 분류와 틀리다. 이 상황이 세 번째 열에 − 기호로 기록되어 있다. 첫 번째 열의 정답 분류는 +이다. 따라서 알고리즘이 (4, 1, 1)을 가설의 계수인 (0, 0, 0)에 더해서 새로운 가설 $4x + 1y + 1z > 0$을 만든다. 여섯 데이터가 순서대로 두 번 먹여져서 만들어지는 가설은 $3x - 6y - 1z > 0$이다. 여섯 데이터를 가지고 세 번째 돌려보면 이 가설은 여섯 개 모두를 제대로 분류한다.

이터인 경우도 이 알고리즘 안으로 욱여넣을 수 있다. 예를 들어, 그림 3.6에서와 같이 두 종류의 꽃이 직선으로는 경계를 그을 수 없고 복잡한 곡선이 필요해 보인다고 하자. 2차원의 경우 경계로 $ax + by + cxy + dx^2 + ey^2 > 0$를 학습하려고 할 수 있다. 여기서 x, y는 변수이고 a, b, c, d, e는 배울 상수들이다. 이 부등식은 x, y를 가지고 그리는 직선식이 아니다. 고차식 x^2 같은 것이 있기 때문이다. 하지만 직선식으로 볼 수도 있다. 변수가 $\{x, y\}$가 아니고 $\{x, y, xy, x^2, y^2\}$라고 보면 된다. 훈련 예들을 (x, y) 짝 대신에 다섯 값으로 늘려서 (x, y, xy, x^2, y^2)로 간주하면 된다. 이런 식으로, 퍼셉트론 알고리즘은 곡선 경계선이 필요한 경우도 곧바로 적용될 수 있다.

이렇게 직선 방식으로 바라보면 퍼셉트론 알고리즘이 활용될 수 있는 범위가 굉장히 넓어진다. 하지만 그게 완전한 만병통치는 아니다. 경계선 식으로 생각하는 식 안에 고차식 항이 몇 개 없는 경우는 괜찮다. 그러나 고차식이 많아지면, 최악의 경우에는 기하급수로 비용이 늘어난다.

사실 퍼셉트론 알고리즘이 사람이 하는 학습 과정이라고는 볼 수 없다. 훈련 데이터가 몇 개라도, 심지어는 무한 개라도, 항상 유한 번만 다듬으면 더 이상 할 게 없이 늘 끝난다는 것이 그렇다. 퍼셉트론 알고리즘은 그런 의미에서도 특수하다.

그래서 질문은, "일반적으로 학습 알고리즘이 성공했다고 선언하려면 우리가 어떤 결과를 원해야 하는가"이다. 이게 5장에서 우리가 다룰 내용이다. 그 전에, 진화가 되었건, 인지가 되었건, 자연 현상을 계산적으로 말이 되게 기계적으로 설명하는 것이 어떤 것인지를 좀 더 일반적인 시각으로 바라보는 게 필요하다.

그런데 퍼셉트론 알고리즘에서 힌트를 얻은 직관이 하나 있다. 앞으로 논의할 것들에 중요한 직관이다. 학습은 많은 단계를 통해서 달성되는데, 각각의 단계를 따로 놓고 보면 그럴듯하지만, 뭐 하자는 건지 어디로 향하는지 무심하다. 이 단계들은 큰 그림의 계획하에 작용하는 알고리즘을 따른다. 그 때문에 각 단계는 비로소 의미를 가진다. 단계들이 모두 모여서 뭔가를 이루는 일종의 수렴 과정이랄까.

진화도 비슷하다고 주장하려고 한다. 진화의 많은 작은 단계가 따로 놓고 보면 크게 의미 있지는 않다. 하지만 큰 그림을 품은 알고리즘 스타일의 계획 아래 발맞춰 진행되면 놀라운 결과를 낳게 된다.

4

자연의 기계적인 설명
Mechanistic Explanations of Nature

우리가 찾게 될 것은?
What might we look for?

실험물리학자들을 아연실색하게 하고 싶지는 않은데
이론으로 확인되지 않는 실험 결과는 우린 받아들이지 않는다.

— 아서 에딩턴(Arthur Eddington)[a]

요약

자연은 기성 과학(물리학, 화학, 생물학 등)이 시도하지 않는, 계산으로 하는 설명을 기다리고 있다. 우리는 기계적인 계산으로 생명체의 학습, 진화, 지능 현상을 설명할 것이다. DNA 단계에서부터 세포나 신경망 같은 보다 큰 구조에서 일어나는 일들, 단백질 발현 회로나 신경 회로 자체가 만들어지고 유지되는 진화 과정 등을 모두 계산으로 볼 수 있다. 생명 현상을 계산으로 보면 생명 현상의 범위와 한계를 규명하는 새로운 과학이 가능할 것이다. 지난 삼백 년 동안 물리학 성과들의 짜임새는 뉴턴(Isaac Newton)이 했던 것(수학으로 정의하고 추론하기)을 따랐듯이, 앞으로 미래에 나타날 많은 새로운 과학의 짜임새는 튜링(Alan Turing)이 시작한 방법(기계적인 계산으로 정의하고 추론하기)을 따를 것이다.

생명 현상 = 계산 과정

1953년 2월 28일 영국 케임브리지의 이글(Eagle)이라는 선술집이었다. 크릭(Francis Crick)은 그와 왓슨(James Watson)이 "생명의 비밀"을 발견했다고 선언한다. 그들이 발견한 것은 DNA 이중 나선 구조였다. DNA는 그때까지 유전을 일으키는 주인공으로 추측되던 분자 구조였다. 이 구조는 두 나선이 동일한 정보를 가지고 붙어 있어서 세포가 둘로 쪼개질 때 어떻게 DNA가 복제될지 힌트를 준다. 붙어 있던 두 나선이 틀어져 각각 새로운 세포 안으로 가면 그만이다. 각 나선은 자신과 같은 정보를 가진 짝꿍 나선을 만들어서 온전한 이중 나선을 회복한다. 모든 필요한 정보는 나선 하나가 다 가지고 있다.

그 후, 사람 DNA 염기 서열[1]이 알려졌지만 DNA 염기 서열이 알려졌다고 해서 생명의 비밀이 모두 풀리는 것은 아니다. 염기 서열이 사람의 생화학 회로를 결정해 주지만, 염기 서열의 의미하는 바를 우리는 일부만 알고 있을 뿐이다. 크릭과 왓슨의 발견 이후 반세기 이상 지난 지금도 우리는 아직 아는 게 거의 없다. 염기 서열 어디가 어떻게 세포 안에서 일어나는 물리적인 과정을 결정하는지 또는 병을 고치는 데 도움될 수 있는지 등은 대부분 모르고 있다.

아무튼 아직 모르는 게 많지만, 우리가 간파할 수 있는 것은 DNA는 본질적으로 계산적인 면을 가지고 있다는 점이다. 다음과 같은 이유 때문이다. DNA 나선은 네 가지 핵 염기가 일렬로 늘어선 실이다. 그 네 가지는 아데닌*adenine*, 구아닌*guanine*, 티민*thymine*, 사이토신*cytosine*이다. 이 염기 서열이 살아있는 세포가 자손 세포에게 상속하는 정보다. 그 정

---

1 인간의 염기 서열은 약 30억 개의 염기들이 줄지어 선 것이다. 몇 명의 염기 서열이 2003년 컴퓨터의 기술에 힘입어 판독된다. 이때 동원된 컴퓨터 알고리즘을 산탄총 방식의 판독*shotgun sequencing* 알고리즘이라고 한다. 이 알고리즘 소개는 『컴퓨터과학이 여는 세계』(이광근, 인사이트, 2015) 222~225쪽을 참고 바란다.

보가 DNA에 표현된 방식은 단순해 보이지만 튜링기계*Turing machine*의 테이프에 표현되는 것과 똑같은 방식이다. 정해진 알파벳으로 일렬로 표현하기. DNA의 경우 그 알파벳이 네 가지 핵 염기를 뜻하는 A, G, T, C라고 볼 수 있다. 그리고 튜링(Alan Turing)이 보였듯이, 유한한 정해진 알파벳을 가지고 일렬로 쓰는 글자열로 모든 기계적인 계산을 표현할 수 있다.[2]

　DNA에 있는 정보가 네 가지 핵 염기의 일렬로 저장된다는 사실. 우선 이것이 당장 생물학을 계산의 영역으로 볼 수 있는 이유다. 세포가 나뉠 때, 마치 튜링기계의 테이프 위에서 벌어지는 일처럼 핵 염기 서열이 복제된다. 무작위 변형은 염기가 무작위로 변경되는 것이다. 마치 무작위*randomized* 튜링기계가 테이프 심벌을 바꾸듯이. 복제되면서 오류가 날 수 있기 때문에 오류를 보정하는 과정도 있다. 이것도 튜링기계로 표현할 수 있는 기계적인 계산으로 볼 수 있다.

　세포 혹은 우리의 신경망 같은 보다 큰 구조에서 일어나는 일들도 다른 레벨에서 일어나는 기계적인 계산으로 볼 수 있다. 한 레벨은 DNA 염기 서열이 결정하는 단백질 발현 회로 레벨이다. 어느 한순간에 단백질의 일부가 세포에서 만들어지고 이게 다시 다른 단백질이 만들어지는 것을 유발한다. 이 과정이 단백질 발현 회로에 표현된 상호 의존 관계에 따라 일어난다. 다른 레벨로는, 신경 시스템이다. 이 시스템을 일종의

2　첫째, 모든 기계적인 계산을 튜링기계로 표현할 수 있다. 이는 현재까지 깨지지 않은 가설이다. 튜링(Alan Turing)과 처치(Alonzo Church)가 세운 가설이어서 알파벳순으로 처치-튜링 가설 *Church-Turing thesis*이라고 한다. 기계적인 계산은 뭐든 튜링기계로 만들어서 표현할 수 있다는 것이다. 둘째, 임의의 튜링기계는 정해진 유한한 알파벳으로 약속된 방식으로 표현할 수 있다. 어찌 보면 당연하다. 뭐든, 튜링기계같이 단순한 것은 말할 것도 없고, 우리는 글로 설명해 낼 수 있지 않은가. 글은 유한한 알파벳으로 일렬로 쓴 것이다.
　참고로, 이렇게 글로 표현한 튜링기계를 테이프에 입력으로 받아 그 튜링기계를 자신의 테이프 위에서 실행해 주는 튜링기계가 보편만능 기계*universal machine*다. 보편만능 기계가 컴퓨터이고, 테이프에 표현한 튜링기계가 컴퓨터가 돌리게 될 소프트웨어다.

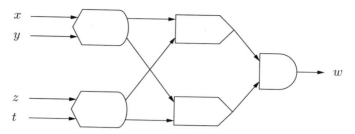

그림 4.1 회로의 예시. 회로의 입력은 x, y, z, t이고, 회로의 응답값은 w다. 회로의 부품들(다각형들)은 어떤 연산을 한다. 회로의 입력을 입력으로 받거나 이전 부품의 결과를 입력으로 받는다. 이 그림에서와 같이 회로는 일반적인 계산을 표현한다고 할 수 있다. 다양한 입력, 출력, 중간 과정 등이 정확히 표현돼 있다. 뇌 회로나 단백질 회로는 그 응답값이 흔히 마주치는 외부 상황에서 주인에게 이득이 되면 유효한 회로라고 할 수 있다. 이론 없는 경우, 회로가 가장 흔하게 마주치는 상황에서 유효하기만 하면 충분하다. 왜 유효한지에 대한 이론이나 이해가 필요하지 않다. 에코리즘은 그런 회로를 얻어내고 유지보수하는 방법이다.

정교한 계산이 일어나는 아주 큰 회로라고 볼 수 있다. 많은 것을 아직 우리가 잘 모르지만.

더군다나, 또 다른 레벨이지만, 이 단백질 발현 회로나 신경 회로 자체가 만들어지고 유지되는 과정도 계산으로 볼 수 있다. 진화 과정이다. 진화는 DNA 염기 서열에 생기는 변화에 의해서, 정확하게는 그 변화가 이끄는 단백질 회로의 변화에 의해서 일어난다. 이 변화도 계산으로 볼 수 있다. 신경망 관련해서는, 유기체는 사건에 반응해서 뉴런을 적응시키며 배운다. 이 적응도 역시 계산으로 볼 수 있다.

사실 생물학을 계산으로 본 시각의 초창기 예는 튜링(Alan Turing)이 이미 보여주었다. 생물의 생김새가 어떻게 만들어지는지에 대한 그의 이론에서다. 이 이론은 상당한 영향력을 끼쳤다. 어떻게 배아의 많은 세포들이 달리 자라면서 복잡한 기관에서 각기 다양하게 다른 역할을 하게 되는지 연구하는 데. 그것도 특별한 것 없는 하나의 세포에서 출발해서.

그림 4.2 튜링이 수치 계산으로 흉내 낸 동물의 얼룩무늬.[b] 각각의 무늬는 계산 초반에 무작위로 작은 변화를 주면서 결정된다. 고정되어 표현된 것이 아니다. 이 계산을 새로 할 때마다 무작위 과정을 통해서 매번 전혀 다른, 그러나 자연스러워 보이는 얼룩무늬가 만들어진다. 튜링은 이 무늬를 '손으로 몇 시간 안 걸려서' 얻었다고 한다. 당연히 당시 그는 컴퓨터가 없었을 것이다. (ⓒ영국 왕립학회, 1952)

무엇보다 튜링은 강아지나 표범의 얼룩 무늬의 다양한 변주가, 그 동물들이 유전적으로는 모두 같지만, 발생 중에 일종의 무작위 변형을 계산하는 것으로 설명할 수 있다는 가설을 제안하였다. 튜링은 그의 아이디어대로 계산을 통해서 자연스러운 얼룩무늬를 만들어 보였다.

그의 이 작업은 가장 초창기의 계산 과학computational science의 예다. 계산 과학은 세계에 대한 사실들이 물리적인 실험이나 이론을 제시해서 발견할 수도 있지만, 컴퓨터 계산을 이용한 모사를 통해서도 가능하다는 아이디어다. 그런 모사는 때때로 수학적인 분석만으로는 너무 복잡

해서 파악할 수 없는 결과를 건져준다.[3]

생물학 발전을 위해 컴퓨터과학에서 참고할 것이 하나 있다. 사실, 컴퓨터가 이렇게 빨리 발전할 수 있었던 한 이유는 컴퓨터 과학자들이 개념적으로 두 개를 애초부터 분리시켜 놨기 때문이다. 컴퓨터가 구현된 물리적인 기술과 컴퓨터가 실행시키는 알고리즘 기술을 분리시킬 수 있었기 때문에, 하드웨어와 소프트웨어 및 알고리즘 분야가 독립적으로 각자 눈부신 속도로 발전할 수 있었다.[4] 크릭과 왓슨이 했던 것은 상속할 수 있는 정보를 표현하는 물리적인 하부 물질을 발견한 것이다. 마치 실리콘이 현대 컴퓨터의 물리적인 하부 물질인 것 같이. 두 물질이 놀라운 것은 어떻게 그런 정확한 기능이 현재와 같이 소형으로, 또 경제적으로 실현될 수 있었느냐다. 그러나 누구도 컴퓨터의 비밀이 실리콘에 있다고는 이야기하지 않는다. 왜냐하면 컴퓨터는 다른 많은 물리 재료로 똑같이 실현될 수 있기 때문이다.

---

3 현대 물리학에서 손으로 풀 수 있는 방정식은 5% 미만이라고 한다. 방정식이 너무 복잡하기 때문에 방정식의 답을 수리적으로 손으로 풀 수가 없다. 컴퓨터를 이용해서 방정식의 답을 근사적으로 계산한다. 수학 분야도 비슷하다. 수학자들의 증명이 너무 길어서(수백 페이지) 사람이 그런 증명에 오류가 없는지를 확인하기가 점점 힘들어진다. 증명에 오류가 없는지 컴퓨터가 자동으로 확인해 주는 시스템이 점점 활용되고 있다.

4 기계적인 계산의 정의가 튼튼한 덕분이다. 튜링(Alan Turing)의 업적이다. 튜링은 튜링기계*Turing machine*로 돌릴 수 있는 것을 기계적인 계산이라고 정의했는데, 이 정의가 아직까지 깨지지 않고 있다. 여러 가지 다른 정의로 더 많은 것을 포섭하려고 해 보았지만 모두 튜링기계로 정의할 수 있을 뿐이었다. 그래서 우리는 기계적인 계산의 범주는 튜링기계가 다라고 믿고 있다. 그리고, 보편만능 기계*universal machine*라는 튜링기계가 컴퓨터인데 이것은 모든 튜링기계(소프트웨어)를 돌릴 수 있는 기계다. 따라서, 컴퓨터를 구현하는 기술은 보편만능 기계를 잘 구현하는 데만 집중하면 된다. 구현 기술을 연구하면서 혹시 이 기계가 돌리지 못하는 소프트웨어가 있을지 걱정하지 않아도 된다. 모든 기계적인 계산은 튜링기계를 벗어나지 못할 것이기 때문이다. 또, 모든 소프트웨어는 튜링기계다. 튜링기계면 뭐든 돌려주는 도구(컴퓨터, 보편만능 기계)가 있으므로, 고안하는 소프트웨어가 튜링기계이기만 하면 그걸 잘 만드는 데만 집중하면 된다. 만들면서 혹시 컴퓨터가 돌려주지 못하는 것을 만드는 게 아닌지 염려할 필요가 없다. 이렇게 튜링의 튼튼한 모델 덕분에 컴퓨터 구현 기술과 소프트웨어 기술이 서로를 방해하지 않고 독립적으로 최대한의 속도로 발전할 수 있었다.

생물학에서도, 진화나 인지와 관련해서 비슷한 발전을 이끌어내려면 똑같이 알고리즘과 하부 물질을 분리하는 게 필요하다.[d] 컴퓨터를 다룰 때는 컴퓨터를 구현한 하부 물질과 컴퓨터가 처리하는 정보의 구분은 명백하다. 차이가 전혀 미묘하지 않다. 거리의 신호등마저도 그 신호의 작동 의미와 신호등을 구현한 장치를 쉽게 구분할 수 있다. 이런 구분이 예전에는 그렇게 명백하지 않았다. 데카르트와 그의 지지자들이 이야기한 마음과 몸의 문제가 그런 구분에 대해 언급한 이전의 한 예일 것이다. 그러나 컴퓨터가 어디에나 있는 지금은 '그게 하는 일'과 '그걸 만든 것'을 혼동할 이유는 없다.

한편, 생명에서 기계적인 알고리즘이 어떤 게 있는지 살피기 전에, 나는 계산으로 보는 학습 이론이 생물학 탐구에 색다른 의미에서 도움을 줄 것이라고 생각한다. 실험을 하는 생물학자들은 학습하는 사람이라고 할 수 있다. 특정 생물 시스템의 복잡한 작동 원리를 유한한 실험 관찰로부터 알아내고자 하는. 우리가 보게 되겠지만, 학습할 수 있는 작동 원리의 복잡도에는 근본적인 한계가 있다. 다음 장에서 보겠지만, 학습할 수 있는 것의 한계가 있다는 사실은 경고 시그널로도 볼 수 있다. 실험 데이터를 많이 모은다고 반드시 대상 시스템을 더 잘 이해하게 돕는 것은 아니다,라는 경고. 단적인 예로, 개별 사람들의 행동이 가까이서 관찰되어 왔고 수천 년 동안 널리 기록되어 왔지만 아직 우리는 그런 행동을 만드는 뇌의 작동 방법에 대해서 아는 게 거의 없다. 생물학 연구 방법에 대해 참고할 의미심장한 사실이다.

튜링의 과학 방법론: 자연 현상을 계산으로 정의하고 한계를 규명하기

튜링(Alan Turing)이 죽고 나서, 그의 멘토였고 친구이기도 했던 뉴먼(Max

Newman) 교수가[5] 부고에서 튜링의 연구 작업들을 관통하는 핵심 주제를 이렇게 정리했다. "튜링이 발표한 논문들의 다채로운 제목은 모두가 공통된 하나의 목적을 가지고 있다는 점을 가리고 있습니다. 튜링이 시작했던 질문, 그리고 늘 되돌아오던 핵심 질문은 '자연을 기계적으로 설명할 때 가능한 범위와 그 한계는 어디일까'입니다."[d] 튜링을 잘 알았던 사람에게서나 귀동냥할 수 있는 통찰력 있는 한마디였다.

'범위와 한계'를 탐구하는 게 중요하다는 것을 강조한 대목이기도 한데, 이 두 개가 튜링이 연 컴퓨터과학의 핵심 특성이 되었다. 튜링의 연구 성과가 새로운 것도 이 특성을 품고 있기 때문이다.

기성 과학(물리학, 화학, 그리고 생물학)도 기계적인 설명을 목표로 하긴 하지만, 자연도 기성 과학들이 시도하지 않는 기계적인 설명을 기다리고 있음을 넌지시 비치며 보여준, 범위와 한계의 탐구.

20세기 중반에 출현한 튜링의 논문들에서 이미 21세기의 박동을 느낄 수 있다. 튜링이 해낸 발견 그리고 예전엔 생각 못한 차원으로 과학을 확장해간 성과는 길이 남을 것이다.

---

5 뉴먼과 튜링의 인연은 길게 이어진다. 튜링이 1936년 논문을 쓰게 된 계기가 1935년 케임브리지 대학에서 수강한 뉴먼 교수의 강의였다. 과목 이름은 "수학의 기초와 괴델의 정리(Foundations of Mathematics and Gödel's Theorem)". 이 강의의 내용이 괴델(Kurt Gödel)의 불완전성 정리*incompleteness theorem*의 증명이었다. 이를 익힌 튜링이 자신만의 방식으로 다시 증명해 본 리포트를 뉴먼 교수에게 보여주었고, 뉴먼 교수는 그 리포트를 논문으로 만들어서 런던 수리학회에 제출하도록 격려했다. 이 논문이 튜링의 1936년 논문이다. 2차대전 중에는 독일군 암호 해독 팀에서 뉴먼 교수와 튜링은 함께 일한다. 이때의 튜링의 활약을 다룬 영화가 〈이미테이션 게임(Imitation Game)〉이다. 2차대전 후에 뉴먼 교수는 맨체스터 대학(University of Manchester)으로 옮기고 그곳으로 튜링도 합류한다. 1948년이다. 여기서 범용 컴퓨터를 만드는 프로젝트에 함께 한다. 튜링은 1954년, 뉴먼은 1984년 세상을 뜬다. 튜링은 자살한 것으로 알려져 있다.

5

학습 가능함이란
The Learnable

특수에서 보편을 이끄는 과정이
어떻게 가능한 걸까?
How can one draw general lessons from
particular experiences?

모든 일반화는 틀리다, 지금 이 문장을 포함해서.
— 마크 트웨인(Mark Twain)

요약

학습의 핵심은 일반화다. 특수 사실에서 보편 지식으로 건너뛰는 인덕
induction 과정이 핵심이다. 인덕을 과학적으로 설명하려면 두 개의 가정이
필요하다. 학습한 세계와 적용할 세계가 다르지 않다는 가정, 그리고 학습
가능한 규칙성이 있다는 가정이다.   이 두 가정에 기초해서, 현실적인 비용
으로 해내는 학습의 틀을 정의한 것이 얼추거의맞기*probably approximately
correct, PAC* 학습이라는 모델이다. PAC 학습은 모든 계산 과정이 다항식
비용 안에 잡히면서, 배울 예시들이 어떤 분포에서 오든 학습 결과의 정확도
를 높은 확률로 보장할 수 있어야 하고, 학습 결과의 정확도를 높이는 데도
다항식 비용 안에서 가능해야 한다. 이 비용 다항식의 변수는 학습 예시들을
요리조리 보는 잣대의 개수와 원하는 정확도다. 많은 종류의 학습 목표들이
PAC 학습 조건에 맞는 학습 알고리즘을 가지고 있지만, PAC 학습이 불가
능한 경우도 많고 PAC 학습이 가능한지 불가능한지를 아직 모르는 자연스
러운 학습 목표들도 많다. PAC 모델과는 별개로, 학습 알고리즘을 모르고도
학습 결과만 보고 믿을 만한지를 판단할 수 있는 방법이 있다. 오컴*Occam*
방식이다. 간단한 것일수록 좋은 학습 결과다, 라는 직관이고 이 직관은 과학
적으로도 확인할 수 있다. PAC 모델은 사람의 학습과 교육에도 시사하는 바
가 있고, 인덕뿐 아니라 인간의 인지*cognition*를 설명하는 기초가 될 수 있다.

5.1 인지에 대해

생명 현상과 의식 현상을 계산 과정으로 봐야 한다는 아이디어는 컴퓨터의 원천 설계도가 출현했을 때 곧이어 나온 아이디어였다. 튜링(Alan Turing)과 폰 노이만(John von Neumann) 등 컴퓨터 선구자들이 냈었다. 그런데 그 이후 구체적이고 유용한 성과가 더뎠다고 해서 성급히 거둬서는 곤란하다. 더디다 보니 그 아이디어가 단순 비유가 아니었을까 의심도하고, 의식 현상까지 과학의 영역으로 가져오는 건 뭔가 근본적으로 말이 안 되는 게 아닐까 생각할 수 있다. 그러나 새로운 분야를 과학으로 끌어올리는 데는 늘 많은 문제가 쌓여 있는 법이다. 사실 성과가 더딘게 아니고 정상적인 속도로 꾸준히 발전하고 있었을 뿐이다.

의식 현상을 계산 과정으로 보자는 아이디어가 그럴듯한 이유가 있다. 그 '계산 과정'이라는 것이 대단히 폭넓기 때문이다. 만능이라고 여겨질 정도로 컴퓨터로 할 수 있는 계산이 광범위하기 때문이다. 뇌 모델이나 생각 과정 모델은 매번 그 시대의 첨단 기계 장치들로 바뀌어 왔기 때문에, 혹자는 컴퓨터가 현재로선 첨단 기계지만 미래에는 또 바뀌게 될 거라고 의심할 수 있다. 그러나 이번은 아니라고 본다.

컴퓨터가 모델이 될 수 있는 이유는 이 세상의 모든 기계적인 계산을 컴퓨터가 실행할 수 있다고 여겨지기 때문이다. 컴퓨터가 단순히 현재 가장 첨단의 복잡한 기계 장치이기 때문에 자격이 있는 게 아니다. 컴퓨터가 하는 계산이 기계적인 계산이라고 상상할 수 있는 것은 모두 포함하고 있다고 여겨지기 때문에 진지하게 보는 것이다.[1]

---

1   컴퓨터는 모든 기계적인 계산을 실행할 수 있는 도구다. 여기서 '기계적인 계산'은 튜링(Alan Turing)이 정의한 범위다. 튜링은 튜링기계로 돌릴 수 있는 것을 기계적인 계산으로 정의했다. 그런데 이 정의(가설, 패러다임)는 아직까지 깨지지 않고 있다. 인류가 기계적인 계산으로 상상할 수 있는 모든 것이 그 범위에 족족 포함되었고 그 이상을 아직 발견하지 못했다.

그런데 의식 현상에 대해서 튜링과 폰 노이만이 말한 중요한 포인트가 있다. 생각이나 생명체의 작동을 계산 과정으로 설명할 때 딱떨어지는 논리 체계로 접근하는 것은 맞지 않다는 지적이다. 튜링이 기계적인 계산의 한계를 규명한 논문의 결론에서 이런 이야기를 했다. "이 논문에서 참/거짓만 있는 순수한 논리 체계로 만들 수 있는 세계의 한계를 보였다. 상식적인 느낌 혹은 직관을 배제하고, 참/거짓으로 딱떨어지는 논리만으로는 할 수 있는 일에 명백한 한계가 있다는 점을 증명했다."[a]

이 말은 이성보다는 직관, 상식, 느낌이 한 수 위라는 점을 인정한 것이다. 아마도 과학자로서는 처음으로 언급한 경우가 아닐까 싶다. 컴퓨터라는 도구를 쓰면서 만나게 될 어려움을 예견한 것이기도 하다. 컴퓨터로 딱떨어지는 논리 과정을 흉내 내는 것은 잘 되지만, 그렇지 않은 직관이란 것을 다루려고 할 때 만나는 어려움.

우리의 과제는 논리가 놓치는 직관의 세계가 뭔지, 그리고 그 세계로 가는 과학적인 방법은 무엇인지 찾는 것이다. 직관의 세계를 논리적인 가이드에 준해서 잘 작동하는 세계로 정의하고, 그 세계에 대해 논리적으로 설명하는 것이다. 직관 혹은 상식이 발휘하는 능력은 명확한 논리적인 가이드가 없는 세계에서 좋은 판단을 해내는 능력이다. 그런 능력을 과학적으로 설명한다는 것은 논리가 없어 보이는 세계를 논리의 그물로 온전히 길어 올리는 일이다. 논리적인, 수학적인 이론을 세우는 일이다.

그런 이론을 향해 우리가 앞으로 밟아갈 공격 루트는 에코리즘ecorithm이라는 코스다. 에코리즘은 알고리즘algorithm의 일종이다. 알고리즘이란 어떤 문제를 컴퓨터로 해결하는 방법이다. 정수를 곱하는 방법, 인수분해하는 방법, 지도 위의 도시를 가장 빨리 모두 방문하고 돌아올 방법 등. 이런 알고리즘들은 한 땀 한 땀 모든 과정이 빈틈없이 표현돼야 한다. 문제 풀이에 필요한 온갖 아이디어들이 동원되어 세밀하고 구체적으로 표현된 문제 풀이법이다.

에코리즘*ecorithm*이란 알고리즘의 일종인데 학습하고 적응할 수 있는 알고리즘이다. 외부 환경과 교류하면서 학습으로 얻은 지식으로 문제 풀이법을 만들고, 꾸준히 개선할 수 있는 알고리즘이다. 문제 풀이 과정을 미리 표현하고 고정한 것이 아니라, 학습으로 만들고 가다듬도록 준비한 알고리즘이다. 학습하는 방법과 학습한 결과를 활용하는 방도만 표현한 알고리즘이다.

그래서 에코리즘 연구는 알고리즘 분야에서는 등장하지 않던 내용을 다뤄야 한다. 에코리즘을 구성하는 알고리즘만이 아니라 알고리즘과 외부 환경과의 관계까지 다뤄야 한다. 학습이 중요한 부품이기 때문이다.

얼추거의맞기*probably approximately correct, PAC* 이론이란 이런 에코리즘에 대한 이론이다. 에코리즘의 원천적인 질문에 답하기 위해 고안된 이론이다. 한계가 명확한 생명체나 기계가, 한계를 알 수 없는 외부 환경에서 어떻게 이런저런 선택을 꾸려갈 수 있는지. 특히 외부 환경에 대해 최대한 아무 가정을 하지 않고 어떻게 해나갈 수 있는지. 그런 에코리즘은 어떤 에코리즘인지.

5.2 인덕의 문제와 가능성

아주 초보적인 생명체라도 환경에 적응하는 능력을 가지고 있다. 득이 되는 행동을 좇고 해가 되는 행동은 피하도록 학습할 수 있는 능력이다.

유용한 학습 능력이란 상당한 일반화 능력을 필요로 한다. 실제 세계에서는 거의 무한히 많은 상황이 펼쳐진다. 학습한 행동이 유용하려면 학습할 때 겪었던 환경뿐 아니라 새로 겪게 될 많은 환경에서도 유용해야 한다.

그래서 학습의 핵심은 일반화다. 사람은 기억은 약하지만 일반화는 뛰어나다. 사람에게는 방금 본 100개 단어를 기억하는 일이 어렵다. 이건 우리 뇌(인류가 물려받은 유산)가 그렇게 만들어졌기 때문이라고 할 수 있다. 뇌의 기억은 컴퓨터 같이 정확하게 기억 장소의 주소로 접근하는 방식이 아니기 때문에, 또 각 뉴런은 아주 일부의 뉴런들과만 연결돼 있기 때문에, 사람은 기억에는 꽤 약하다.[b] 하지만 일반화에는 뛰어나다. 철학적으로 논쟁도 많고 컴퓨터로 온전히 재현하기도 힘들지만 사람은 특수에서 보편으로 용케 잘 건너뛴다.

일반화가 학습의 핵심이라고 하면 철학자들은 고개를 저을 것이다. 특수한 경험에서 보편적인 지식으로 건너뛰는 것을 철학자들은 수천 년간 받아들이기 어려워했으니까. 이것이 인덕_induction_의 곤혹스러움이다. 논리적 근거를 주장하기 어려운 일반화 과정이다. 아리스토텔레스가 말한 두 가지 논증법을 보자. 반드시 이끌기_deduction_ 디덕과 짐작해서 이끌기_induction_ 인덕이다.[c] 사실이라고 받아들이는 것을 만드는 두 가지 방법이라고 읽어도 된다. 이미 믿는 사실로부터 반드시 사실인 것을 이끌어내는 방법인 디덕과 특수한 경험에서 보편적인 것을 추측해서 아마 사실일 수 있는 것을 이끌어내는 방법인 인덕이다. 여기서 인덕이 디덕보다 더 근본적인 측면이 있다. 맨땅에 하는 것이기 때문이다. 이미 믿고 받아들여야 하는 사실 없이, 특수 경험으로부터 보편 사실을 끄집어내는 것이므로 그렇다.

인덕이 역설적인 이유는 다음 두 가지가 충돌하기 때문이다. 하나는, 세상이 어떻다는 정해진 가정이 없이는 인덕 과정은 근거를 잃는다는 점이다. 세상이 제약 없이 상상 가능한 뭐든 될 수 있는 거라면, 인덕 과정으로 유추한 사실과 늘 정반대되는 세상은 항상 가능하기 때문이다. 이 점 때문에 인덕에 대한 회의적인 입장은 역사가 깊다. 예를 들어 엠피리쿠스(Sextus Empiricus)가 1,800년 전에 쓴 글을 보자.

인덕으로 특수한 몇 개의 예로부터 보편 사실을 이끌어 낼 수 있다고 주장하는데, 그렇다면 예를 몽땅 봤거나 일부만 봤을 것이다. 일부만 본 거라면 인덕은 기댈 수 없다. 보지 못한 예들이 인덕으로 끄집어 낸 보편 사실과 반대될 수 있기 때문이다. 만일 예들을 모두 보고 인덕하는 거라면 이것은 불가능하다. 예라는 것은 그 수가 무한히 많고 특정 짓기 힘들기 때문이다. 두 경우 다 보더라도 인덕 과정은 그래서 그 근거가 약하다.[d]

다른 하나는, 이런 회의에 정면으로 반하게도, 인덕이 맞아떨어지는 경우는 우리 주변에 널려 있다는 명백한 사실이다. 세대를 걸쳐서 수많은 어린이들은 매일 새로운 개념을 인덕으로 학습한다. 개, 고양이, 의자, 탁자 등등. 정확한 정의로부터 그 개념을 학습하는 게 아니다. 어린애들은 몇 개 안 되는 예를 보고 배운다. 아이들마다 보는 예들도 조금씩 다 다르다. 그런데 새로운 예를 보고 강아지인지 고양이인지 판단해 보라고 하면 매우 높은 비율로 아이들의 답은 일치한다. 몇 개 되지 않는 예를 보는데도, 그리고 모두가 본 것이 조금씩 다르더라도 그렇게 멋지게 해낸다.

이런 늘 반복되는 현상에 대해서 과학적인 설명이 가능하지 않을까? 무슨 일이 벌어진 것인지 손에 잡히게 구체적으로 설명하는 과학이 가능하리라고 본다. 우리는 인덕이나 일반화를 어릴 때부터 늘 해왔다. 마치 중력권에서 항상 물건이 아래로 떨어지는 현상같이 늘 우리 주변에서 관찰할 수 있는 흔한 현상인 것이다.

자연에서 일어나는 인덕을 설명하는 과학과 과학적으로 단단한 근거를 가진 인덕, 이게 바로 내가 이야기하려는 바다. 인덕에 관한 모순돼 보이는 두 면(세상에 대한 정해진 가정이 없이는 인덕은 말이 될 수 없다는 것과 얼추 맞는 인덕은 주변에서 항상 일어나고 있다는 것)은 양립할 수 없는 게 아니다. 둘 다를 모순되지 않게 설명할 수 있는 방법들이 가능하다.

인덕을 과학으로 가져오는 데 필요한 두 가정

두 개의 가정만 있으면 인덕을 이치에 맞게 과학적으로 설명할 수 있다. 더군다나, 이 두 개의 가정은 논리를 위해서 필요한 면도 있지만 실제 세계에서 우리가 관찰할 수 있는 모든 학습 과정에 늘 깔려있는 것이기도 하다.

첫 번째 가정은 변동 없다는 가정*invariance assumption*이다. 학습한 결과가 사용되는 미래 상황은 학습할 때의 상황과 다르지 않다는 가정이다. 한 도시에서 다른 도시로 이사한다면 예전 도시에서의 경험은 새 도시에서도 도움이 된다. 두 도시 상황이 대단히 다르지 않아서 가능한 일이다. 변동 없다는 가정을 조금 수학적으로 이야기하면 이렇다. 어떤 상황들이 있는지, 그리고 상황마다 얼마나 자주 발생할지가 학습 전후로 변동이 없다는 가정이다. 이 가정은 세상이 변하지 말아야 한다는 게 아니고, 변하더라도 어떤 규칙성은 유지되어야 한다는 거다. 이런 규칙성이 세상의 변화를 예측할 수 있게 해준다. 지난 한 시간 동안 해가 지평선을 향해 꾸준히 내려가고 있었다면, 앞으로 한 시간 동안도 해는 꾸준히 지평선에 가까워지리라고 우리가 예상하듯이.

두 번째 가정은 학습 가능한 규칙성이 있다는 가정*learnable regularity assumption*이다. 사람은 완벽하진 않지만 구분을 꽤 잘한다. 수족관에 가서는 본 적도 없던 종류들이지만 동식물을 잘 구별해낸다. 뭔가 동식물을 구분하는 어떤 기준을 적용하는 것이다. 이 기준이 규칙성을 감지하는 잣대다. 이런 규칙성은 철학에서 인식론*epistemology* 또는 지식이론*theory of knowledge*이라고 해서 많이 논의해 왔지만(18세기 흄(David Hume)이 대표적이다) 이런 논의에 덧붙여서 컴퓨터과학은 현실에서 오는 제약을 고려한다. 지식을 알아내고 써먹는 데 드는 비용이 현실적이어야 한다는 제약이다. 규칙성을 감지하는 기준(지식)을 알아내는 데도 현실적인 비용으로 가능해야 하고, 그렇게 얻은 기준을 적용하는 데도 현실적인 비용으로 가능해야 한다. 감당 못할 비용이 든다면 모두 헛것이다.

사실 인덕 현상을 총체적으로 설명하려면 위 두 조건도 필요하지만 그 이전에 더 근본적인 조건이 필요하다. 학습 주체가 애초에 규칙성을 감지하는 방법을 배우는 학습 알고리즘을 가지고 있어야 한다. 그런 학습 알고리즘을 어떻게 얻게 되었는지(특히 현실적인 비용으로 얻을 수 있었어야 하는데) 이 원천 조건이 필요하다. 물론, 규칙성의 경우마다 다른 수준의 학습 알고리즘이 필요할 것이다. 밤하늘을 생각해 보자. 인류 역사에서 누구나 밤하늘의 별을 볼 수 있었고 별의 위치에 대한 데이터가 쌓여 왔다. 쉬운 규칙성은 약간만 체계적으로 살펴보면 쉽게 감지할 수 있었다. 몇 개 행성을 제외하고 다른 별들은 위치가 고정되어 있다. 이 정도는 누구나 가지고 있을 간단한 알고리즘으로 가능할 것이다. 그런데, 감지하는 데 수천 년이 걸린 규칙성도 있다. 케플러(Johannes Kepler)

가 발견한 어려운 규칙성이다. 행성은 타원 궤도로 움직인다. 이 규칙을 감지하는 데는 아주 드문 알고리즘이 필요했을 것이다.

다시 인덕 과정으로 돌아와서, 변동 없다는 가정*invariance assumption*과 학습 가능한 규칙성이 있다는 가정*learnable regularity assumption*은 옥죄는 제약이 아니다. 숨통을 트이게 하는 가정이다. 이 가정 덕분에 인덕 과정을 설명하는 데 도저히 감당할 수 없는 부담에서 해방되기 때문이다.

변동 없다는 가정*invariance assumption*이 요구하는 건 한 가지다. 학습할 때 관찰한 예들이 나온 곳과 같은 곳에서, 배운 것을 활용하리라는 전제다. 자연스러운 경우들만 보고 배운 경우라면 자연스러운 경우에만 배운 것을 쓴다. 지구상 동식물을 구분하면서 배운 기술은 지구상의 동식물을 구분하는 데 쓰이지, 상상 속의 행성에 있는 동식물을 구분하는 데 쓰지는 않을 것이다. 우리가 주변 동식물을 보고 익힌 기준을 시험하는 데, 일부러 동식물 구분이 애매하도록 상상한 가상의 생물체를 사용하지는 않는다. 그런 상상 속 세계는 실제 세계에서 학습한 결과를 활용할 세계와 관련 없는 세계다.

학습 가능한 규칙성이 있다는 가정*learnable regularity assumption*도 숨통을 트이게 한다. 이 가정이 뜻하는 것은 규칙성이 있어야 하고, 있는 규칙성을 감지하는 법을 큰 노력 없이 배울 수 있어야 하고, 그 감지법을 쓸 때도 큰 노력이 들지 않아야 한다는 뜻이다. 따라서 학습 과정이 비현실적인 시간이 필요할 경우는 논외로 한다. 예를 들어, 동식물을 구분하는 학습 과정을 생각하자. 보는 예들은 자연에 있는 동식물들인데 암호화되어서 주어진다고 하자. 규칙성은 있지만 암호를 풀 수 없다면, 현실적인 비용으로 동식물을 구분할 수 없다. 현실적인 비용으로 규칙성을 발견하는 것이 불가능하면 그 규칙은 배울 수 있는 게 아니다. 이런 경우는 다룰 필요가 없다.

5.3 인덕의 과학적인 설명: 항아리 예

이 두 개의 가정(변동 없다는 가정과 학습 가능한 규칙성이 있다는 가정)만으로 어떻게 인덕이 가능한지 손에 잡히는 과학적인 설명을 해보자. 곧 다루게 될 얼추거의맞기*probably approximately correct, PAC* 학습이란 것이 이 두 가정에 기초하고 있다. 앞으로 몇 개의 절에 걸쳐서 이 아이디어를 좀 더 상세하게 다루겠다.

수백만 개의 구슬을 담은 항아리가 있다고 하자. 모든 구슬에는 숫자가 쓰여 있다. 항아리에서 구슬을 무작위로 하나 꺼내 보고 넣는다. 100번을 꺼내 볼 수 있다. 그런 후 전체 구슬에 무슨 숫자들이 쓰여 있는지 알아내야 한다. 인덕이다. 가능한가?

항아리에 있는 수백만 개 구슬에 대한 어떤 가정도 없다면, 당연히 우

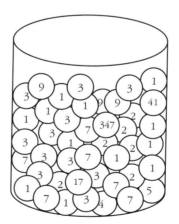

그림 5.1 수백만 개의 구슬이 항아리에 담겨 있다. 몇 개 안 되는 구슬을 무작위로 뽑아본 후 항아리 안에 어떤 숫자의 구슬들이 있는지 알아낼 수 있을까?

리는 알 수 없다. 수백만 개 구슬에 모두 다른 숫자가 쓰여 있을 수도 있으니. 100개를 꺼내 본들 나머지 구슬에 쓰인 숫자가 뭔지 알 수 없다.

반대로 아주 센 가정이 있다면, 모든 구슬에 쓰인 숫자를 알아내는 게 가능하다. 예를 들어, 모든 구슬에 같은 숫자가 쓰여 있다는 가정이라면 구슬 하나만 꺼내도 모두 알 수 있다.

놀랍게도 아주 센 가정 말고 흥미로운 중간 강도의 가정 아래서도 의미 있는 답이 가능하다. 예를 들어, 구슬에 쓴 숫자가 몇 개 안 된다면 (예를 들어 5개) 유용한 수준의 인덕을 할 수 있다.

구슬 종류가 정해져 있다면 어느 정도 인덕이 가능한 이유는 이렇다. 같은 번호가 충분히 많은 구슬의 경우, 100개 뽑는 중에 포함될 확률은 높다. 아주 운이 나쁜 경우가 아니라면 뽑힌 100개의 구슬들이 흔한 구슬을 포함하기 쉬울 것이다.

좀 더 정확하게 이야기해보자. 항아리 속 구슬의 반이 같은 번호를 가진 구슬들이라고 하자. 그 번호가 3이라고 하자. 그러면 100번을 뽑아볼 때 3번 구슬들이 뽑히지 않을 확률은 $(1/2)^{100} = 0.00000000000000$ 0000000000000000078886$\cdots$이다. 이 확률은 동전을 100번 던져서 모두 앞면이 나올 확률과 같다. 이럴 가능성은 물론 엄청 작다. 어느 정도로 작냐 하면, 우주의 탄생 이후 지금까지 매 나노($1/10^9$, 10억분의 1) 초마다 동전 던지기를 100번씩 한다고 했을 때, 이런 결과를 지금까지 한 번이라도 만날 확률이 1/2000보다 작다. 따라서, 맘놓고 결론 내릴 수 있다. 구슬을 100개 뽑으면 아주 큰 확률로 항아리의 반을 차지하고 있는 3번 구슬은 적어도 한 번 볼 수 있다.

그런 가정, 즉 구슬의 반에 같은 숫자가 쓰여 있다는 가정이 반드시 필요한 것도 아니다. 구슬에 쓴 숫자가 몇 개 안 된다는 사실만 알아도 충분히 엄밀하게 인덕을 할 수 있는 근거가 된다.

예를 들어, 항아리에 최대 다섯 가지 구슬이 있다는 것은 알지만 각 종류별 상대적인 비율은 모른다고 가정하자. 이 경우도 구슬을 100번 뽑아보면 항아리 속 구슬 숫자들의 80% 이상을 커버하는 구슬을 볼 수 있다고 거의 확신할 수 있다.

이유는 이렇다. 한 종류의 구슬이 항아리 구슬 중 5% 이상을 차지한다고 하자.[2] 그러면 그 타입의 구슬이 100개 뽑기 중에 포함되지 않을 확률은 $(1-0.05)^{100} = 0.95^{100} < 0.006(0.6\%)$보다 작다. 최대한 다섯 종류의 구슬이 있으니, 어느 한 타입이라도 100번 뽑기 중에 포함되지 않을 확률은 다섯 배를 한 $0.6\% \times 5 = 3\%$보다 작다. 그러므로, 97% 이상의 확률로 5% 이상 되는 구슬들은 100번 뽑기 중에 포함된다. 만약 포함되지 않는 구슬이 있다면(3% 이하의 확률이다) 그런 구슬은 항아리에서 최대 20%만 차지할 수 있다. 왜냐하면 5%보다 작은 구슬 종류는 최대 4가지까지만 가능하기 때문이다. 그러므로, 100개 뽑은 구슬들이 높은 확률로(97%) 항아리 안 구슬들의 80%를 대표한다고 결론 내릴 수 있다. 물론 운 나쁜 경우 빠뜨리는 종류가 있을 수 있는데, 그럴 확률은 3% 이하인 것이다.

달리 이야기하면, 항아리에서 100번을 뽑으면 그것들로 항아리 안 구슬의 80%를 커버하는 종류들을 예측할 수 있다, 97%의 확신을 가지고. 이런 예측은 구슬 종류별 상대적인 빈도에 대한 정보가 전혀 없이 할 수 있는 예측이다. 다섯 종류가 같은 비율로 있어도 성립하고, 한 종류가 92%를 차지하고 나머지 네 가지 구슬이 2%씩 차지하고 있어도 성립하

---

2 이 %를 변수로 놓고 따져도 되지만 인덕의 정확도와 신뢰도를 구체적인 수치로 보여주기 위해서 5%로 한 듯하다. 다른 %를 가정해도 같은 방식으로 따져서 결론을 이끌어 낼 수 있다. "그렇게 뽑아본 100개의 구슬은 …%의 확률로(신뢰도) 항아리 속 구슬 숫자들의 …%를(정확도) 커버한다."

고, 심지어는 세 종류 구슬이 극히 적게 0.1%씩 차지하고 나머지 두 종류가 각각 49.85%를 차지해도 성립하는 예측이다.

보자, 이런 인덕이 성립하려면 우리에게 필요한 가정은 위에서 이야기한 두 개의 가정이었다. 항아리 내용물은 변하지 않는다는 가정과 항아리에는 정해진 가짓수의 구슬이 있다는, 학습 가능한 규칙성의 가정. 이 두 가정 아래서 작은 샘플을 본 후 인덕하면 새로 뽑는 구슬의 종류를 어느 정도 예측할 수 있었다.

5.4 인덕 오류의 관리

이렇게 인덕은 과학적인 근거가 충분하고 강력하지만 오류를 피할 수는 없다. 위에서 이야기한 두 개의 최소 가정 아래에서라면 인덕은 강력한 예측 능력을 발휘할 수 있지만, 틀릴 수 있다는 점은 명백하다.

인덕의 오류는 두 가지 원인에서 온다. 첫째 원인은 드물어서 생기는 오류*rarity error*다. 항아리 안에 어떤 구슬은 아주 소수 있을 수 있고 이런 구슬은 작은 수의 샘플에는 빠지기 쉽다. 둘째 원인은 운 없어서 생기는 오류*misfortune error*다. 인덕에서 사용한 샘플에 흔한 구슬이 운 나쁘게도 포함되지 않을 수 있다. 극한의 경우지만 우리가 꺼낸 샘플에 흔한 구슬 타입이 모두 포함되지 않았다면 항아리 안의 구슬에 대해 인덕한 결과는 모두 틀릴 수 있다.

하지만 재미있는 사실은, 이 두 오류의 원인을 완전히 제거할 수는 없지만 관리는 할 수 있다는 점이다. 0으로까지는 불가능하지만 이 두 원인의 확률을 늘 맘먹은 수준으로 줄일 수 있다. 특히 중요한 점은, 이런 오류 관리가 현실적인 비용으로 가능하다는 것이다. 인덕 결과에서 우리가 감수할 수 있는 오류 수준에 따라 필요한 샘플의 개수는 비현실적으로 늘지 않는다. 더 정확히 인덕하고 싶다면 더 많은 샘플이 필요한데, 그 증가량이 인덕 정확도의 증가량에 따라 현실적으로 견딜 만하게 증가한다는 점이다. 이 성질은 매우 중요하다. 더 정확히 인덕하려는데 현실적으로 감당할 수 없이 커지는 노력(샘플 개수가 커져야 하는 등)이 필요하다면, 실제 세계에서 일어나는 학습을 설명할 수 없을 것이다.

항아리 모델에서, 인덕 가능하다는 개념을 양적으로 정의해 보자. 항아리 모델에서는 구슬 뽑기가 하는 일의 전부다. 다른 계산은 없다. 따라서 인덕에 필요한 계산 비용은 뽑기 횟수다. 이 횟수를 S라고 부르자. 현실적으로 인덕 가능하다는 것은 다음과 같은 양적인 근거를 뜻하는 것으로 정의할 수 있다. 뽑기 횟수 S가 구슬 종류의 개수 n과 감수할 수 있는 최대 오류율을 거꾸로 한 $1/error$에 의존해서 느는데, 기하급수exponential로 늘지 않고 다항식polynomial 수준[3]으로 늘기. 여기서 감수할 오류 error는 인덕의 두 가지 오류 중 작은 양으로 하고. 다항식으로 비용이 잡히는 예를 들면, 오류의 제곱 $(1/error)^2$에 비례해서 비용이 잡히는 경우다. 이 경우, 오류를 10%까지 감수할 수 있다면 필요한 뽑기 횟수는 $(1/error)^2 = 10^2 = 100$에 비례한 횟수가 된다.

항아리 모델에서 인덕을 얼마나 저렴하게 할 수 있는지는 이렇다. 항아리에 있는 n가지 구슬이 모두 같은 비율로 있다면, 그 종류의 반을 커버할 수 있는 뽑기를 하려면 최소 $n/2$번 뽑기가 필요하다. 즉 인덕이 그럴듯하려면 이 경우 구슬 가짓수에 상수배로 비례한 비용이 든다. 또 보일 수 있는 게, 구슬 종류가 어떤 분포로 있게 되면 필요한 뽑기의 횟

---

3 예를 들어, n에 대해서 기하급수로 느는 경우는 2^n, 다항식으로 느는 경우는 n^2이다. 이 둘의 차이는 컴퓨터 알고리즘의 실행 비용이 비현실적인지 현실적인지를 구분하는 기준이다. 2^n은 n이 커지면 감당 못할 속도로 커진다.

수는 오류율을 거꾸로 한 $1/error$에 상수배로 비례한 만큼이다.

이게 보여주는 바는 당연하지만, 그럴듯한 인덕에는 비용이 최소한 얼마만큼은 든다는 것이다. 운좋게도, 항아리 학습에서는 구슬 종류들의 비율 분포와 상관없이, 필요한 비용은 n과 $1/error$에 상수배를 넘지 않는다는 것을 증명할 수 있다.[e] 이 증명은 위에서 다룬 다섯 가지 구슬에 대해서 진행한 방식을 조금 일반화하면 된다. 구슬이 다섯 가지인 경우, 구슬의 분포에 상관없이 예측 오류를 20% 아래로 잡아 둘 수 있다고 97% 확신할 수 있으려면 구슬을 100번 뽑아 인덕하면 충분하다고 결론 내릴 수 있었던 방식이다.

5.5 얼추거의맞기 학습 가능성을 향하여

현실적이어야 하는 학습 비용

항아리의 예는 아주 제한적인 경우였다. 구슬의 종류가 적었던 덕분에 실용적인 비용으로 어떤 구슬이 있는지 그 대부분을 예측할 수 있는 경우였다.

실제 세계에는 가짓수가 너무 많기 때문에 학습 과정에서 관찰하는 양은 전체에서 극히 일부분에 한정된다. 평생을 관찰한다고 해도 그렇다. 예를 들어 어린아이가 보게 될 동물들의 예는 수백만 가지 중에서 아주 일부분만이다. 그런데도 어린아이들은 새로 보는 동물들의 종류를 구분해낸다.

사람이 해내는 수준의 이런 학습에는 항아리 예에서는 없던 어려운 고비가 있다. S개의 샘플만 보고 그보다 훨씬 더 많은 가짓수의 구슬에 대해 일반화할 수 있어야 하는 고비다.

그러므로 질문은, "어떤 종류의 학습이 그런 걸까?"이다. 항아리 예에서처럼 엄밀히 과학적이면서 현실적으로 가능해야 하는데, S개만 보고 학습하면서 그보다 훨씬 많은, 예를 들어 2^S가지가 있는 세계에 대해서 인덕할 수 있어야 한다. 그 비용도 S에 따라 기하급수로 커지지 않고 다항식 내로 잡힐 수 있어야 한다.

항아리 모델을 그런 상황으로 구성할 수 있다. 간단히 하기 위해 가정하자. 동물을 식물과 구분할 때 우리가 관찰하는 성질들이 모두 예/아니오로 딱떨어진다고 하자. 그리고 그런 것들이 스무 가지 있다고 하자. 회색인지, 붉은색인지, 녹색인지, 고동색인지, 작은지, 큰지, 눈이 있는지, 다리가 있는지, 잎사귀가 있는지, 긴 귀를 가졌는지, 움직일 수 있는지, 호흡할 수 있는지 등등. 이 성질들로 표현되는 동식물 구분 기준이 있다고 가정하자. 즉, 어떤 대상마다 이 스무 가지 성질들의 예/아니오 값을 가지고 동물인지 식물인지 결정할 수 있다고 하자.

문제는 스무 개 성질들의 예/아니오 조합이 $2^{20} = 1,048,576$가지 있다는 점이다. 백만 개보다 수십 배 많은 수천만 개의 동식물을 무작위 샘플로 뽑아서 관찰할 수 있으면 항아리 모델과 상황이 같아진다. 항아리 모델에서는 100개를 뽑았고 지금은 수천만 개를 뽑는다는 차이뿐이다. 각각 성질 조합들이 항아리 모델에서는 구슬의 종류에 해당하니까, 항아리 모델에서처럼 상당한 확신을 가지고 대부분 성질 조합들을 동식물 여부와 함께 모두 보게 된다. 이는 곧, 미래에 만나게 될 성질 조합들의 거의 모든 경우에 그 동식물 여부를 맞출 수 있는 학습이 된 셈이다.

그러나 이런 학습은 현실적이지 않다. 성질의 개수에 기하급수로 비례하는 샘플 개수를 뽑아 봐야 했기 때문이다. 자연에 2^{20}가지 성질 조합이 모조리 있는 건 아니겠지만 그래도 수천 가지 정도의 많은 조합은 존재할 것이다. 인간은 이렇게 많은 다양한 동식물이 있는 세계에서 훨씬 작은 수의 샘플만 보고 동식물 구별법을 학습해 내는 능력을 가지고 있다. 우리가 다룰 알고리즘도 그럴 수 있어야 한다.

그래서 학습 가능하다는 개념을 정의할 때 비용을 생각할 필요가 있다. 학습 알고리즘이 현실의 제약 아래서 성공할 조건을 따져야 한다. 이 조건 중 하나는 성질 개수 n에 다항식으로 커지는 샘플 개수로 학습이 작동할 수 있어야 한다는 점이다. 필요한 샘플 개수가 n 또는 n^2 또는 n^3 정도라야 한다. 기하급수로 커지는 2^n이면 곤란하다. 또, 오류를 관리하는 비용이 현실적으로 감당할 수 있어야 한다. 이 관리 비용이 다항식의 복잡도를 가져야 한다. 최대 오류율을 $error$ 이내로 잡고 싶다면 비용이 $1/error$이거나 $(1/error)^2$ 등. 따라서 인덕을 통해 학습하는 일반화 계산 과정의 비용은 성질 개수 n뿐 아니라 오류율을 거꾸로 한 $1/error$에 대한 다항식 이내로 잡혀야 한다.

이런 제약 아래서도 학습 가능한 다양한 개념들

다음으로 물어야 할 질문은 "이렇게 정의하는 게 말이 되냐?"이다. 즉, 혹시 이런 인덕이 현실에서 일어나기에는 너무 힘든 과정은 아닌지, 그래서 현실적으로 이런 인덕은 세상에 없는 게 아닐지.

말이 된다. 위와 같이 정의한 인덕 과정으로 유용한 개념들을 배울 수 있다. 그런 개념 중 하나가 그리고$_{and}$로 조립되는 개념이다. "성질 ㄱ이 있다" 그리고 "성질 ㄴ이 없다" 그리고 "다른 건 있으나 없으나 상관 없다"라는 식으로 조립되는 개념이다. 예를 들어

(움직일 수 있다 = 참) 그리고 (눈이 있다 = 참) 그리고 (초록색이다 = 거짓).

스무 개 성질 중에서 움직일 수 있고 눈이 있고 초록색은 아니고 나머지 열일곱 개 성질은 뭐든 상관없다는 뜻이다. 위와 같은 그리고-식은 어느 행성에 사는 동물이라는 개념을 정의하게 된다. 위의 조건을 만족하는 게 동물이고 동물은 그런 조건을 만족하게 되는. 동물이 아닌 것은 위의 조건을 만족하지 못하는.

논의를 위해서 가정하자. 우리가 학습하고자 하는 개념이 정확하게 위의 그리고-식이라고 가정해 보자. 어느 행성에서 동물은 정확히 위의 그리고-식을 만족시키고, 동물이 아닌 것은 만족시키지 않는다고 하자.

어떻게 몇 개 안 되는 샘플을 보고 위의 그리고-식을 신속히 배울 수 있을까? 항아리 예에서 인덕했던 방식을 그대로 적용할 수 있고, 성질 개수 n에 대한 다항식 꼴로 학습 비용이 잡히게 된다. 성질들 조합의 가능한 개수 2^n에 비례해서 기하급수 비로 비용이 잡히지 않고.

왜 그런지 보자. 동물마다 구슬 하나다. 한 구슬에는 스무 개 성질에 대한 해당 동물의 참, 거짓이 쓰여 있다. 예를 들어 한 구슬에는 다음과 같이 적혀 있다. 움직일 수 있다＝참, 눈이 있다＝참, 초록색이다＝거짓, 그리고 나머지 열 일곱 성질에 대해서는 참, 거짓 아무 값이나 아무 비율로 적혀 있다. 항아리에는 이런 구슬들이 모여 있다.

학습 알고리즘은 다음과 같이 작동한다. n개 각 성질마다 그 성질이 참이라고 쓴 카드와 그 성질이 거짓이라는 쓴 카드를 모두 가지고 있는 주머니에서 시작한다. 그 주머니를 L이라고 하자. 이 주머니 L에는 처음에 $2n$개의 카드가 담겨 있다. 이제 동물 구슬들이 담겨 있는 항아리에서 구슬을 하나 뽑는다. 구슬에 적힌 스무 개 성질에 대한 참, 거짓을 보고 L 안에 있는 카드 중에서 구슬과 어긋나는 것들을 모두 제거한다. 제거하는 카드는 모든 동물에 공통된 것은 아닌 게 확실하기 때문이다.

구슬을 100개 뽑아서 같은 일을 반복한다. 주머니 L에 최종적으로 남은 카드들을 그리고$_{and}$로 연결하면 동물임을 판단하는 그리고-식이 된다.

이런 과정을 지워가기 알고리즘$_{elimination\ algorithm}$이라고 하는데, 동물을 알아보는 얼추 거의 맞는 기준을 이끌어 내준다. 왜 그럴까? 우선, 주머니 L에 마지막까지 남은 카드들에는 모든 동물이 만족할 성질은 모두 포함하고 있다. 샘플로 본 동물과 어긋나는 것들만 모두 지웠으므로. 따라서 오직 잘못될 수 있는 경우는, 없어야 할 성질 부품이 남아 있는 것이다. 예를 들어 "귀가 길다 = 참". 100개의 샘플 동물들은 모두 귀가 길었다는 것이다. 이 성질을 가지지 않은 동물이 사실 있을 수 있는데도. 그런 동물은 아주 드물게 있을 수 있거나(드물어서 생기는 오류$_{rarity\ error}$), 혹은 흔하지만 우리 샘플에 포함되지 않은 운 나쁜 경우일 수도 있을 것이다(운 없어서 생기는 오류$_{misfortune\ error}$). 항아리 경우에서 따져 본 것과 똑같이 여기서도 높은 확률로 다음이 사실임을 알아낼 수 있다. L에 남아있는 잘못된 카드(예를 들어 "귀가 길다 = 참") 때문에 동물인데도 동물이 아닌 걸로 잘못 판정될 경우의 비율이 작다. 사실, 근본적으로 이전 절에서 살펴본 항아리 경우와 같이, 학습 비용은 성질의 개수 n과(동물 종류의 개수 2^n이 아니라) 오류율을 거꾸로 한 $1/error$의 다항식으로 잡힌다는 것을 확인할 수 있다.[f]

아마 놀라울 것이다. 그리고-식으로 동물의 조건을 학습하는 게 항아리의 예보다 더 어렵지는 않다니. 항아리에서는 구슬의 종류가 n개였고 지금은 가능한 동물의 종류가 2^n가지나 되는데도? 왜 그럴까?

우리가 가정한 것을 다시 살펴보자. 첫째 가정은 변동 없다는 가정$_{in\text{-}variance\ assumption}$이다. 학습 단계에서 관찰하는 샘플들과 학습 후 관찰하는 것이 같은 세계에서 온 것들이다. 학습 중에 드물게 보이는 것은 실제 세계에서도 드물다. 따라서 그런 드문 샘플들에 대해서 학습하는 것은 덜 중요하다. 두 번째 가정은 학습 가능한 규칙성이 있다는 가정*learnable regularity assumption*이다. 우리는 스무 개 성질들을 가지고 그리고-조합으로 동물을 판단하는 조건을 표현할 수 있다고 가정했고, 위에서 본 알고리즘을 통해 현실적인 비용으로($100 \times n$에 비례한 횟수 안에) 그리고-조합을 학습해 낼 수 있었다.

나중에 보겠지만, 학습 가능한 규칙성이 있다는 가정이 중요하다. 변동 없다는 가정만으로는 많은 종류의 함수들이 학습 가능해 보이지 않는다. 그래서 학습 가능한 규칙성이 있다는 가정*learnable regularity assumption*이 덧붙여져야 비로소 학습 가능한 함수들이 추려진다. 즉, 학습 가능 규칙성 가정이 학습 알고리즘이 탐색할 범위를 상당히 좁혀 주는 셈이다.

제한점으로 보이지만, 사실은 그런 제약이 학습을 가능하게 하는 데 필요하다. 위에서 그리고-조합을 배우는 지워가기 알고리즘*elimination algorithm*에서 동물 샘플만 봤는데, 이 경우를 잘 보면 이해하게 된다. 동물들만 샘플로 보면서 동물과 식물을 구분하는 조건을 찾아내기가 언뜻 불가능해 보일 수도 있다. 하지만 본 바와 같이, 가능할 뿐 아니라 엄밀하게 그 타당성을 확인할 수도 있다.

이유는 가정이 상당히 셌기 때문에 그렇다. 동물임을 판단하는 그리고-식이 존재한다는(규칙성이 존재한다는) 제약 조건 자체가 정보가 많은 것이다. 그래서 동물만 보면서 조건을 찾아낼 수 있게 된 것이다. (제약 사항이 얼마나 많은 정보를 담고 있는지를 느슨한 비유로 들어보자면, 내가 푼 퍼즐을 풀어보라고 독자에게 말했다고 하자. 단순히 내가 풀 때 얼마의 시간이 들었는지를 알려주는 것만으로 퍼즐을 푸는 데 도

움이 된다. 퍼즐 푸는 데 구체적인 힌트가 될 수는 없지만 퍼즐을 풀어
가는 방식의 종류를 알려주는 셈이므로.)

똑같이 배울 수 있는 것은 또는$_{or}$으로만 조립한 조건식이다. 조건 부
품 하나만 맞아도 조건을 만족시키는 성질이다. 예를 들어

(움직일 수 있다 = 참) 또는 (눈이 있다 = 참) 또는 (고동색이다 = 거짓).

이 경우도 그리고-식처럼 학습 가능하다. 샘플은 모두 동물이 아닌 식
물로 하고, 알고리즘은 지우기-알고리즘 방식을 사용한다. 식물 샘플마
다 스무 개 성질의 참, 거짓이 있을 텐데 이것들을 주머니 L에서 지운
다. 식물인 경우 가지는 성질은 주머니에서 모두 지워진다. 남은 것들을
또는$_{or}$으로 엮으면 동물 조건을 표현하는 또는$_{or}$-식이 된다.

지울 것 지우기는 예전부터 알려진 학습법이다. 예를 들어, 17세기 초
베이컨(Francis Bacon)과 19세기 밀(John Stuart Mill)이 이 방식의 중요성을 강
조하기도 했다.[9] 셜록 홈즈는 더하다. 이렇게까지 선언했다. "불가능한
것을 지우면, 남은 게 아무리 이상하더라도 그게 진실이다." 미안하지만,
지우기 방식을 무작정 밀어붙이면 비현실적이기 십상이다. 얼추거의맞
기$_{PAC}$ 틀을 이용해서 학습 결과에 끼는 오류를 분석하는 게 필요하다.

자연스럽게 궁금해지는 게, 인간이 학습하는 개념들을 그리고-조합
과 또는-조합만으로 모두 다 표현할 수 있을까? 다르게 질문하면, 사전
에 나타나는 단어들을 성질들로 하고, 각 단어(개념)를 다른 단어들의
그리고-조합으로 표현할 수 있을까? 비트켄슈타인(Ludwig Wittgenstein)의
일갈이 답이 될 수 있다. 우리가 놀이로 하는 게임이라는 개념을 생각해
보자. 모든 게임에 공통된 성질이 없다. 예를 들어, 모든 게임이 이기고

지는 게임인 것만도 아니고, 모든 게임이 둘만 하는 것도 아니고. 모든 게임에 공통된 그리고-조합으로 표현되는 조건이 없어 보인다는 이야기다. 이것으로 봐서, 일상 개념을 그리고-조합만으로 모두 표현할 수는 없어 보인다. 그 개념의 모든 경우에 공통인 성질들이 그리고-조합으로 표현돼야 하는데, 그런 공통인 성질들이 없는 경우가 있으므로. 또는-조합에 대해서도 마찬가지다.

사실, 가장 표현력이 좋은 학습 가능한 함수 종류는 뭘까? 기계 학습 이론에서 가장 근본적인 질문이다. 앞으로 보게 되겠지만, 그리고-조합과 또는-조합보다 더 표현력이 좋은 함수 종류들은 학습 가능하지 않을 것으로 널리 추측되고 있다. 그리고$_{and}$와 또는$_{or}$이 임의로 조합된 식은 한 층으로만 있는 위의 경우들보다 훨씬 더 표현력이 좋다. 이렇게 복층으로 쌓여 있는 임의의 식을 학습하려면, 특히 중간층 식에 해당하는 개념을 따로 학습할 샘플이 없는 경우, 그리고$_{and}$-조합과 또는$_{or}$-조합을 학습하는 알고리즘만으로는 부족하다.

5.6 얼추거의맞기 학습 가능성

지금껏 설명한 것이 얼추거의맞기$_{probably\ approximately\ correct,\ PAC}$ 학습이라는 개념이다. 처음 개념을 소개했을 때, 해당 함수 종류를 간단히 학습 가능 함수$_{learnable\ function}$라고 불렀다. 튜링의 계산 가능 함수에 빗댄 것이다. 기계 계산 과정으로 현실적인 비용에 학습 가능한 함수의 종류를 규명하려는 점을 나타낸 것이다. '얼추$_{probably}$'라고 한 것은 100% 확신은 할 수 없어서다. 운 없어서 생기는 오류$_{misfortune\ error}$가 흔하지는 않겠지만 늘 가능하기 때문이다. '거의$_{approximately}$'라고 한 것은 빼먹는 것이 항상 가능해서다. 아주 드문 예가 학습 과정에서 빠지는, 드물어서 생기는 오류*rarity error*가 늘 가능하기 때문이다.[4]

지금까지 본 많은 종류의 개념(함수)들이 PAC 학습이 가능하다. 그리고-조합식*conjunction*과 또는-조합식*disjunction* 그리고 3장에서 설명한 직선 경계선이 그렇다. 단, 3장에서 소개한 퍼셉트론 알고리즘*perceptron algorithm*이 늘 PAC 학습 가능한 성질로 작동하는 건 아니다. 반복해야 하는 횟수가 기하급수로 많아질 수 있기 때문이다. 분리해야 하는 샘플들이 죽어라고(기하급수로) 경계선에 맞대고 붙어 있으면[5] 그렇다. 그

---

4 얼추거의맞기 학습은 "컴퓨터로 학습 가능하다"는 애매한 개념을 수학적으로 명확히 정의한 것이다.[i] 그 정의를 일상어로 정리하면 이렇다. "어떤 함수 집합(개념이라고도 부른다)이 컴퓨터로 학습 가능하다"란 다음을 뜻한다.

다음을 만족하는 학습 알고리즘이 존재한다는 뜻이다. 주어진 함수 집합에서 이 알고리즘이 학습 결과를 늘 찾아주는데, 학습 결과의 오류율과 그렇게 될 확률이 요구 조건으로 주어지면, 어떤 분포에서 샘플을 가져와서 학습하더라도 그 조건에 맞는 학습 결과를 찾아줘야 한다. 그리고 이 알고리즘이 필요로 하는 샘플 개수는 요구 조건으로 제시된 오류율과 그 확률 등이 세진다고 해서 비현실적으로 증가해선 안 된다.

어느 회사가 '가정용 로봇'을 판매한다고 하자. 각 집의 일거리에 맞추어 "학습할 수 있는 로봇"이라고 홍보한다고 하자. '학습할 수 있는'이 무슨 뜻인지 소비자에게 설명할 수 있어야 한다. 이런 뜻이면 적당하지 않을까. 로봇이 어느 집에 들어가든지, 어떤 일을 배우는 적당한 수습 기간이 지나면 집 상황이 크게 변하지 않는 한 대부분 얼추 거의 맞게 그 일을 해낸다. 이런 직관을 구체적으로 다룰 수 있게 양적인 조건으로 잡아낸 것이 위의 정의다. 그러다 보니 '분포', '샘플', '오류율', '확률', '샘플 개수', '비현실적인 증가' 등의 용어를 사용하는 것이다.
이 정의를 수학으로 표현하면 이렇다. 다음의 조건을 만족하는 학습 알고리즘이 있으면 "함수 집합 C는 PAC 학습 가능하다"고 정의한다.

원하는 오류율 ε과 확률 δ가 주어지면, 어떤 분포 D에서 가져온 샘플이건 그걸로 학습 알고리즘을 돌려서 나온 학습 결과 h는 원하는 오류율과 주어진 확률을 만족시킨다:

$$\text{확률}_D[\text{오류율}_D(h) \leq \varepsilon] \geq \delta$$

이때 분포 D에서 뽑은 샘플의 개수는 어떤 다항식 $poly(\varepsilon, \delta, c, n)$으로 잡혀야 한다. 인자 c는 C에 있을 정답 함수를 표현하는 데 드는 글자 수이고, 인자 n은 C 함수들 인자 중 제일 큰 인자를 표현하는 데 드는 글자 수이다.

특히, 샘플의 개수를 포함해서 학습 알고리즘의 총 계산 비용이 다항식으로 잡히면, 배우려는 함수 집합은 "효과적으로 PAC 학습 가능하다"고 정의한다.

5 정확히는 n차원 공간의 그런 두 샘플이 $1/2^n$만큼 가까이 있는 경우를 뜻한다.

러나 이 경우도 선형 프로그래밍*linear programming* 방법에 기초한 다른 알고리즘[6]을 사용하면 PAC 학습이 가능해진다.

PAC 학습 모델의 의의

PAC 학습의 핵심 아이디어는 계산과 통계 현상을 함께 고려한 점이다. 인덕을 모델하려는 시도가 있었지만 순전히 계산만 생각하거나 순전히 통계만 생각한 것들이었다.[h] 그러나 이 두 가지를 모두 고려해야 세상에 일어나는 풍부한 학습 과정을 이해할 수 있다고 믿는다.

　PAC 학습이라는 모델은 인덕이 되려면 뭐가 필요할지를 정의한 것이다. 어느 개념(함수) 종류가 학습되어야 하고 어느 알고리즘이 동원되어야 할지에 대해서는 말하지 않는다. PAC 학습 모델이 제공하는 것은 학습을 비용을 생각해서 엄밀하게 분석하기다. 인간 뇌가 어느 알고리즘을 사용하는지, 그리고 어느 종류의 개념을 학습하는지 현재로서는 알지 못하지만 적어도 이 질문들을 구체적으로 만들어주는 한 방법으로 PAC 학습이라는 개념을 만든 것이다.

　지금까지 오면서 독자들은 PAC 학습 모델이 너무 간단한 게 아닐까 생각할 수 있다. 학습이라는 것과 관련해서 인간 뇌에서 일어나는 광범위한 현상들을 너무 간단하게 만든 게 아닌지.

　PAC 학습은 "샘플로부터 현실적인 계산 비용으로 인덕하기"라는 핵심 현상에 초점을 맞추고 있지만, 여러 상황을 다루기 위해 다양하게 확장될 수 있다.[i] 샘플에 잡음이 낀 상황, 학습하려는 개념이 학습 중에 변하는 상황, 학습 주체가 질문할 수 있는 상황, 학습 알고리즘이 정해

6　서포트 벡터 머신*support vector machine, SVM*이라는 기계 학습 알고리즘에서 사용하는 볼록 프로그래밍*convex programming* 풀이법 등이 있다. 선형 프로그래밍*linear programming* 풀이법은 1970년대부터 알려진 알고리즘이다.

진 분포를 가진 대상만 다루는 상황 등.

아무튼 학습에 핵심인 인덕 과정에 대한 수학적으로 확실한 모델을 일단 가지고 있으면, 인덕과 함께 하는 다양한 학습 양상을 탐구하는 데 유리한 기초가 된다.

5.7 오컴 방식으로 학습 결과 감별하기

PAC 학습하는 알고리즘이 만들어 내는 학습 결과(학습한 개념/함수/가설)의 가장 큰 장점은 그 결과를 어느 정도로 믿을 수 있을지를 보장할 수 있다는 점이다.

그런데 PAC 학습인지 확인할 수 없는(학습 결과를 얼마나 믿어도 되는지에 대한 보장이 없는) 경우도 종종 있다. 맞닥뜨린 학습 결과가 어떻게 나온 건지 전혀 알 수 없는 경우다. 헤지 펀드 매니저를 예로 들어보자. 가격 변동의 특정 패턴이 시장에 나타나고 있다고 보고되었다고 하자. 그 패턴이 어떻게 찾아졌고 누가 찾았는지 정보가 전혀 없는 상태인데도 그는 이 패턴을 이용해서 투자를 해야 할지 결정해야 한다. 이런 질문은 컴퓨터 기계 학습에서 흔한 질문이다. 기계 학습에서는 많은 알고리즘이 PAC 학습 알고리즘으로 확인되지 않았지만 잘 사용되고 있다.[7]

---

7 깊은 신경망*deep neural net, DNN, 딥뉴럴넷* 알고리즘이 한 예다. DNN 알고리즘은 실험적으로는 PAC 알고리즘의 양상을 보인다. 정확도를 올리는 데 필요한 학습 시간이 기하급수로 늘지 않는다. 그러나 현장에서 사용되는 실제 DNN 알고리즘들이 PAC 알고리즘인지는 아직 엄밀히 증명된 바는 없다. PAC 알고리즘이려면 모든 분포의 샘플들에 대해서 그렇게 작동해야 한다.
이론적으로는 자격이 안 되지만 쓸모 있는 알고리즘은 흔하다. NP-완전 문제를 푸는데, 실제 현장에 출현하는 입력들에 한해서는 다항 시간에 답을 내는 알고리즘이 종종 있다. 그런 알고리즘은 NP-완전 문제를 다항 시간에 푸는 알고리즘은 아니다. 모든 입력에 대해서 다항 시간에 답을 내는 건 아니기 때문이다. 실제 DNN 알고리즘들이 이와 유사할 수 있다. 이상적인 PAC 알고리즘 자격은 안되지만 현실에서는 쓸모 있는.

믿을 만한 정도에 대한 보장은 없지만, 다행스럽게도 그런 경우에 엄밀하게 적용할 수 있는 기준이 있다. 오컴 알고리즘Occam algorithm이다. 이 알고리즘은 가설이 어떻게 나온 건지 그 자초지종을 전혀 모르는 경우에서도 뭐가 더 좋은 가설인지를 엄격하게 따질 수 있게 해준다. 기계 학습에 대해서 순수하게 통계적인 논리의 전형을 보여주는 케이스다.[i] 학습한 가설식만을 보고 어느 가설이 더 맞을지를 따지는 조건을 이야기해준다. 이 조건은 14세기 오컴(Ockham) 출신 윌리엄(William)이라는 수도승이 이야기했다는 직관을 구체적이고 엄밀하게 표현한 것이다. 그 직관이란, 모든 게 같다면 간단한 가설이 복잡한 것보다 더 정답이기 쉽다는 점이다.

경마에 돈을 건다고 하자. 누군가 지난 백 번의 결과를 보여주는데 제일 무거운 말이 늘 우승했다고 하자. 그렇다면 말의 몸무게가 우승 말을 결정하는 기준인지 판단하려면 몇 가지 따질 게 있다. 첫째는, 그가 보여준 백 번의 데이터는 일부러 그렇게 고른 게 아니어야 한다. 둘째는, 그 데이터가 내가 베팅할 경마장에서 있었던 결과여야 한다. 이 두 개의 조건은 얼추 학습 가능함의 정의에서 이야기한 변동 없다는 가정invariance assumption에 해당한다. 앞으로 있을 경마는 관찰했던 백 번의 과거 경마와 똑같은 확률 분포를 가지는 세계에서 일어난다는 가정이다.

세 번째로 따질 것이 여기서의 초점인데, 가설이 얼마나 복잡한지를 살피고 판단하는 게 필요하다. 이 점에서, 가장 무거운 말에 베팅하는 쪽으로 마음이 쏠린다. 왜냐면 간단한 규칙이기 때문이다. "가장 무거운 말이 우승한다." 백 번의 경주 결과가 그런 간단한 규칙을 만족시키기는 아주 드물 것이다. 근데 그렇다니 믿을 만하다. 이렇게 된다. 반면에 규칙이 훨씬 복잡했다면, 예를 들어 말의 키, 기수의 몸무게, 그리고 트레이너 나이를 합하면 소수가 나와야 한다 등. 그러면 그런 규칙에는 좀 더 의심이 가게 된다. 의심하는 게 말이 된다. 우승말이 완전히 무작위이고 예측할 수 없다고 해도, 규칙을 표현하는 게 아무 제약이 없다면 뭐가 되었든 백 번의 결과에 맞추어서 규칙을 만들 수 있을 것이기 때문이다. 속에 흐르는 진정한 규칙보다는 겉에 나타나는 모든 현상에 임의로 맞출 수 있는 규칙이 가능하기 때문이다.

오컴의 직관이 맞는 근거

직관이 맞다는 근거를 엄밀히 댈 수 있다. 최대 N개 가설을 표현할 수 있는 언어가 있다고 하자. 누군가 S개 샘플을 보여주었는데 N개 가설 중 하나인 가설 h를 모두 만족시킨다고 하자. 가설 h를 받아들일지 결정하려면 변동 없다는 가정$_{invariance\ assumption}$만 있으면 된다. 어떤 나쁜 가설 h^*가 있다고 하자. 나쁜 가설이란, 같은 세계에서 샘플을 뽑으면 p%만 그 가설에 맞는다는 뜻이다. 이 경우 그 가설이 독립적으로 뽑힌 S개 샘플에 모두 맞을 확률은 p^S인데, 이 수는 S가 크고 p가 작으면 극히 작은 수다. 예를 들어, $S = 100$이고 p가 0.8이면, 0.8^{100}인데 이건 약 $2/10^{10} = 0.0000000002$이다. 동전 던지기에서 서른 두 번 연속해서 앞면이 나올 확률보다도 작은 확률이다. 즉, 속이려는 사람이 있어서 샘플을 모두 보고 나서 모든 샘플에 맞는 나쁜 가설 h^*를 선택할 수 있는 확률은 희박하다. 그 사람이 그럴 수 있는 데에는 한계가 있다.

　이유는 간단하다. 선택할 수 있는 가설은 제한된 N개 가설 중에 하나여야 한다(예를 들어 n개 변수로 그리고-조합된 것만 가설이라면 그런 가설은 $N = 3^n$개 가능하다. 각 변수별로 세 가지가 가능하기 때문이다. 참인 경우, 거짓인 경우, 관련 없는 경우). 위의 예에서 맞지 않는 가설인데 맞아 보일 확률은 $2/10^{10}$이다. 따라서 N개 중에 하나라도 그런 꽝 가설이 될 수 있는 확률은 $N \times 2/10^{10}$ 정도다.[8] 선택할 수 있는 가설이 백만 개라면($N = 10^6$), 나쁜데 좋아 보이는 가설을 찾을 확률은 $1/5000(= 10^6 \times 2/10^{10})$ 정도다.

사실 N이 50억보다 훨씬 작기만 하다면[9] 정확도가 80%($p = 0.8$)가 안 되는데 100개 샘플에는 잘 맞는 꽝 가설이 그 N개 중에 있을 확률은 거의 없다고 볼 수 있다. 대상 세계의 분포와 상관없이 그렇다.

예를 들어 경마장 말들이 1,000가지 특징 중 해당되는 것들로 표현된다고 하고, 각 가설은 그리고$_{and}$로 조합한 세 가지 특징으로만 짧게 표현된다고 하자. "가장 크다, 가장 검다, 그리고 가장 늙었다." 가설의 가짓수는 약 1억6천6백만(166×10^6) 개다. 1,000가지 특징 중 세 가지를 선택하는 방법의 개수다($\binom{1000}{3} = 1000!/(3! \times 97!)$). 따라서 나쁜데 100개 샘플에는 좋아 보이는 꽝 가설이 하나라도 있을 확률은 약 $0.03(= 166 \times 10^6 \times 2 \times 10^{-10})$ 정도다. 그러므로 무작위 선택한 100개의 과거 경마 결과가 가설 "가장 크다, 가장 검다, 그리고 가장 늙었다"와 모두 맞다면, 그 가설이 꽝 가설이기는 어렵다. 다음 경기에 그 가설을 믿고 돈을 걸지 않을 수 없다. 비슷하게 따져서, 주어진 가설을 어느 수준으로 믿을 수 있을지도 확인해 볼 수 있다. 그리고 100개 샘플보다 작은 샘플을 보는 경우에도, 심지어는 가설이 모든 샘플에 맞는 게 아니라 대부분의 샘플에만 맞는 경우에도 믿을 수 있는 정도를 확인할 수 있다.

---

8 이 식은 직관적이지만, 정확한 확률식은 아니다. 그 확률식은 정확히는 $1 - (1 - p^S)^N$이다. $1 - p^S$는 어떤 가설이 샘플들과 모두 맞지는 않을 확률이고, N개 가설 모두가 그럴 확률은 $(1 - p^S)^N$이다. 따라서, 그 반대인(가설 중에 하나라도 샘플들과 다 맞을) 확률은 $1 - (1 - p^S)^N$이다. 이 확률은 N이 커질수록 1에 가까워진다. $(1 - p^S)^N$이 0에 가까워지므로.

9 가설의 개수가 50억(5×10^9)개면 나쁜데 좋아 보이는 꽝 가설이 있을 확률을 책의 방식대로 어림잡으면 $1(= 5 \times 10^9 \times 2 \times 10^{-10})$이 된다.

그래서 우리가 보인 것은, 누군가 가져온 가설을 믿을 만한 것으로 받아들이려면 세 가지 조건이 만족되어야 한다는 점이다. 첫째, 그 가설에 맞아떨어지는 샘플 집합이 증거로 있어야 한다. 둘째, 샘플은 무작위로 그리고 각각 독립적으로 선택되었어야 하고, 샘플을 뽑은 세계가 앞으로 우리가 예측할 세계와 같아야 한다. 즉, 순종 말들의 경주를 예측할 때 사용할 가설은 순종 말들로 학습한 가설이어야 한다. 셋째, 그 가설은 적은 수의 가설 후보들 중에서 선택된 것이어야 하고(후보 가설들이 적으려면 가설들이 간단하게 생겨야 한다) 후보 가설들의 클래스는 샘플 선택 전에 미리 정해져야 한다.

그럼, PAC 학습과 오컴 방식이 어떻게 다른지 잠깐 이야기하자. PAC 학습의 경우는 보장이 가능하다. 학습할 가설들이 특정 클래스에 있다면 PAC 학습 알고리즘은 좋은 가설을 결과로 만든다는 것을 보장해 준다. 예를 들어, 그리고-조합 클래스에서 가설을 만들어 주는 지워가기 알고리즘*elimination algorithm*이 그런 경우다. 반면, 오컴 방식의 경우는 예측의 정확도를 PAC 같이 가설이 만들어지는 과정에 근거해서 보장하지는 못한다. 그러나 이렇게 굳이 과정을 따지지 않는다는 건 오히려 우리를 해방시켜 준다. 늘 작동하지는 않는 학습 알고리즘이라도 결과만 있으면 오컴 방식을 사용해 볼 수 있기 때문이다. 운 좋아서 샘플에 맞는 간단한 가설을 만나게 되면 그걸 쓰면 되고, 반대로 가설이 너무 복잡하고 길거나 샘플에 충분히 맞지 않으면 사용하지 않으면 그만인 거다.

혹자는 말할 수 있다. 가설을 테스트하는데, 오컴 스타일(샘플에 맞는 가설이 간단하냐 아니냐)로 말고, 가장 믿을 만한 방법은 새로운 샘플에 테스트해 보면 그만이지 않을까. 학습에 사용한 샘플 말고 따로 가지고 있는 샘플들에 학습한 가설을 테스트해 보면 되지 않을까. 맞는 말이지만 이게 공짜가 아니라는 게 문제다. 학습할 때 사용하는 샘플과는 별도로 테스트에 사용할 샘플들을 따로 챙기고 있어야 한다는 게 비용이다. 이 별도의 샘플들을 학습에 동원해서 더 나은 가설을 학습하는 데 동원할 수 있는데 군이 따로 테스트를 위해 빼놓고 있는 셈이다.

현실은 이렇다. 가설을 가지고 현장에서 결정을 하는 실제 상황(예를 들어 경마에 돈을 걸거나 투자 결정을 하거나 의료 과정을 결정할 때)에서는 주어진 모든 샘플 데이터를 총동원해서 가장 최선의 가설이 무엇일지 묻게 된다. 이러면 결과로 나온 가설을 보고 오컴 스타일의 판단을 하게 된다. 테스트를 위해서 따로 샘플을 챙겨놓는다는 것은 사치라고 할까. 있는 데이터를 총동원해서 가설 학습에 사용하지 않는다는 건 현실적이지 않다.

5.8 학습의 한계는 있을까?

지금도 그렇지만 앞으로도 많은 새로운 학습 알고리즘들이 고안되고 사용될 것이다. 지금까지 만난 학습 알고리즘들도 다양했다. 퍼셉트론*perceptron* 알고리즘, 지워가기*elimination* 알고리즘, 간략한 가설을 얻고 오컴*Occam* 논리에 기대기 등. 9장에서도 보겠지만 많은 학습 알고리즘이 현재 알려져 있고 사용되고 있다. 또한, 아직 생각 못했지만 앞으로 많은 새로운 학습 알고리즘이 개발되리라는 것은 명백하다.

계산 비용: 학습의 궁극적인 한계

그렇다면 학습 알고리즘의 궁극의 한계는 어디일까? 이전에 말했듯이 학습은 계산 현상과 통계 현상이 서로 깊이 연관되어 있다. 한계가 있다면 이 두 축에서 한계를 발견하게 될 것이다.

통계적인 한계를 우선 보자. 약하지만 중요한 한계다. 좋은 학습 결과를 만들려면 몇 개 샘플이면 충분한지를 규명한 것이다. 필요한 최소한의 샘플 개수다. 이 숫자는 대상 세계가 어떤 분포를 가지는지에 따라 결정된다. 간단한 분포라면 몇 개 안 되는 샘플만으로도 정확한 가설을 만들 수 있다. 예를 들어, 오직 한 가지만 있는 세상이라면 샘플 하나만 보면 정확하게 세상을 알 수 있다. 일반적으로 최악의 분포들을 가정하고 최소로 필요한 샘플 개수를 분석하면, 현실에서 필요한 샘플 개수에 대한 가이드를 종종 얻게 된다. 이렇게 분석하면, 필요한 샘플의 개수는 학습하고자 하는 가설에 사용되는 변수의 개수 n과 오류율을 거꾸로 한 $1/error$의 선형조합 $n/error$에 비례한다고 보일 수 있다.[k]

하지만 통계적인 한계가 '약한' 이유가 바로 이것이다. 계산 비용을 고려하지 않으면 뭐든 선형으로 비례하는 샘플 개수면 학습할 수 있다는 데에서 멈춘다.

계산적인 한계는 더 파고든다. 필요한 샘플 개수만이 아니고 계산 비용까지. PAC 학습은 학습 과정이 다항식$_{polynomial}$ 시간 안으로 끝나는 계산이어야 한다. 컴퓨터로 현실적인 비용으로 끝마칠 수 있는 과정이어야 한다는 조건이다.

그래서 지금까지 학습의 한계에 대해서 밝혀진 바는 이렇다. 간단한 다항식 시간 안에 계산되는 함수, 예를 들어 그리고-식$_{conjunction}$이나 직선 경계선$_{linear separator,}$ 이런 것들이 PAC 학습이 가능하고 그 이외의 것들은 그렇지 않을 것으로 추측하고 있다.

이 추측을 오컴$_{Occam}$ 스타일(많은 데이터를 더 간단히 정리한 함수일수록 더 올바른 답이라는 추정)로 조금 더 정확히 이야기하면 이렇다. n

개 변수를 가진 함수(간단한 함수)를 n^2 계산 스텝만에 학습해 냈다고 가정하자(그리고-식의 경우는 n에 비례한 스텝만에 가능했지만 그보다 더 비용이 드는 경우들이 있다). 그렇다는 건, n^2여 개의 입출력을 관찰해서 인덕한 함수가 기하급수 개(k^n개, k는 각 변수가 가질 수 있는 값의 개수)의 입력들 대부분에 대한 결괏값을 얼추 맞춘다는 이야기다. 다시 이야기해서, 정답에 가까운 함수를, 입력들의 확률 분포가 뭐든, 다항식 개수의 입출력 샘플을 보고 인덕해 낸다는 것이다. 그런데, 그런 함수(많은 데이터에 숨은 간단한 함수)[10]를 다항식 비용으로 인덕하는 건 대부분 불가능할 것 같은 이유는 데이터를 더 많이 봐야만 정답 함수의 면모가 드러나서가 아니고, 있는 데이터에서 정답 함수의 면모를 끄집어내는 과정, 이 과정 자체가 다항식 비용으로는 불가능할 것 같아서다.

내가 믿는 바, 사람들이 복잡한 개념을 학습할 수 없는 주된 걸림돌은 데이터가 아니다. 적당한 개수의 샘플 데이터에서 규칙성을 도출해내는 계산 과정의 복잡도가 크기 때문이다. 예를 들어, 행성 궤도가 타원형을 그린다는 것을 인덕하는 데 큰 어려움이 바로 이것이었다. 필요한 데이터를 모으는 데 수백 세대가 걸렸기 때문이 아니었다. 타원형 궤도라는 개념이 사람들이 쉽게 도출할 수 있는 규칙성 중에 한동안 존재하지 않았기 때문이었다.

학습에서 계산과 통계의 상호 역할을 달리 이야기하자면, 계산 복잡도 이론과 학습 이론이 다음과 같이 엮인다는 점이다. 만일 P＝NP가 사

---

10 반드시 간단한 함수를 학습 결과로 좇을 필요가 있을까? 현재 우리를 놀라게 하는 대부분의 예들은 깊은 신경망*deep neural net*, 딥뉴럴넷으로 학습한 결과다. 이 결과는 거대하고 복잡한 함수(신경망)들이다. 학습에 사용한 데이터도 많다. 주변에서 얻을 수 있는 모든 데이터를 무지막지하게 동원한다. 현재로선 사람이 하는 학습과는 많이 동떨어져 보이지만 아무튼 결과는 놀랍다.

실이면,[11] 즉 NP–완전*NP-complete*[12] 문제들이 다항식 비용으로 풀릴 수 있으면, P 문제 모두는 PAC 학습이 가능해진다. NP 문제의 답을 내는 과정은 모두가 기하급수로 많은 후보 중에 답을 찾는 탐색 과정이라고 할 수 있다.[13] 학습에서 찾고자 하는 함수의 총 입출력 개수가 기하급수로 많다. 모든 것을 볼 필요 없이 다항식 개수의 입출력 샘플만 보고 그 함수를 찾아갈 수 있을까? P = NP이면 찾을 수 있다는 것을 의미한다. 그런 함수를 탐색하려면 모든 입출력을 보면 되는데, P = NP라는 의미는 모두 볼 필요 없이 다항식 개수의 입출력만 가지고 그런 함수를 찾아낼 수 있다는 뜻이다. 이렇게 만들어진 함수는 많은(다항식 개수의) 데이터를 보고 간단한(현실적인 복잡도의) 함수를 찾은 것이므로 오컴*Oc-cam* 기준으로 봐서도 올바른 학습 결과이기 십상이다.

---

11 P와 NP는 문제들의 집합이다. 어떤 문제를 'P 문제' 또는 'P 클래스 문제', 'NP 문제' 또는 'NP 클래스 문제'라고 말한다. P와 NP는 현실적인 비용으로 풀리는 문제들과 그렇지 않은 문제들의 경계를 찾느라고 고안한 개념이다. 그 개념의 정의는 이렇다. P 문제는 문제 크기의 다항식 *polynomial*으로 표현되는 비용 안에 풀 수 있는 알고리즘이 있는 문제다. NP는 P 문제를 모두 포함하면서 살짝 더 넓게 친 그물이다. NP 문제는 운에 기대면 다항 시간 안에 풀리는*nondeterministic polynomial* 알고리즘이 있는 문제다. NP는 P 문제를 모두 포함하지만 아직은 P 문제인지는 모르는, 그러나 아슬아슬한 문제들을 포함하고 있다. 아직은 기하급수*exponential* 비용의 알고리즘만 알려진 문제들, 그렇지만 P 가까이에 있는(운에 기대면 P인) 문제들이 NP에 포함된다. "P = NP"라는 등식이 뜻하는 것은, 아직은 P 바깥에 있는 그런 문제들이 결국 P 문제라는 뜻이다. 즉, 그런 문제들이 모두 현실적인 비용의 알고리즘을 가질 것이라는 의미다. 그러나 대부분의 컴퓨터학자들은 아직 엄밀히 증명되지는 않았으나 그럴 일은 없을 것으로 여기고 있다. 즉 P ≠ NP라고 믿고 있다. P와 NP 관련한 일반인을 위한 설명으로 『컴퓨터과학이 여는 세계』(이광근, 인사이트, 2015) 106-118쪽을 추천한다.

12 NP 문제 중에는 우두머리 문제가 있다. 그 문제를 다항식 비용 안에 푸는 알고리즘을 찾으면, 다른 모든 NP 문제를 그 알고리즘을 이용해서 다항식 비용 안에 풀 수 있게 된다. 그런 NP문제를 NP-완전 문제라고 한다. '완전'이라고 하는 이유는 빠뜨림이 없기 때문이다. 그 문제만 풀리면 모든 NP 문제를 P로 끌어내릴 수 있기 때문이다.

13 모든 NP 문제를 하나의 탐색 문제로 건너 풀 수 있기 때문이다. 그 탐색 문제를 현실적인 비용에 푸는 방법(알고리즘)이 있으면 그 방법을 이용해서 모든 NP 문제를 현실적인 비용으로 풀 수 있게 된다. 그 탐색 문제는, 참 또는 거짓 값을 가지는 변수들로 만들어진 부울식*boolean expression*을 참으로 만드는 변수 값을 찾는 문제다. 부울식의 변수가 n개라면 2^n가지의 모든 경우마다 부울식을 계산해 보면서 찾는 방법보다 더 빠른 방법이 아직 없다. 일부 부울식의 경우 빨리 답을 내는 방법은 많지만, 모든 부울식의 경우에 빨리 정답을 내는 방법은 아직 못 찾고 있다.

정리하면, 학습의 한계를 이해하려거든 계산의 한계를 고려해야 한다는 것이다. P＝NP로 판명되거나 그에 버금가는 예상외의 강력한 결과가 나온다면, 모든 다항식 복잡도(P 클래스)의 함수가 다항식 개수의 데이터만 있으면 학습 가능하게 된다. 그러나 P＝NP는 아니라고 컴퓨터 과학자들이 널리 예상하고 있다. 따라서, 확신할 수는 없지만 모든 P 클래스 함수가 데이터만 있다고 학습 가능한 건 아닐 것으로 예상할 수 있다. 즉, 데이터 안에 학습할 함수에 대한 모든 게 있다는 생각만으로는 학습 가능한 함수들의 경계를 파악하는 데 충분치 않다.

현실적인 비용으로는 학습 불가능한 예

그렇다면 어떤 것들이 현실적인 비용으로는 학습이 불가능할까?

첫 번째 단서는 암호학에서 온다. 문서를 전달하는 사람이 암호를 걸어서 보내고 받는 사람이 암호를 풀어서 문서를 보는 방식인데, 문서 전달 중에 누가 엿들어도 문서 내용을 알 수 없게끔 하는 방법을 찾는 분야. 중간에 엿듣는 사람은 암호를 풀지 못하고 문서를 받는 사람만 풀 수 있게 하려면 문서 수신자만 암호를 풀어주는 비밀키를 알고 있어야 한다.

비밀키를 문서 수취인에게 안심하게 전달하려면, 미리 만나서 열쇠를 주거나, 물리적으로 잠근 박스에 넣어 전달하거나, 믿을 만한 사람에게 전달해 달라고 심부름시키거나 한다. 그런데 공개키 암호*public-key cryptography*에서는 그럴 필요 없이 가능하다.[1] 내가 비밀 문서를 받는 사람이라고 하자. 나는 열쇠 두 개를 만든다. 공개할 열쇠*public key*와 나만 알고 있을 짝꿍열쇠*private key*. 누구나 내가 공개한 열쇠를 가지고 내게 보낼 문서에 암호를 걸어서 내게 보낼 수 있다. 중간에 누가 엿들어도 암호를 풀 수는 없다. 암호를 풀려면 내가 가지고 있는 짝꿍열쇠가 있어야 하기 때문이다. 암호화하고 암호를 푸는 과정은 모두 현실적인 비용이 들어야 한다. 이런 암호 시스템인 RSA(Rivest-Shamir-Adleman)에서 공개 열쇠는 큰 소수 p와 q의 곱이고 나만의 짝꿍열쇠는 p와 q로 구성된다. 공개 열쇠에서 짝꿍열쇠의 부품을 찾아내는 것은 현실적으로 불가능하다. 가능한 후보들을 모두 해봐야 하는데 그 수가 비현실적으로 너무 많게끔 공개 열쇠가 천 자리 정도로 구성된다.[14]

이 때문에 RSA 암호 시스템은 암호를 푸는 공격에 거뜬하다고 믿는다. 이게 P 클래스 가설[15]이 모두 학습 가능한 건 아니라는 이유가 된다. 왜냐하면 암호를 건 문장을 엿듣고 풀어내려는 사람은 다음과 같은 공격이 가능하기 때문이다. 공개 열쇠로 여러 문장을 암호화해서 결과를 모은다. 이 샘플들로부터 암호를 푸는 함수를 추정해내는 공격 과정은 근본적으로 학습 시나리오와 같다. 입출력 샘플들(입력＝암호를 건 문장, 출력＝오리지널 문장)로부터 암호를 풀어주는 함수를 학습해 내기. 그런 암호 푸는 함수는 모두 P 클래스 함수다. 따라서 RSA나 다른 암호 시스템이 그런 공격에 안전하다는 사실은 P 클래스 가설이 모두 학습 가능한 건 아니라는 것을 의미한다. 왜냐하면 학습 가능하다면 암호를 푸는 함수(P 클래스)를 현실적인 비용에 학습해 낼 수 있다는 뜻이므로. [m]

학습의 불가능한 한계를 보여주는데 암호 분야만 쳐다볼 필요는 없다. 언어 분야가 또 그렇다.

---

14 공개 열쇠를 인수분해해서 짝꿍열쇠의 핵심 부품을 찾아내는 것은 현실적으로 불가능하다. 큰 수의 인수분해를 현실적인 비용으로 할 수 있는 디지털 컴퓨터 알고리즘이 아직 없기 때문이다.

15 P 클래스는 다항식 시간 안에 푸는 알고리즘이 있는 문제들의 집합이다. 'P 클래스 가설'이라고 하는 건, P 클래스를 그런 알고리즘들의 집합이라고도 볼 수 있는데 그런 알고리즘을 '가설'이라고 학습 이론 스타일로 부른 것이다.

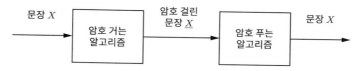

그림 5.2 암호 방식이 강력하다는 것은 현실적인 비용으로 학습할 수 없는 계산 함수가 존재하는 것을 의미한다. 이유는 이렇다. 만일 모든 암호 푸는 함수들이 예시들을 통해서 학습해 낼 수 있는 종류들이라고 하자. 그러면 어떤 암호 시스템이든 다 깰 수 있다. 충분히 많은 쌍 $(X, \underline{X})$을 암호를 거는 알고리즘에서 모으면 된다. 쌍 $(\underline{X}, X)$들을 학습의 샘플로 넣어주면 된다. 이 학습 과정을 통해서 암호 푸는 함수가 찾아진다.

1950년대에 언어학자 촘스키(Noam Chomsky)는 다양한 언어 클래스를 정의해서 영어와 같은 자연어의 문장 구조를 구성하는 기초로 사용했다.[n] 이 중 가장 간단한 언어 클래스가 정규 언어*regular language*라는 클래스다. 이 클래스의 문장들은 유한 상태 오토마타*finite-state automata*로 만들어지는 것으로 정의했다. 유한 상태 오토마타는 단순치 않은 계산을 할 수 있는 장치 중 가장 간단한 형태이기도 하다.

그림 5.3이 한 예이다. 오토마타를 노드와 노드 사이에 화살표로 구성한 그래프로 표현한 것이다. 각 화살표에 쓰인 글자가 문장을 구성한다. 문장은 시작 노드에서 시작해서 화살표를 따라서 글자들을 쓰면서 만들어지고 끝 노드를 만나면 완성된다. 이 오토마타가 뜻하는 언어의 문장은 a와 b의 1열인데 길이는 5이고 첫 네 글자는 a와 b 중 아무거나 될 수 있지만(두 갈래로 항상 갈라질 수 있었기 때문이다) 마지막은 오직 한

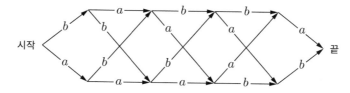

그림 5.3 폭이 2이고 깊이가 5인 오토마타이다. 길이가 5인 a와 b의 문자열 중에서 그 반만 받아들이는 오토마타이다. 예를 들어, *bbbab*는 받아들이는데 *aaaab*는 받아들이지 않는다.

가지만 가능하다. 따라서 이 언어에 속하는 문장들은 길이가 5이지만 가짓수는 2^{5-1}개이다. 이런 식의 오토마타를 일반화해서, l개 글자를 가지고 문장 길이가 s가 되도록 비슷하게 만든 오토마타는 l^{s-1}개의 문장만 가능한 언어를 정의하게 된다.

이제 l^{s-1}개 문장 모두에 대해서 어느 문장이 그 언어에 속하고 어느 문장이 속하지 않는지를 학습했다고 하자. 그러면 문장이 주어졌을 때 그 언어의 문장인지 아닌지는 당연히 알 수 있다. 모두 보고 학습했기 때문이다. 문제는 이게 문장 길이 s에 기하급수로 올라선 복잡도를 가졌다는 것이다.

정규 언어를 학습하는 일은, 다항식 개수의 문장들만 보고(문장마다 그 언어에 속한다 속하지 않는다 여부가 표시되어 있다) 학습한 후 새 문장이 오면 해당 언어의 문장인지 답을 내주는 일이다. 정답 언어의 오토마타를 추정해 내는 게 한 방법이다. 원칙적으로, 오토마타까지 가지는 않더라도 문장을 받아서 얼추 거의 맞게*probably approximately correctly* 판단해 주는 가설을 추정해 내는 거다. 촘스키 이후로 수십 년 연구해 왔지만 그런 학습 알고리즘을 찾는 데는 실패했다. 1980년대에 그 실패가 말이된다는 사실이 밝혀졌다. 정규 언어를 PAC 학습할 수 있는 알고리즘이 존재하면 RSA 암호 시스템을 깰 수 있다고 증명되었다.[이] 그런 암호 시스템이 깨질 수 없는 한 정규 언어를 학습하는 기계적인 방법은 없다.

무작위로 뽑은 다항식 개수의 샘플이면 사실 해당 오토마타를 구획할 수는 있지만 만들지는 못한다. 구획한다는 뜻은, 아닌 것은 거의 확실하게 아니라고 이야기할 수 있을 뿐이라는 뜻이다. 다항식 시간 안에 오토마타를 만들어 낼 수 있어야 하는데 이게 어렵다. 다항식 시간 안에 만드는 방법은 알려진 게 없다.

여담으로, 이런 결과는 인간의 자연 언어에 시사하는 바가 있다. 인간이 사용하는 자연 언어를 이해하려면 그 언어를 어떻게 학습하게 되었는지 이해해야 한다. 그러므로 정규 언어 같이 학습할 수 없는 이론상의 언어는 인간 언어의 기초가 될 수는 없다.

현재까지 정규 언어를 학습할 수 있다고 알려진 알고리즘은 모두, 문장 길이에 따라 기하급수로 커지는 시간이 필요한 것들뿐이다. 더 빠른 알고리즘이 찾아질 수 있을지는, 심지어 대상 정규 언어가 우리가 위에서 예를 든 격자사다리꼴 오토마타로 국한하더라도, 현재로서는 알려진 바가 없다. 아직 해결 안 된 문제다. 진짜 계산 복잡도의 어려움이 학습에 존재하는지 확신이 서지 않는 독자라면 한 번 시도해 보기 바란다. 다항식 시간 안에 격자사다리꼴 오토마타를 내놓는 PAC 학습 알고리즘.

마지막으로 이야기하고 싶은 것은, 현재 학습 가능성 여부를 전혀 모르는 함수 클래스 중에 자연스러운 것들도 많다는 사실이다. 그런 클래스들은 PAC 학습이 가능한지도 증명되지 않았고 그렇다고 불가능한지도 증거가 없다. 그런 클래스의 주인공은 또는-조합 바른 식*disjunctive normal form, DNF*이라는 클래스다. 이 클래스의 함수는 변수 개수의 다항식 크기로 표현한 식으로, 또는-조합인데 부품이 다시 변수들의 그리고-조합이다. 예를 들어 (X 그리고 Y) 또는 (Z 그리고 T). '그리고'와 '또는'이 이층으로 쌓여 있는 식이다. DNF는 그래서 한 층으로만 구성된 또는(or)-식이나 그리고(and)-식보다는 더 표현력이 있다. DNF를 학습할 수 있는 알려진 최고의 알고리즘은 식 크기(n)의 1/3 제곱으로 표현되는 기하급수 꼴로(예를 들어, $2^{\sqrt[3]{n}}$로) 시간이 걸린다. 최악의 기하급수 꼴은 아니긴 하지만 흥미롭게도 제일 빠른 정수 인수분해 알고리즘의 계산 복잡도와 흡사하다.[ㅁ] DNF는 전형적인 이층 표현식인데 이게 아마 학습 가능과 불가능의 경계 가까이에 있는 함수 클래스이리라 짐작된다. DNF가 PAC 학습이 가능할지 불가능할지는 학습 이론에서 아직 풀리지 않은 주요 문제다.

5.9 배우기와 가르치기

몇 개의 예를 통해서 개념을 배우는 것, 특수에서 보편으로 올라서는 능력, 이는 자연에 널리 있는 놀라운 현상인데 특히 인간의 이런 학습 능력은 놀랍다. 서로 얽히고설킨 복잡한 개념들이 모여 있는 전문가 지식, 사람들은 이걸 어떻게 학습할 수 있는 걸까? 물론 사람은 오랜 세월을 거쳐야 그런 능력을 얻는다. 이십 년 가까이 훈련해야 전문가가 된다. 이렇게 긴 세월이 필요한 이유가 사람의 학습 과정이 비효율적이어서 그렇다는 증거도 없다. 이런 매우 복잡한 사람의 학습 과정을 어떻게 바라봐야 할까? 사람이 해내는 놀랍고 복잡하고 많은 시간이 드는 학습 과정은 과연 뭘까?

대학 강의는 학습 순서를 잘 생각해서 디자인한 정교한 전공 과정을 따라 진행된다. 순서에 상관없이 배울 수 있는 개념들을 단순히 가르치지 않는다. 배울 개념들을 순서대로 배운다. 이전 개념을 익혀야 다음 개념을 배울 수 있는 경우가 대부분이기 때문이다.

우리는 학습 가능한 개념 클래스 C에 있는 개념을 학습하는 데 이미 익힌 개념 집합 X를 가지고 한다. 이렇게 새로운 개념을 학습했으면 그것은 익힌 개념 집합에 들어가고 다음번에 배우는 새로운 개념을 학습하는 데 발판이 된다. 예를 들어, '데이터'라는 용어는 사용되는 장소와 시간에 따라 특별한 뜻이 있다. 그 개념을 익히고 나면 많은 파생 개념,

예를 들어 '빅데이터'를 알아듣게 된다. '빅데이터'는 '데이터'라는 개념을 익히기 전에는 알아들을 수 없었을 개념이다.

따라서 선생이 필요하다. 선생이 학습 과정을 프로그램하는 역할을 하기 때문이다. 학생이 실행하는 PAC 학습 알고리즘은 개념 클래스 C 로 표현한 수준의 것을 익히는 일까지만 한다. 선생은 전달할 개념들을 어떤 순서로 가르쳐야 차곡차곡 PAC 학습할 수 있는지를 미리 확인하고 강의 계획을 짜게 된다.

선생-학생 세팅에서 선생의 중요한 역할은 두 가지다. 가장 중요한 역할은 다음에 배울 개념을 차례대로 안내해 주는 것이다. 또 다른 역할은 맞고 틀린 예시를 보여주는 것이다. 사실 맞고 틀린 것을 표시해서 보여줄 필요도 없다. 많은 자연스러운 상황에서는 맞고 틀린 것은 예제 스스로 명백하기도 하다. 고양이 예를 보면 예전에 본 고양이가 있어서 고양이의 예를 인식하게 된다. 그러면서 고양이에 대해서 더 자세히 알게 된다. 고양이라고 굳이 이야기해줄 필요도 없다.

계산으로 보는 학습이 선생의 역할에 힌트를 주는 게 또 있다. PAC 학습은 다음과 같아야 한다는 것을 기억하자. 대상 세계와 상관 없이, 어떠한 분포로 샘플을 뽑더라도 목표 개념 집합들이 학습 가능하다. 이제 학생이 어떤 PAC 학습 알고리즘을 가지고 있고, 선생은 학생이 가진 학습 알고리즘을 알고 있다고 하자. 그러면 학습 속도에 가속도를 붙일 수 있다. 선생은 잘 디자인된 샘플 몇 개만 순서대로 보여주면서 학생이 신속하게 개념을 익히도록 도울 수 있다. 무작위로 샘플을 보여주면서 가르치는 경우보다 특별한 분포의 훨씬 적은 샘플이면 된다. 예를 들어, 학생이 그리고-식을 배웠고 그 표현 방식으로 학습 결과를 만드는 지워가기*elimination* 알고리즘을 익혔다고 알고 있으면, 예제 하나만 잘 만들면 단번에 배우도록 할 수 있다. 마치 핵심만 그려놓은 아이들 그림책과 비슷하다. 코끼리의 여러 디테일을 빼고 긴 상아와 긴 코만 그려 놓으면 이것 하나로 아이들은 코끼리를 판단하는 좋은 방법을 단번에 익히게 된다.

선생과 컴퓨터 프로그래머를 비유하다 보면 둘 사이의 근본적인 차이가 드러난다. 프로그래머는 컴퓨터 프로그램을 짤 때 지금까지 구현된 코드가 뭐가 있는지 정확하게 알고 있어야 한다. 그것들을 이용해서 그 다음 것을 프로그램으로 짜게 된다. 하지만 선생의 경우는 다르다. 선생은 학생에게 가르치는 것이 학생에게 어떤 의미로 전달될지를 정확히 모른다. 선생이 '강아지' 개념을 가르치기 위해서 사진들을 보여줄 때 학생들이 어떤 특징을 선택해서 배울지 알지 못한다. 선생은 학생의 상태를 정확히 모르고도 적절한 제안과 예제를 보여주며 정보를 전달할 수 있다.

선생-학생이 가지는 근본적인 강점을 이렇게도 이야기할 수 있다. 학생 자신을 포함해서 누구도 학생의 정확한 상태를 모르는 경우에도 학습이 진행될 수 있다는 점이다. 그런 경우는 흔하다. 선생-학생 사이에는 공통으로 알고 있는 것과 혼자만 알고 있는 것이 모두 불완전할 수 있기 때문이다(이런 경우 때문에 사람의 교육을 개선할 만병통치약이 있기가 어려운 것 같다).

선생-학생의 명백한 또 다른 장점은, 실수에서 회복할 수 있다는 점이다. 어떤 개념을 잘못 이해한 학생은 나중에 그 잘못을 확인하고 되돌릴 수 있다. 모든 것을 아는 외부의 도움이 필요 없다.

5.10 배울 수 있는 목표를 좇는 능력

많은 지식을 얻는 인간의 놀라운 능력은 학습 능력에서 온다고 본다. 기본적으로 어떤 학습 알고리즘을 실행하는 건데, 특히 내가 설명한 실용적인 비용으로 가능한 학습 알고리즘이 작동한다고 본다.

이 주장을 뒷받침하는 데는 배울 수 있는 것을 좇는 능력이 있어야 한다. 학생이든 학습 능력을 가진 개체든, 모든 배우는 존재는 항상 인지할 수 있는 특징 리스트를 이미 갖고 있다. 이 특징들을 통해서 배울 수 있는 개념이 학습 알고리즘의 학습 목표가 된다. 그리고 그런 개념에 속하는 예시들을 알고리즘이 받아서 학습이 일어난다. (특징들을 인지하는 알고리즘은 어떻게 만들어지는지는 이 절에서는 논외로 하자. 생물에서는 진화와 학습이 동원될 것이고, 컴퓨터에서는 학습 프로그램 안에 정해지든가 또 다른 학습 프로그램을 통해 찾아질 것이다.)

내 생각에 인간은 본능적으로, 접근 가능한 목표를 모두 좇도록 항상 준비되어 있다. 그래서 인간은 배울 게 풍부한 환경에서는 선생이 없더라도 계속 학습할 수 있다. 그 덕에, 이전에 학습한 개념을 갈고닦는 것뿐 아니라 접근 가능하기만 하면 전혀 새로운 개념도 배울 수 있다.

선생 없이도 학습이 가능하다고? 예제마다 답이 없는데도 학습이 가능할까? 이야기한 대로 예제 자체로 명백한 경우가 많기 때문이다. 백조와 검정색을 이미 인지할 수 있으면, 선생이 없이도 검은색 백조를 하나 보고 검은 백조라는 개념을 배우기 시작할 수 있다. 비슷하게, 이전에 본 적 없는 사람들을 만났을 때 그들의 얼굴이나 성격을 이야기해주는 선생이 없이도 그들에 대한 학습을 시작할 수 있다.

배울 수 있는 것을 좇는 능력은 선생이 잘 활용할 수 있다. 예를 들어,

학생이 좋을 준비가 된 개념을 선택해서 그 예들을 보여주는 것이다. 선생 없이 교육이 진행될 수 있으나, 그럴 경우 준비된 개념의 예들을 학생들이 접할 수 있으려면 운에 기대야 한다는 단점이 있다. 학생이 똑똑해서 현재 알고 있는 지식을 바탕으로 접근 가능한 학습 목표를 좇아 나설 수도 있다. 아니면 학생은 준비가 안 된 학습 목표에 시간을 낭비할 수 있다. 이 경우 배우는 것은 미미할 것이다.

5.11 얼추거의맞기 학습, 인지의 기본

얼추거의맞기PAC 학습은 인덕$induction$뿐 아니라 인지$cognition$를 설명하는 이론의 기초가 될 수도 있다. PAC 학습은 인덕$induction$을 수학적으로 엄밀하면서 철학적으로도 만족스럽게 정의한 것이라고 볼 수 있는데, 인지$cognition$ 이론에도 사용될 수 있다.

인간은 아마도 어떤 공통된 학습 알고리즘과 개념 집합을 가지고 있는 것으로 보인다. 이 알고리즘을 A라고 부르자. 그리고 그 알고리즘이 학습할 수 있는 개념 집합을 C라고 하자. 이렇게 보면 어떻게 모든 사람이 똑같은 개념을 알게 되는지 설명할 수 있다. 같은 예제들을 던져주면 된다. 모두 같은 수준의 특징 집합을 가지고 있다면 같은 예제를 보면서 같은 학습 알고리즘을 통해 같은 결론을 내릴 수 있다. 사람마다 다른 특징 집합을 가지고 있다고 해도 작동할 수 있다. 목표로 하는 개념이 두 개의 다른 특징 집합들로부터 접근 가능하기만 하면 된다.

오늘날까지 인간이 가진 A와 C가 뭔지 밝혀지지 않았지만, 그것들이 존재한다는 것 자체로 인지 능력이란 게 인덕 과정의 결과라는 이론을 만들 수 있다. 이 이론은 세상에 대해 가정하는 것이 없다. 세상에 있는 것들의 분포에 대해서도 아무런 가정을 하지 않는다. 특징들의 서로 다른 조합으로 배울 대상의 변종들이 기하급수로 많이 출현할 빈도가 한없이 복잡할 수 있는데, 배우는 사람이 다 알고 있을 필요는 없다. 사람들은 알고리즘 A로 이런 복잡한 세상에서 모종의 규칙성을 그럭저럭 배워가기도 할 것이고 어떤 규칙성은 놓치기도 할 것이다. 모두가 가진 알고리즘 A로 다른 사람이 배울 수 있었던 건 뭐든 배울 수 있을 것이다. 적어도 원리적으로 그렇다. 이런 점이 인간의 공통된 인지 능력을 만든다고 볼 수 있다.

그리고 인간의 학습에서 많이 논의된 이슈는 "반례 없이 맞는 예들만 가지고 하는 학습이 과연 가능할까"이다. 사실 인간의 행동에서 이런 경우를 정확히 집어내긴 어렵다. 동물의 종류를 알아보는 능력을 그 종류의 동물만 예로 보고 익힌다고 할 수는 없다. 강아지 예를 보고도, 고양이의 반례로 고양이를 배울 수 있다. 따라서 확실치가 않다. 사람이 맞는 예만 가지고 배우는지. 그런데 맞는 예만 가지고 학습하는 게 신기할 것도 없다. 예전에 본 바와 같이, 그리고-식$_{conjunction}$을 배울 때 지워가기$_{elimination}$ 알고리즘이 맞는 예만 가지고 학습하는 알고리즘이었다.

다른 이슈로는 한 번만 보고 배우기, 혹은 아주 적은 수의 예제만 보고 학습하기가 어떻게 가능할까이다. 이야기한 대로, 주어진 학습 알고리즘이 있으면 하나의 예만 가지고도 맞는 가설을 찾아낼 수 있다. 그런 예를 찾는 것이 좋은 선생의 역할일 것인데, 이 현상을 설명할 수 있다. 어째서 적은 수의 예만 가지고, 어떤 경우는 선생도 없이 맞는 가설을 찾는 게 가능한지.

적어도 두 가지 경우에 가능하다. 한 경우는, 아주 많은 의미 없는 특징들 중에 단지 몇 개 안 되는 특징들로만 맞는 개념을 결정할 수 있어서, 소위 특징-효율이 좋은*attribute-efficient* 학습이 가능한 경우가 그렇다.[ㅁ] 뭔 말이냐면, PAC 학습에 필요한 예제의 개수가 몇 개 안 되는 중요한 특징에만 비례하는 경우다. 예를 들어, 코끼리라는 개념의 결정적인 특징은 긴 상아, 긴 코, 그리고 큰 귀이고 나머지 수많은 특징은 의미 없이 주위를 산만하게 하는 특징일 뿐이다. 또 다른 경우는, 어떤 개념이 그에 속하는 것과 그렇지 않은 것이 아주 멀리 떨어져 있는 경우다.[ㄹ] 퍼셉트론*perceptron* 학습에서 이미 언급한 경우처럼.

한편, 지금까지 모든 논의에서 변동 없다는 가정*invariance assumption*이 필요했지만 실제는 그렇지 않을 수 있다. 세상이 우리가 예상 못한 방식으로 변할 리 없다고 확신할 수는 없다. 학습 중에 봤던 예시가 나온 곳과 미래에 보게 될 예가 나올 곳이 반드시 같다고 확신할 수 없다. 즉, 과거의 성과가 반드시 미래의 결과를 힌트 주는 건 아닐 수 있다.

어쨌든 이런 상황에서도 생명체에게 주어진 유일한 방법은 가능한 한 많이 규칙성을 익히고 그 규칙성들에 기대어 결정을 내리는 것이다. 그 외에는 다른 대안이 없다. 생명체들은 어쨌든 늘 결정을 해야 하고 다음에 뭐가 일어날지 항상 예측해야 하기 때문이다.

6

진화 가능함이란
The Evolvable

단순에서 복잡으로 진화하는 과정이
어떻게 가능한 걸까?
How can complex mechanisms evolve
from simpler ones?

복잡한 생명체 중에 작은 변화가 쌓여서 만들어지지 않은 게 있다면
내 이론은 완전히 무너질 것이다. 하지만 그런 경우는 보질 못했다.

— 찰스 다윈(Charles Darwin)

요약

다윈 진화를 학습으로 정의할 수 있다. 이러면 지구 나이 동안 생명체들이 지금 모습으로 진화할 수 있었던 속도를 설명할 수 있다. 학습에서 가설이 진화에서는 유전체다. 학습에서 예시는 진화에서는 경험이다. 학습에서 알고리즘은 진화에서는 변이를 만드는 과정이다. 학습에서 정확도는 진화에서는 적합도*fitness*다. 학습 한 단계는 진화에서는 자연 선택*natural selection*의 한 사이클이다. 따라서, 자연 선택 사이클 횟수, 사이클마다 일어나는 계산 비용(변이를 만들고 적합도를 어림잡는 비용), 그리고 필요한 개체군 크기가 모두 다항식으로 잡혀야 한다. 또, 진화는 일반 학습과 달리 시작 유전체가 주어진다. 선택할 수 없다. 이런 제약 아래 정의된 PAC 학습이 진화의 모든 경우를 포섭하는 튼튼한 모델로서 유망해 보인다. 이 모델에서 진화 가능한 함수와 불가능한 함수의 경계는 미묘하다. 실수 값을 계산하는 다항식 함수의 경우는 임의 경험 분포에서 진화 가능하다. 부울 함수의 경우 주로 균일한 경험 분포에서만 진화 가능한 함수가 있지만, 이 경우도 실수 값 다항식 함수로 근사하면 임의 경험 분포에서 대부분 진화 가능해진다. 학습은 디자이너 없이(이해 없이) 정교한 것이 나타나는 과정을 탐구하는 분야다. 그러므로 생명에 대한 이해가 필요 없이 학습으로 지금의 정교한 생명체를 만든 진화 과정을 정의할 수 있다는 것은 자연스럽다.

6.1 빈틈이 있다

다윈(Charles Darwin)의 『종의 기원*On the Origin of Species*』은 숨막히는 통찰의 결과물이다. 150여 년 전에 만든 진화론은 현재 생물학의 중심 이론이 되었다. 다윈은 작은 변화가 계속 쌓여 만들어지지 않은 생명체가 있으면 그의 이론이 무너질 것이라고 했는데, 지금까지 쌓인 증거들은 그런 반례 없이 그의 이론이 설득력 있음을 직관적으로 확인해주고 있다. 지구상에 있는 현재 생명체들은 서로 관련이 있다는 사실은 풍부한 화석들뿐 아니라 DNA에 남은 명백한 공통점들로 충분히 확인된다. 다윈의 진화론이 맞다는 것은 절대 다수 생물학자들에게 설득력을 얻고 있다. 나 자신도 자연사 박물관을 여러 곳 방문하면서 설득되기도 했다.[a]

하지만 현재 진화론이 설명하지 못하는 것이 있다. 진화 속도다. 단순한 생명체를 복잡한 생명체로 변화시키는 속도. 변하는 환경에서 생명체를 유지하면서 진화를 진행시키는 속도. 이것에 대해서는 아무 이야기가 없다. 어떻게 지구상에서 진화가 화석들이 보여주는 시간 스케일 안에서, 그것도 지구와 우주의 자원만 가지고 일어날 수 있었던 건지. 확인이 필요한 것은 다윈 이론의 정량적인 버전이다. 주어진 시간에 해내기에는 너무 많은 변화를 축적한 생명체가 존재한다면 그의 이론은 무너질 것이다.

다른 과학 이론들은 정량적인 예측을 하고 있고 그것을 검증할 수 있지만, 진화 이론은 현재 정량적인 예측이 없다. 과거에 대한 정량적인 설명도 없다. 이런 면에서 자연과학의 다른 이론들(뉴턴의 만유인력 법칙이나 아인슈타인의 일반 상대성 이론)과는 조금 성격이 다르다.

아마도 이것 때문에 진화론은 다른 이론과 달리 가장 큰 회의론과 조직적인 반대를 겪고 있다고 본다. 전 세계에 진화론을 받아들이지 않는 인구가 꽤 된다. 지구가 둥글다는 이론이나, 성공적인 이론 중에서 가장 이상하다는 양자역학 등에 대해서는 진화론만큼의 반대를 찾을 수 없다. 진화론의 경우가 다른 건 이런 단점 때문이라는 것을 유념해야 한다. 정량적인 설명이 있다면 진화론에 대한 반대가 계속되지는 못할 것이다.

진화의 빈틈은 몇 군데 있다. 하나는, DNA 수준에서 진화를 이야기하기는 아직 어렵다는 빈틈이다. 우리는 DNA의 상세한 역할을 거의 모르고 있기 때문이다. 어떻게 DNA 정보가 생명체의 생리 기능이나 행동을 제어하는지 상세히 모르기 때문에, 어떻게 DNA 변화가 더 적절한 생리 기능이나 행동을 만드는지(진화를 만드는지) 아직 설명 못하고 있다.

또 다른 빈틈은 진화 비용과 속도에 대한 것이다. 지구 나이와 관련해서 논의했듯이, 주어진 한정된 자원만으로 어떻게 다윈의 진화 과정이 작동할 수 있었는지 모른다. 다윈 자신도 골치를 썩은 질문이었다. 다윈 이후 몇몇 사람이 진화론에 이런 정량적인 설명이 없는 것을 걱정했지만,[b] 지금까지는 이 질문이 다뤄지지 않았다. 왜 그랬는지 미래 세대는 의아해할 것이다.

참고로, 진화와 관련한 정량적인 연구들이 있었지만 진화 과정을 비용 시각에서 정량적으로 설명하려는 것은 아니었다. 정량적 이론으로는 개체수 변화에 대한 이론이 지난 백 년간 있어 왔지만,[d] 이 이론이 다루는 내용은 생명체들 사이의 경쟁을 분석하고 그 결과로 상대적인 개체수 변화가 어찌될지를 예측하는 것이다. 이 이론이 진화와 맥이 닿아 있기는 하지만, 얼마나 빨리 점점 복잡한 생명체로 진화하는지를 다루지는 않는다. 어떻게 경쟁 자체로 더 복잡하고 정교한 생명체가 되는지를 정량적으로 설명하는 이론은 없다. 진화와 결부된 계산 관련 연구는 소위 유전 알고리즘*genetic algorithm* 분야가 있는데, 진화에서 힌트를 얻어 최적화 같은 일에 좀 더 나은 알고리즘을 얻으려는 목적이지, 진화가 어떻게 진행되는지를 이해하려는 목적은 아니다.[d]

이제 우리에겐 다윈 이론에 아직 남아 있는 빈틈을 메꿀 기회가 왔고 의무도 있다고 본다. 다윈 진화론이 주어진 지구 시간 안에 어떻게 복잡한 생명 시스템을 만들어 낼 수 있었는지 밝힐. 다윈이나 그 후학들은 우리가 오늘날 생물화학 분야와 계산 분야에서 당연하다고 알고 있는 사실을 알지 못했고, 알 수도 없었다. 우리는 그들이 몰랐던 많은 사실을 알게 된 입장이다.

이에, 내 생각에 계산 학습 이론*computational learning theory*이 답이 될 수 있다고 본다. 계산 학습 이론으로 단순히 진화를 흉내 낼 수 있는 게 아니라 진화가 어떻게 어느 속도로 일어나게 되었는지를 이해할 수 있다.

6.2 그 빈틈을 메꿀 방법

어떻게 복잡한 생명체가 주어진 시간과 개체수를 가지고 진화할 수 있었을까? 운 좋게도 지금은 생명 현상에 대해서 다윈이나 관련 후학들 (예를 들어, 피셔(Ronald Fisher) 같은 새통합*modern synthesis*[e] 이론가들)은 몰랐던 많은 것이 밝혀졌다. 현재 우리가 알고 있는 인간의 생명 현상은 인간 유전체*genome*에 표현된 2만 개가 넘는 단백질에 기반하고 있다. 유전체는 일종의 조건 관계 네트워크를 표현하고 있다. 세포 안에서 어떤 단백질 농도가 얼마가 되어야 특정 단백질이 만들어지는지 등. DNA의 특정 부분이 이런 조건을 표현하고 있는 것으로 알려져 있다. 이 조건이 조금만 틀려도 유기물 생명체는 불가능해진다.

현재는 정량적으로는 설명이 안 되어 있다. 어떻게 서로 얽히고설킨 많은 부품을 가진 유전체가 변화하는 환경에서 구조를 유지하면서 주어진 지구 시간 안에서 좀 더 복잡한 구조로 진화해 갈 수 있었는지. 물론 다윈은 이런 의문을 명확하게 가질 위치에 있지는 않았다. 이에 관한 증명 가능하면서 효과적이고 구체적인 설명이 다윈 진화론에서 없었던 이유는 단순히 이쪽 연구가 충분히 진행되지 않아서일 것이다.

여담으로, 지구상에서 진화 과정을 좀 더 완전하게 정의할 수 있으려면 각 세대 유전체가 이전 세대 유전체에서 정확히 어떻게 변화하면서 유도되는지를 알아야 한다. 간단한 가설은, 적어도 성 구분이 없는 종의 경우, DNA에서 염기 짝이 일정한 작은 확률로 다른 세 가지 염기 중 하나로 임의로 바뀌면서 진화가 일어난다는 것이다. 그러나 이 간단한 과정이 실제 일어나는 일인지 증거도 없고, 또 이 간단한 과정이 지구상의 생물에서 발생했던 속도로 진화를 만들지도 증거가 없다.

메꿀 방법: 컴퓨터과학의 계산 학습 이론

아무튼, 위 핵심 질문에 답은 학습에 있다. 학습 과정으로 다윈의 진화를 바라보면 정량적으로 이해할 수 있는 길이 열린다. 단순히 유전체의 유도 과정 하나만 가능하게 하는 게 아니라 많은 다양한 유도 과정을 가능하게 하고, 모든 가능한 유도 과정이 가지는 궁극의 제한점을 살펴볼 수 있게 한다. 이런 더 조직적인 분석이 필요한 건 너무나 당연하다. 이런 분석이 가능해야 진화가 어떻게 지구상에서 주어진 시간 안에 점점 복잡한 생명체를 만들어 낼 수 있었는지 이해할 수 있다.

특히 계산 학습computational learning으로 눈을 돌리는 건 자연스럽다. 이전 절에서 살펴본 대로, 계산 학습은 계산식(알고리즘, 함수, 가설)이 디자이너 없이 어떻게 얻어질 수 있는지를 정량적으로 연구하는 분야다. 생명은 계산 과정으로 꽉 차 있다. 따라서, 이 계산 과정과 생명 자체가 디자이너 없이 어떻게 출현할 수 있었는지를 이해하고 싶다면, 자연스럽게 계산 학습에 기대게 된다. 이 자연스러운 접근법이 다소 실망스러울 수도 있다. 아직 알려지지 않은 신비한 과정으로 진화가 가능하리라는 것을 기대하는 사람들에게는 이미 있는 이론으로 가능하다고 하니. 하지만 있는 이론으로 진화를 잘 설명할 수 있으면 더 좋은 게 아닐까.

이 방식으로 논의를 진행하는 데 적당한 무대로 포유류 진화 과정을 보자. 포유류는 지구상에서 2억 년 동안의 진화 과정을 밟았는데 서로 다른 종들마다 비슷한 단백질을 많이 가지고 있고, 종들 사이에 눈에 띄는 차이는 단백질 자체가 다르다기보다는 단백질이 만들어지는 조건이 달라서 생긴다.

그래서 첫 단계로, 어떻게 정해진 단백질 집합을 가진 종들이 진화하는지를 이해해야 한다. 문제를 간단히 하기 위해서 단백질 발현 조건의 작동 과정만 바뀔 수 있다고 가정하자.

머릿속에서 실험해 보자. 2만 개 변수가 있다고 하자. $x_1, \cdots, x_{20000}$. 각 변수는 2만 개 단백질 $p_1, \cdots, p_{20000}$ 중 해당하는 단백질 농도를 나타낸다. 각 단백질 p_i마다 입력 함수 f_i가 있고 그 함수는 위 2만 개 변수를 가지고 정의된다. 이 입력 함수는 그 단백질이 발현될지 여부를 결정한다.[f] 이 입력 함수들은 이전 절에서 이야기한 어떤 함수 클래스에 속해야 한다. 그리고-조합식이나 또는-조합식 같은.[g]

이 입력 함수들은 수학적으로 어떤 종류의 함수들일까? 그 종류를 C 라고 하자. 예를 들어, f_7는 일곱 번째 단백질 발현 여부를 결정하는 어면 값인데, 2만 개 변수 중에서 딱 세 개 단백질의 밀도 값 x_{23}, x_{136}, x_{7641}에만 의존한다고 하자. 이 의존 관계를 어떻게 표현하는지, 그 표현 범위를 구획한 것이 C다. 예를 들어 다음과 같이 표현할 수 있거나

$$f_7(x_1, \cdots, x_{20000}) = 3.2x_{23} + 0.42x_{136} + 1.03x_{7641}$$

혹은, 같은 변수로 구성된 비슷한 함수인데 상수값들만 다를 수 있다. 또는 위와 같이 변수들이 서로 더해지는 선형함수 꼴이 아니라 변수들이 곱해지는 비선형함수 형태일 수도 있고, 아니면 전혀 다른 꼴의 함수일 수도 있다.

이 함수 종류 C를 정하는 건 아슬아슬한 줄타기다. 일종의 딜레마다. C가 너무 제한적이면 그로부터 결정되는 생물 현상이 너무 제한적이어서 복잡한 생명 현상까지 만들어내기는 부적합해진다. 한편 C가 너무 광범위하면(너무 많은 함수를 포함할 수 있으면) 다윈 진화 알고리즘이 없을 수도 있다. 지구상의 주어진 시간 안에서 환경 적응 과정을 관장하는 함수를 재빨리 찾아가야 하는데, 가능한 함수 공간이 너무 복잡하고 크면 주어진 시간 내에 불가능하기 때문이다. 다시 말해서, 너무 광범위한 C에서는 진화 알고리즘이 없을 것이고, 너무 한정적인 C에서는 생명 현상이 없을 것이다. 다윈과 피셔는 이런 질문들을 할 위치에는 있지 못했다.

정해진 단백질을 발현시키는 입력 함수들은 하부 문제일 뿐이다. 실제 문제는 더 어렵다. 왜냐하면 다른 생명 회로들을 이해해야 하기 때문이다. 예를 들어, 고정된 단백질이 아니라 진화하는 단백질을 다뤄야 한다. 이런 더 일반적인 경우를 다루는 데에도 비슷한 줄타기가 필요하고

같은 방법으로 접근 가능하다.

어떤 진화 이론도 함수 클래스 C를 정확히 설명하지 않고는, 또 그 함수 클래스에서 함수를 찾는 실제 알고리즘을 정확히 규명하지 않고는 완전할 수 없다. 최소한 그럴듯한 함수 클래스와 알고리즘이 존재한다는 정도는 보일 수 있어야 한다. 그런 후에야 다윈의 진화 이론은 은유적인 주장을 넘어 과학으로 발전하게 되는 것이다.

누구는 라마르크(Jean-Baptiste Lamarck)의 진화 이론을 예로 들면서 다윈의 진화 이론만 강조하는 이유에 의문을 가질 것이다. 라마르크 이론은 현재 세대 행동들이(DNA가 아니라) 바로 다음 세대뿐 아니라 후대에도 영향을 끼친다는 설이다. 현재 세대가 환경에 적응한 결과로 획득한 변화가 다음 세대에 유전된다는 설이다. 이런 유전 과정이 사실 존재한다. 예를 들어, 임산부의 음식 섭취가 불균형하면 아기 건강에 영향을 줄 수 있다. 정자와 난자는 DNA가 가진 추상적인 정보뿐 아니라 물리적인 많은 요소를 가지고 있다. 적어도 원칙상, DNA에 포함된 정보 말고도 부모에게서 유전되는 경로는 많이 있다. 그런 유전체 바깥의 경로들을 후성유전*epigenetic*이라고 부르는데,[h] 그런 후성유전 작동이 진화 속도를 빠르게 하는지는 아직 모른다.

다행히 계산 학습 모델은 라마르크의 진화 이론에도 적용 가능하다. 후성유전 작동 과정도 학습 과정으로 모델링할 수 있기 때문이다. 아마도 다윈 진화론보다는 살짝 더 자유로운 학습 과정으로 모델링할 수 있을 것이다. 따라서, 어떤 적당한 후성유전 작동 과정을 찾아서 다윈 진화론보다 더 강력한 이론을 이끌 수 있고 지구상의 생명 현상을 더 잘 설명할 수 있게 되더라도, 계산 학습 모델은 그 이론을 작동시키는 적당한 틀로 남을 것이다.[i]

6.3 진화에 목표가 있다?

진화는 학습의 한 형태다, 라는 핵심 주장으로 다가가는 데 통과해야 할 첫 관문이 있다. 얼핏 진화와 학습이 어긋나 보이는 문제다. 학습은 목표가 있고 진화는 없는 게 아닌가? 학습 과정은 목표가 있다. 예를 들어, 특정 꽃들을 알아보기와 같은. 반면, 대다수 진화학자들은 진화가 어떤 목적을 가지고 있다고는 생각하지 않는다. 진화는 단순히 경쟁 과정에서 나타나는 것뿐이라고 주장한다.

진화가 PAC 학습의 한 예라면, 진화도 목표를 가지고 있어야 한다. 최종 목적까지는 아니더라도 그때그때의 목표가 진화에도 있어야 한다. 진화를 목표 없는 경쟁만으로 설명하기에는 부족하다. 경쟁만으로 어떻게 단순한 단백질 회로가 시각이나 달리는 기능을 하는 정교한 시스템으로 발전하는지 설명하기는 어렵다. 비유로, 주식회사를 생각해 보자. 다른 회사들과 경쟁하는데 경쟁만으로 회사의 여러 행동을 설명할 수 있을까? 그것보다는 이윤 창출이라는 목표를 가지고 있기 때문에 여러 행동이 나온다. 꼭 경쟁만이 회사의 존재 이유는 아니다.

진화의 목표는 더 좋은 성능

다윈의 진화 이론에도 목표가 있다. 적합도*fitness*를 높이는 것이다. 적합도는 개체가 환경에서 가지는 이득을 잰 것이다. 자연 선택*natural selection*은 적합도가 더 높은 개체를 선호하는 것이고 이게 진화를 만든다. 다시 말해서, 회사의 목표가 이윤 창출이듯이 진화의 목표는 적합도를 유지하거나 증가시키는 것이다.

적합도는 지난 150년간 몇 가지로 정의되었는데 모두가 간접적인 정의였다. 대개 홀데인(John Haldane)의 정의를 사용한다. 평균적인 개체가 다음 세대 유전자 풀에 공헌하는 정도. 이 개념은 적합도를 단도직입적으로 정의하는 게 아니라 적합도의 결과로 나타나는 현상으로 정의한 간접적인 방식이다. 이 정의는 개체 간 경쟁 결과를 분석하는 데는 적절했다.

이런 정의보다는, 직접적인 정의가 가능하다. 적합도를 결정하는 요인들로 직접 적합도를 정의하는 것이다. 흔히 '적자생존'이라는 용어에서 사용하는 적합도. '적자생존'은 스펜서(Herbert Spencer)가 1864년에 자연선택을 기술하면서 만든 용어다. 『종의 기원On the Origin of Species』 첫 버전 이후 다윈이 차용한 용어이기도 하다.

홀데인의 적합도 정의와 혼동을 피하기 위해서 이 새로운 적합도를 성능이라고 부르자. 스펜서와 다윈이 사용한 적합도와 같은 개념이다. 적합도를 결정하는 요인은 개체의 행동과 개체가 놓인 환경이다. 각 행동이 각 환경에서 얼마만큼의 적합도를 만드는지 정의할 수 있다.

성능과 목표를 정의할 때 최선 함수라는 것을 상상할 것이다. 최선 함수는 진화하는 생명체에게 늘 가장 이득이 되는 행동 경로를 결정해 준다고 하자. 예를 들어, 단백질 발현 경우에 최선 함수는 단백질 밀도들의 모든 조합에 대해서 각 단백질이 다음 단계로 진행하는 데 가장 이득이 되는 발현 수준을 말해준다. 여기서 가정하는 것은 행동이 이득을 결정한다는 것이다. 어떤 행동을 선택하느냐가 진화하는 개체에게 다양한 수준의 이득을 가져온다는, 다윈의 작업에 이미 녹아 있던 가정이다.

이 최선 함수가 어떻게 정의되어 있는지는 몰라도 된다. 존재만으로 충분하다. 누구도 그 속 내용을 알 필요는 없다. 실제 세계에서 최선 함수는 아마 무척 많은 변수를 가지고 정의될 것이다. 인간의 단백질 회로 예에서 최선 함수는 개별 단백질 생성을 결정하는 2만 개 이상의 함수들을 모두 참고하고 있을 것이다. 그렇다고 아주 복잡한 연산으로 구성된 함수는 아닐 것이다. 진화하는 개체는 최선 함수를 지향하며 진화할 것이고, 충분히 간단한 연산으로 구성된 최선 함수에 대해서만 성공할 것이다. 마치 학습이 간단한 함수 클래스에 대해서만 성공할 수 있듯이.

이런 식으로 최선 함수를 잡으면, 우리가 잘 모르는 생명 현상의 모든 디테일을 최선 함수 안으로 감출 수 있다. 우리는 어떤 환경 인자가 유기체에게 이득을 가져오는지 알지 못하고, 각 단백질이 세포와 어떻게 반응하는지 모른다. 이런 모든 게 최선 함수 안에 반영되어 있다고 보면 된다.

여기서 '최선'이라는 용어에 대해서 오해가 없기를. '최선'이 최적을 뜻하는 건 전혀 아니다. 인류는 최선을 좇은 진화 과정의 결과로 출현한 것이다. 최적의 결과를 좇은 진화의 목적물이었다고는 말할 수 없다. 우리가 '최선'으로 의미하는 바는 아주 지엽적인 의미다. 하나의 개체와 하나의 환경에 대해서 어느 한순간에 '최선'이라는 뜻일 뿐이다. 예를 들어, 우리의 어떤 행동은 현재 환경에서 다른 행동보다 더 이득이 된다. 우리 몸의 일곱 번째 단백질을 발현시키는 함수들 중 좀 더 좋거나 좀 더 나쁜 함수가 있고, 하루에 먹을 초콜릿 양에도 좋은 양이 있고 나쁜 양이 있다. 뭐가 더 좋은지는 그때그때 환경에 따라 변한다. 현재 행동 때문에 다음번에 가장 유익한 행동이 달라질 수 있다. 지금 현재 환경에서 지금과 다음번 행동 조합만을 따져서 가장 큰 이득을 만드는 행동을 유도하는 함수가 '최선 함수'다.

이렇게 "진화의 목표는 더 좋은 성능이다"로 정리하면 진화 과정은 곧바로 PAC 학습이 된다. 더군다나 진화 알고리즘은 기계 학습 알고리즘이 그런 것처럼, 대상에 대한 이해 없이 진행되는 기계적인 알고리즘일 뿐이다. 진화 알고리즘은 예를 들어 자연 생태계에 대한 전문적인 이해 없이 진행하는 기계적인 과정이다. 단순히 실행될 뿐이다. 이론 없는 과정이다. 인덕하는 학습 알고리즘은 샘플들과 배울 함수들 클래스만 주어지고 다른 것은 아무것도 필요 없이 작동하듯이. 따라서 학습한 결과로 단백질 회로들이 하는 행동들은 '서당개 오만 년' 주입식 학습 결과일 뿐이다.

6.4 진화할 수 있는 목표를 좇는 능력

진화할 수 있는 목표를 좇는 능력이라는 시각을 설명할 필요가 있다. 진화를 학습으로 보는 데 필요한 좀 더 넓은 시각이다. 진화를 어떻게 학습으로 볼 수 있는지 주요 이슈를 다루기 전에 준비해 둠.

이 시각에서 보면 진화는 두 개의 작동 부품을 가진다. 한 부품은, 여러 개 목표 함수 중에 좋은 성능을 가지는 목표 함수로 진화가 쏠린다는 것이다. 각 종마다(혹은 유전자나 진화의 단위 뭐든) 진화 알고리즘에 의해서 진화할 수 있는 여러 개 접근 가능한 목표 함수들이 있다. 어떤 함수가 현재 유전체가 만들어내는 함수보다 더 좋은 성능을 낸다면, 진화는 반드시 그 함수를 향해 간다. 그리고 그런 함수는 적어도 높은 확률로 진화가 다룰 수 있는 충분히 간단한 클래스의 함수여야 한다. 학습 알고리즘에서 학습의 목표가 그렇듯이. 그래서 현실적인 개체군 크기와 현실적인 세대 반복 횟수만 필요로 하는 진화 알고리즘으로 좇을 수 있는 함수들이어야 한다. 나중에 진화 가능함에 대한 정의와 진화 가능하다고 증명할 수 있는 함수 클래스의 예들을 논의하겠다.

다른 한 부품은, 목표 함수의 성능은 종의 현재 상태와 종이 놓인 환경의 영향으로 늘 새롭게 변한다는 것이다. 종의 상태는 언제라도 변할 수 있다. 예를 들어, DNA에서 일어난 변이 결과로 단백질 발현 함수가 변하는 등. 그리고 환경이 변하기 때문에 목표 함수의 성능도 갑자기 변할 수 있다. 예를 들어, 일상 경험이 바뀌는 환경에서는 최선의 행동도 바뀐다. 훨씬 재앙적인 사건들도 환경 변화를 몰고 올 수 있다. 이런 복잡한 요인들이 목표 함수의 성능을 결정할 것이다.

그래서 진화할 수 있는 목표를 좇는다는 것은 종과 환경이 변하면서 새로 출현하는 목표들이 진화 경로를 유도한다는 말이다. 여기서 목표를 좇는 일은 진화 알고리즘이 하는 일이다. 학습에서 어떤 목표를 좇는 게 학습 알고리즘이 하는 일인 것과 같다. 그리고 새로운 목표 함수의 출현은 우연에 기대는 것으로 한다. 큰 운석이나 화산 폭발 같은, 혹은 좀 더 일상적인 그러나 예측 불가능했던 사건 때문에 이전에는 득 없던 것이 새로운 목표 함수로 등장하는 것으로.

위 두 작동 부품으로 진화를 그려 보는 시각은 진화가 일정치 않게 가다 서다 한다는 가설과도 합이 맞는다. 생명체 진화가 가다 서다 한다는 *punctuated equilibrium* 가설은 중요한 변화가 짧은 기간에 확 일어나고 중간에는 정체한다는 주장이다.[i] 진화는 좇을 수 있는 목표가 이득이 되면 그 목표로 쏠린다. 목표로 수렴하는 속도는 (아마도 빠를 듯한데) 진화 알고리즘의 속도대로 결정된다. 그리고 좇을 수 있는 목표가 이득이 되는 환경 변화는 우연히 불특정한 때에 일어난다. 일정한 빈도가 있는 게 아니다. 한 목표로 진화가 쏠리고 나면 다음 목표 함수가 접근 가능해지고, 그 목표가 이득이 되면 곧이어 그쪽으로 쏠리는 진화가 즉각 이어진다. 목표 중에 이득이 되는 게 없는 경우에는 진화가 멈춘다. 기후 변화나 다른 종의 출현, 소멸 같은 환경 변화가 있을 때까지 진화가 정체된다.

하지만, 그 가설은 진화 이론 범주 바깥이다. 외부 환경 변화로 진화가 가다 서다 한다는, 그래서 환경 변화 속도가 진화 속도를 결정한다는 것이므로 생명체가 실행하는 진화 과정 자체는 초점이 아니다. 이 가설은 월리스(Alfred Wallace)가 냈는데,[k] 그가 질문한 것은 "지구 공전 궤도가 자주 변해서 생긴 잦은 기후 변화가 지구상에서 일어난 초창기 진화의 빠른 속도를 설명하는 게 아닐까" 하는 것이었다. 이런 질문(이득 목표가 얼마나 자주, 새로 접근 가능해지는지)은 외부 환경 변화에 의해 결정되므로 진화 이론 바깥에 있다고 할 수 있다.

진화 이론 범주 안에서 진화 속도를 예측할 수 있다. 진화가 학습이고 학습이 계산이라는 연장선에서 계산 복잡도가 진화 속도를 결정할 것이기 때문이다. 진화 알고리즘이 목표를 좇는 코스와 속도는 학습 알고리즘에서 그랬듯이 예측 가능하다. 특히, 진화의 최대 속도에 대한 예측을 진화 이론 안에서 내놓을 수 있을 것이다. 이때, 최대 속도일 뿐이므로 진화에 척박한, 변화가 드문 환경에서는 그 속도를 못 내는 경우가 늘 가능할 것이다.

두 부품 사이의 구분, 이득이 되는 목표로 쏠리는 것과 새로 이득이 되는 목표가 출현하는 것, 이 둘 사이의 구분은 학습 가능한 계산의 경계 때문에 존재하게 된다. 이 경계는 계산 가능한 함수, 빨리 계산 가능한 함수, 학습 가능한 함수 등을 구분하며 다뤘던 다양한 경계들에서 온다. 정의 가능하다고 모두 계산 가능한 것이 아니고 계산 가능하다고 모두 현실적인 시간 안에 끝나는 것이 아니듯이, 출현하는 목표마다 그리로 쏠릴 수 있는 것은 아니다. 목표 출현과 목표 추구 두 가지는 구분해서 달리 봐야 한다.

진화 가능한 함수 클래스는 상당히 많은 변수로 복잡하게 조합되는 함수들을 포함해야 한다. 진화가 효과를 보려면 그렇다. 자연에서 만나는 복잡한 구조에 비하면 그것도 좀 제한적이지만 그렇다.

작은 진화 가능한 목표를 좇으며 축적해가는 진화

만일 진화가 아주 작은 변수의 조합 함수 클래스에 대해서만 가능한 경우(두 변수의 그리고-조합식과 또는-조합식 같은)라면, 진화 가능한 목표를 좇는 과정은 아주 잘게 쪼개진 많은 단계를 밟을 것이고, 이렇게 해서 복잡한 함수로 나아가게 될 것이다.

전반적으로 필요한 것은 기계 학습에서 필요한 것들과 유사하다. 기계 학습에서는 그리고-식*conjunction*이나 직선 경계선*linear separator* 함수들은 많은 변수를 가져도 효율적으로 학습할 수 있는 알고리즘이 알려져 있다. 실제에서 그런 함수들의 기계 학습은 이미 빨리 잘 작동하고 있다. 함수가 갖는 많은 변수 중에서 말 되는 적당한 변수들을 알고리즘이 자동으로 추려주기 때문이다. 진화 알고리즘이 극복해야 하는 문제도 이와 같다. 많은 변수를 가진 함수들을 효과적으로 다루면서 신속히 진화시켜 갈 수 있어야 한다.

진화 과정은 학습 과정과 똑같다. 학습할 수 있는 목표를 좇는 학습 과정은, 이미 배운 것에 조금씩 새로운 것이 덧붙여지면서 차례차례 쌓여간다. 그리고 그전에 배운 대부분이 유지된다. 진화 과정도 같다. 다양한 생물종에 걸쳐서 유전체의 많은 부분이 유지되며 변화가 조금씩 쌓여간다. 변함없는 부분들은 아마도 바뀌지 않는 게 좋은, 중요하고 복잡한 진화 결과를 표현하는 부분들일 것이다. 지구상에서 생명체에 공통으로 필요한 생화학 기초 정보 같은. 이 부분이 조금만 바뀌면 유기체는 불가능하다. 유전체의 다른 부분은 굉장히 빠른 진화 과정을 겪으며 변한다. 잘 작동하고 있고 유용한 장치를 만드는 유전 정보는 버리지 않고 보존하는 것이 진화에 꼭 필요하다. 학습에서도 그렇듯이.

학생이 학습할 수 있는 목표를 좇는 중에 선생의 역할과 생명체가 진화할 수 있는 목표를 좇는 중에 환경의 역할이 같다. 학생은 학생 수준에 맞는 강의에서 배운다. 강의에서 배울 목표가 학생 수준에 맞아야 한다. 배울 수 있는 목표를 배우는 것은 예상 가능한 생명 현상이다. 비슷한 배경지식을 가진 학생들 두뇌에서 비슷한 방식으로 일어나는. 학습에서 목표를 결정하는 선생의 역할을 진화에서는 주어진 환경이 담당한다. 준비된 학생이 반드시, 혹은 높은 확률로 배울 수 있는 목표를 좇듯이 준비된 생명체는 진화할 수 있는 목표를 좇는다.

이 시각은 자연스럽게 모듈module에 대한 이슈도 일깨운다. 모듈은 속 구현을 감춘 부품이다. 공학이나 컴퓨터 분야에서 복잡한 시스템을 만들 때 모듈을 차곡차곡 쌓아 만든다. 통째로는 감당 못할 복잡한 것을 만들 때 공학자들이 늘 동원하는 지혜. 속 내용 감추며 차곡차곡 쌓기 abstraction hierarchy라고도 한다. 맨 아래 모듈들로 다음 단계 모듈을 만들고, 다시 그다음 단계 모듈은 바로 아래 단계에서 만든 모듈들로 만든다. 단계마다 바로 아래 단계에서 만든 모듈들의 기능만 이해하고 조립해가면 된다. 모듈이 어떻게 구현되었는지는 몰라도 된다. 모듈의 사용은 모듈 외부로 드러난 간단한 사용법interface대로 하면 된다. 이렇게 만들면 시스템 전체의 구현을 밑바닥부터 꿰뚫어 알고 있을 필요가 없다. 디자인이 쉽고, 우리가 이해하기 쉽고, 보수관리도 쉽다.

모듈 방식이 복잡한 생물 시스템의 진화를 이해할 수 있는 열쇠가 된다. 생물 시스템이 이런 방식으로 조립된 것으로 보이기 때문이다. 생명체 입장에서 모듈 방식이 어떤 유리한 점이 있는지 그렇게 명확하지는 않다는 주장이 있는데, 진화를 계산 과정으로 보면 그 장점은 명확해진다. 계산에는 현실적인 계산 비용이라는 한계가 있기 때문이다. 그 한계를 생각하면, 좀더 적은 수의 변수를 가진 간단한 시스템이 보다 많은 변수를 가진 시스템보다 진화가 더 쉽다는 것을 알 수 있다. 모듈들로 단계마다 차곡차곡 구성한 복잡한 시스템은 간단한 독립적인 하부 부품들로 쪼개질 수 있다. 좀 더 간단한 하부 부품들은 각각 따로 진화할 수 있을 테고, 하나의 복잡한 시스템이 하나로 진화할 때 맞닥뜨릴 계산 한계를 피해서 나아갈 수 있게 된다.

6.5 진화 대 학습

많은 사람들이 진화가 학습의 한 형태라는 아이디어를 처음 들으면 의아해 한다. 우선 둘이 어떤 면에서 정말 다른지를 논의하면서 시작해 보자. 다르다기보다는, 진화가 PAC 학습보다 약한 형태라는 시각이긴 하지만. 그러고 나서, 다윈의 진화 이론은 사실 PAC 학습의 특별한 경우로 정의할 수 있다고 이야기를 몰고 가겠다.

어떤 원숭이 종이 숲속에서 살고 있다고 하자. 그 원숭이들이 먹는 것은 바나나, 베리, 오렌지, 혹은 사과라고 하자. 이 사실을 또는-식으로 표현할 수 있겠다. "x_1 또는 x_2 또는 x_3 또는 x_4". 여기서 x_1, x_2, x_3, x_4 는 각각 바나나, 베리, 오렌지, 사과를 뜻한다.

언젠가부터 숲속에 맛이 고약한 베리가 자라기 시작했다고 하자. 어떤 원숭이는 학습을 할 것이다. 고약한 맛의 베리를 먹어보고는 새로운 또는-식을 배울 것이다. x_1 또는 x_3 또는 x_4 같이, 베리에 해당하는 x_2

를 또는-식에서 제거한. 이 과정은 예전에 또는-식 학습에서 지워가기 알고리즘이 작동하는 과정과 똑같다.

이제는 새로 출현한 베리가 맛이 문제가 아니라 독성이 있다고 하자. 학습 과정으로 원숭이가 고약한 맛의 베리를 피하도록 할 수 있듯이, 진화 과정으로 독성 베리를 피하도록 배우게 하는 게 가능할까? 다윈의 답은, 학습과 정확히 같지는 않지만 결국은 그렇게 된다는 것이다. 원숭이가 독성 베리를 먹고 죽는다고 그 원숭이 자손들의 유전체가 곧바로 바뀌어서 x_2가 또는-식에서 제거되지는 않는다. 자손들이 그냥 자신의 유전체를 직접 바꾸지는 않는다.

다윈 진화가 작동하는 방식은 이렇다. 유전체 돌연변이 때문에 죽은 원숭이 유전체와 다른 다양한 또는-식들이 다양한 자손들에게서 만들어진다. 예를 들어, 어떤 건 "x_1 또는 x_2 또는 x_4"일 거고 어떤 건 "x_1 또는 x_3 또는 x_4"일 것이다. 이 중에서 운 좋게 "x_1 또는 x_3 또는 x_4"로 변이된 유전체를 가진 후손들만 살아남게 된다. 이렇게 다윈 진화 과정이 결국 학습과 같은 결과를 만들며, 독성 베리를 피한 원숭이만 살아남게 된다.

이 작동 방식은 학습에서 지워가기_elimination_ 알고리즘이 만든 결과와 같은 결과를 만들어 내지만, 직접적이지는 않다. 덜 효율적이고, 많은 원숭이가 태어나서 독성 베리를 먹고 사망하는 일을 겪는다. 다윈 진화에서 나쁜 경험이 좋은 유전체를 유도하는 되먹임 과정은 학습 알고리즘에서 일어나는 직접적인 방식이 아니라 빙 돌아가는 방식이다.

되먹임이 빙 돌아가는 지난한 과정을 거친다는 다윈 진화론의 제약은 이렇게도 이야기할 수 있다. 학습에서 퍼셉트론_perceptron_ 알고리즘이 가설을 변화시킬 때(그림 3.7의 예처럼) 매번 겪은 샘플이 직접 가설을 변화시켜 간다. 진화로 이야기하면 바나나를 먼저 먹느냐 베리를 먼저 먹느냐에 따라 후손의 유전체가 달라진다는 것이다. 그렇다면, 퍼셉트론 알고리즘은 라마르크 진화론*Lamarckian inheirtance* 스타일인 것이다. 그러나 다윈 진화론에서 후손 유전체의 변이는 부모 경험과 무관하게 일어난다. 경험이 하는 역할은 변이를 가진 다양한 후손들의 적합도를 비교해 주는 것이다.

또 다른 면에서 진화가 학습보다 지난한 과정인 게 있다. 학습에서는 (적어도 기계 학습에서는) 학습을 시작할 때 어떤 가설이든 선택할 수 있다. 시작점으로 가장 적절한 것을 선택한다. 예를 들어, 그리고-식을 배우는 지워가기 알고리즘에서는 모든 변수에 대한 예/아니오 상황이 모두 포함된 그리고-식에서 시작하도록 했다. 지우기만 하는 알고리즘이기 때문에 모든 가능성을 가진 그리고-식에서 출발해야 목표 식을 찾아갈 가능성이 있으므로.

하지만 진화는 그런 사치는 부릴 수 없다. 현재 가지고 있는 유전체, 거기에서 진화가 이뤄질 수 있어야 한다. 주어진 것 대신에 알고리즘에서 편리한 것으로 유전체를 초기화하고 시작할 수 없다. 시작을 새로운 유전체로 놓으면 개체를 현재 상태보다 임의로 적합도를 떨어뜨리게 되어 그런 일을 겪지 않는 다른 개체에 비해서 경쟁에서 불리해진다. 생명체는 적합도가 임의로 크게 떨어지는 것을 감당할 수 없다. 사실, 생물 세계에서 지속해서 살아남은 유전자 변이는 가장 이득이 크거나 아니면 최소한 해가 되지 않는 것들이라고 한다.

다행히도, 시작하는 초기 가설을 알고리즘 맘대로 정할 수 없다는 건 학습 알고리즘 시각에서도 완전히 생소한 건 아니다. 퍼셉트론*perceptron* 알고리즘은 시작 가설이 뭐든 상관 없이 원하는 결과를 낸다고 알려져 있다.

이제 기본적으로 답해야 할 것은, 이런 빙 돌아가는 다윈의 진화 과정이 학습에서 직접적으로 일어나는 진보에 비해서 너무 비효율적인 건 아닌지 여부다. 시간과 자원이 무한히 많다고 가정하면 두 방식이 같은 결과를 만든다는 것은 명백하다. 그러나 늘 그렇듯이 실제 세계는 다른 이야기다. 학습과 진화의 이 차이 때문에 계산 능력을 따질 때 둘이 확연히 달라지게 된다. PAC 학습 가능한 함수지만 다윈 진화론의 제약을 고려하면 학습 가능하지 않은 경우가 있다.

그래서 중요한 질문은 이렇게 된다. 다윈 진화 과정이 PAC 학습만큼 강력한 걸까 아니면 다윈 진화로 배울 수 있는 범위가 훨씬 못한 걸까?

6.6 진화는 학습의 한 형태

진화를 학습의 일종이라고 보면, 유전체는 배워가는 가설에 해당한다. 유전체 성능은 이상적인 행동에 평균적으로 얼마나 가까운지를 계산한 것이다. 그 평균은 세상에서 겪을 경험들의 분포를 고려해서 계산된다. 그래서, 이상적인 유전체를 적절한 클래스의 함수로 정의하고 그 함수로의 진화를 학습 알고리즘으로 해낼 수 있음을 보이면 된다. 진화 경로는 학습 알고리즘의 수렴 경로가 된다.

단백질 발현 함수들의 진화 예로 돌아가면, $x_1, \cdots, x_n$가 각각 단백질 $p_1, \cdots, p_n$들의 농도를 뜻하고, 간단하게 +1이나 −1을 가진다고 하자. +1은 단백질이 있는 것이고 −1은 없는 것을 뜻한다. 예를 들어 7번 단백질에 대해서 함수 $g_7(x_1, \cdots, x_n)$는 7번 단백질 생산 라인을 켜거나 끄는 것을 뜻하도록 하자. 변수들 $x_1, \cdots, x_n$ 값(−1 또는 +1)이 가질 수 있는 2^n 가지 조합 중에서 일부의 경우 위 함수는 켜질 것이고 나머지에는 꺼져 있을 것이다.

이런 함수, 즉 +1/−1(예/아니오) 값들을 받아서 +1/−1(예/아니오) 값을 내놓는 함수를 부울 함수*boolean function*라고 한다. 부울 함수는 변수가 몇 개 안 되도 매우 복잡해질 수 있다. 그리고 아주 작은 일부만, 즉 짧은 것만 이 세계에서 표현할 수 있다. 학습이 된 것이건 진화한 것이건.

논의를 위해서 또는-식*disjunction* 클래스로 생각해 보자. 예를 들어,

$$g_7(x_1, \cdots, x_n) = x_2 \text{ 또는 } x_4 \text{ 또는 } x_{11}$$

이런 식이고 이 함수가 진화한다. 어떤 식은 다른 식보다 주어진 환경에서 개체에게 주는 이득이 차이가 난다. 진화의 최종 목표는 최선의 행동에 해당하는 또는-식이다.[1]

이제 핵심 질문은 이것이다. 자연이 쓸 것 같은 함수 클래스에 대해서 (예를 들어 또는-식 클래스에 대해서) 자원을 효율적으로 사용하는 다윈 진화가 존재하느냐는 것이다. 그 클래스에 있는 아무 함수에서 시작해도 최선 함수로 향하는.[ll] 이 질문을 좀 더 정확히 하려면 최선 함수를 목표로 하는 PAC 학습 스타일로 정의한 계산 모델이 필요하고, 여기에 더해서 다윈 진화에서 일어나는 빙 돌아가는 되먹임이 진화의 한 단계가 되는 추가 제약 조건이 붙어야 한다.

---

1   또는-식의 결과는 모든 인자가 −1(아니오)일 때만 −1(아니오)이고, 하나라도 1(예)이면 결과는 1(예)이다.

6.7 진화 가능성의 정의

최선 함수 찾기는 비밀을 찾아내는 것과 비슷하다.[m] 이 비밀로 접근할 수 있는 한 방법이 다윈 진화 과정이다.

단, 다음과 같이 정량적으로 말이 되어야 한다. 현재 유전체에서 다항식*polynomial* 가짓수까지만 유전체 변이가 일어나고, 각 변이가 다항식 가짓수의 경험만 해야 한다. 이 경험이란 내부 화학 작용 값(예를 들어 단백질 농도)일 수도 있고 기온 같은 외부 요인일 수도 있다. 이런 경험의 빈도는 환경이 결정해 준다. 유기체는 자신의 유전체가 그런 입력을 받아 지령하는 대로 행동하고(예를 들어 음지에서 양지로 이동하는 등) 그런 행동의 결과로 오는 득이나 실을 겪게 된다. 각 유전체가 다항식 개수의 경험을 통해서 평균 낸 득이나 실이 그 유전체의 어림잡은 성능이 된다.

유전체 레벨에서 일어나는 이 모든 건 그 유전체를 가진 개체들에게 일어나는 일이다. 개체들은 여러 상황을 경험하고, 득이 되는 행동에 해당하는 선택을 얼마나 자주 하느냐에 따라 이득을 얻는다. 유전체를 가진 개체를 통해서 유전체 변이의 성능이 나오고 그 총합 성능이 좋을수록 그 유전체는 최선 함수에 가까워지며 자연선택에서 살아남게 된다.

최선 함수 f에 준한 현재 유전체 함수 g의 성능을 수학적으로 정의할 수 있다. 경험 분포가 D라고 하자. 이 성능을 **성능**$_f(g, D)$라고 쓰자. 각 경험(혹은 환경, 조건, 입력) x에 대해서 함수들의 값이 −1 아니면 1이라고 하자. 유전체 g가 높은 성능을 가지려면 경험집합 X의 분포 D에 대해서 g 함수가 최선 함수 f와 깊은 상관관계를 가져야 한다. 그래서 성능을 수학적으로 정의하면 다음과 같이 된다.

$$성능_f(g, D) = \sum_{x \in X} f(x)\, g(x)\, D(x)$$

각 경험 x에 대해서 두 함수 결과 $f(x)$와 $g(x)$를 곱하면 두 값이 같으면 1이고 다르면 −1이다. 두 함수가 보조가 맞으면 득이 되고 안 맞으면 실이 된다. 여기에 경험 x의 상대적 빈도(혹은 중요도 또는 확률) $D(x)$를 가중치로 곱해서 모든 경험에 대해 합하면 평균값이 된다.

쉽게 알 수 있듯이 모든 경우에 성능$_f(g, D)$는 항상 −1과 +1 사이의 값을 가진다. 모든 $x \in X$에 대해서 f와 g가 일치하면 곱 $f(x)g(x)$은 항상 1이므로 성능$_f(g, D)$는 1이 된다. 유전체 g가 최선 함수 f와 일치하는 경우다. 정반대 경우는 모든 $x \in X$에 대해서 f와 g가 다른 경우다. 이때 곱 $f(x)g(x)$은 늘 −1이 되므로 성능$_f(g, D)$는 −1이 된다. 유전체가 최선 함수와 모든 상황에서 다른 경우다. 성능$_f(g, D)$가 0.9이면 유전체 g가 최선 함수 f를 잘 어림잡은 경우라고 볼 수 있다. 이 값이 클수록 유전체는 더 자주 최선 함수와 같은 행동을 취하는 경우다. '자주'라는 건 경험(입력, 환경) 분포 D의 상황에 따라 결정된다. 제일 흔한 경험일 때 하는 행동이 가장 큰 가중치를 가진다.

위 성능함수 성능$_f(g, D)$는 다윈의 적합도$_{fitness}$ 개념을 수학적으로 정의한 것이다. 적합도라는 개념이 은유에 머물지 않고 정확한 의미를 가지려면 적합도를 결정하는 인자들로 정의될 수 있어야 한다. 위 정의를 보면 유전체 g가 만드는 행동 $g(x)$들이 적합도를 결정하고 있고, 환경도 그렇다. 환경과 관련해선 두 개를 반영하고 있다. 하나는 D다. 진화하는 개체가 겪을 다양한 경험(입력)의 상대적인 빈도를 표현하고 있다. 나머지 하나는 최선 함수 f다. 그 분포에서 가장 이득이 되는 행동을 정의하고 있다. 이전 이론들은 이런 관계를 설명하지 않고 있다. 나

중에 성능함수를 일반화해서 행동(f와 g)이 두 값 +1과 −1만 가지지는 않는 경우로 확장할 것이다.

위 성능함수는 생물학자들이 유전체의 적합도 지형*fitness landscape*이라고 부르는 것을 좀 더 명확하게 다룰 수 있게 해 준다. 더 높은 적합도를 가진 유전체는 이 지형에서 높은 곳에 있는 셈이다. 이전 이론들이 이 비유를 사용해왔는데 자연스럽기는 하다. 유전체가 어떻게 진화해서 더 효과적이 되는지, 즉 어떻게 더 높은 곳으로 오르는지를 자연스럽게 논의할 수 있다. 그러나 이전 이론들은 그 적합도가 어떤 요소로 어떻게 정의되는지를 보이지는 않았다. 위 성능함수가 그런 정의를 보인 것이다.

단, 우리 이론을 완성하려면 정확히 정의해야 할 게 남았다. 우선 유전체가 어떻게 변이를 일으키는지를 정의해야 한다. 그리고 변이를 일으킨 유전체가 어떻게 적합도 지형 위를 돌아다니는지 구체적인 계산 과정으로 정의해야 한다.

아무튼, 지금까지 우리가 달성한 것은 진화를 PAC 학습의 한 형태로 정의한 것이다. 그 정의에서 최선함수 f는 유전체 함수 g들이 가까이 가려는 목표다. 진화하는 각각의 g는 이전 g에서 만들어진 변이들 중에서 우수한 성능을 가진 덕분에 선택된 것이다.

6.5절에서 논의했듯이 다윈 진화론은 PAC 학습의 능력을 모두 활용하지는 않는다. 학습 한 단계가 다윈 진화에서는 자연선택 한 스텝에 해당하고, 자연선택은 빙 둘러가는 긴 되먹임 과정이다. 다양한 유전체 변이들이 환경에 던져지고, 그중에서 성능 좋은 것이 살아남는 지난한 과정. 학습에서는 한 샘플을 보고 즉각 가설을 변화시키는 것이 가능하지만 다윈 진화에는 학습의 한 단계로 개선된 유전체가 드러나기까지는 이렇게 빙 둘러가는 되먹임 과정이라는 제약을 따라야 한다.

즉, 학습에서는 한 샘플만으로 가설이 바뀔 수 있지만 다윈 진화에서 유전체가 바뀌는 과정은 통계적이다. 다양한 유전체 변이를 가진 개체 군 중에서 일생 동안의 경험을 통해서 통계적으로 우량한 개체들이 살 아남으면서 바뀌는 것이다. 같은 유전자 변이를 가진 다음 세대 개체들 과 그것과 다른 유전자를 가진 개체들 중에 많은 경험을 통해 축적한 성 능치 평균이 큰 개체군들이 살아남게 된다. 즉각적이지 않고 지난한 과 정이다.

컨스(Michael Kearns)가 고안한 이런 방식의 학습, 즉 각 샘플마다 반응하 는 학습이 아니라 통계적인 방식으로 반응하는 방식을 통계적으로 묻는 *statistical query* 학습 모델 또는 SQ 모델이라고 부른다.[n] 예를 들어 장미 꽃을 알아보도록 학습하는 경우 SQ 모델에서는 장미꽃 각각이 샘플이 되는 게 아니라 장미꽃들이 평균적으로 어떤지가 샘플이 되어 학습하는 셈이다. 이런 통계적인 샘플은 장미꽃들을 충분히 많이 받아서 통계치 만 계산하면 되는 것이므로, PAC 학습으로도 물론 가능하다. PAC 학습 은 적어도 SQ 학습만큼 할 수 있다. 사실, PAC 학습 가능한 가설 클래 스 중에 SQ 학습으로는 불가능한 게 있다. 따라서 SQ는 PAC보다 제한 적이다.

위에서 학습으로 정의한 진화 모델에서는 모아놓은 통계치 상황만 보 게 된다. SQ 모델이 그렇듯이. 그런데 아무 통계치가 아니다. 오직 하나 에 대한 통계치만 본다. 성능에 대한 통계다. 주어진 유전체 함수 g가 최선 함수 f와 얼마나 가까운지를 보여주는 성능. 더군다나, 알려지지 않은 최선 함수에 대해서 주어진 유전체가 정보를 얻을 수 있는 유일한 방법은 그 유전체를 가진 개체들을 살아보게 하는 것이다. 그 개체들이 다른 유전체 개체들과 경쟁해서 살아남으면 최선 함수에 대한 정보가 드러나는 것이다.

PAC 학습으로 정량적으로 정의한 진화

정리하면 이렇다. 다윈 진화를 학습으로 보는 이 모델에서는 주어진 유전체에서 다양한 변이들이 만들어지고, 변이들은 환경에 영향 받지 않고 오직 주어진 유전체에서 만들어지며, 변이들 중에서 어떤 게 선택되는지는 주어진 환경을 겪으며 드러나는 **성능**$_f(g, D)$ 값에 의해서 결정된다. 이 모델은 **성능**$_f(g, D)$의 정확한 값을 요구하지는 않는다. 오직 가정하는 바는 다항식 개수의 경험에서 그 값을 어림잡을 수 있다는 것이다. 또한 이전에 논의한 대로 허가된 클래스의 유전체 함수 g가 뭐든 임의 함수에서 시작해서 접근 가능한 목표를 좇는 게 항상 성공해야 한다. 낙장불입이다. 좇다 말고 진화에 더 유리한 함수 꼴에서 다시 시작하게 처음으로 돌아가는 것은 기대할 수 없다. 다시 돌아가면 그 성능이 현재의 유전체보다 현저히 나빠서 경쟁이 될 수 없기 때문이다.

그리고 그 학습 계산 비용이 현실적이어야 한다. 지구 나이 안에서 모두 일어날 수 있어야 하기 때문이다. 아무 시작점에서 시작해서 f로 수렴하는 과정이 너무 많지 않은 개체군에서 너무 많지 않은 세대 동안 일어나야 하고, 각 세대 동안 너무 많지 않은 경험으로 너무 많지 않은 비용에 적합도를 어림잡을 수 있어야 하고, 변이를 만드는 계산 비용도 너무 많지 않아야 한다. '너무 많지 않은'의 의미는 크기가 커지는 게 기하급수_exponential_로 잡히지 않고 다항식_polynomial_(예를 들어 n^2)으로 잡힌다는 의미다. 다항식의 변수 n은 예를 들어 단백질 개수다. 이런 계산 비용의 제한은 당연히 자연이 가지고 있는 시공간에 한계가 있기 때문이다.

이 모델에서, 디자인해야 할 남은 알고리즘 부품은 다음 세대의 변이를 만드는 과정이다. 생물에서는 염기 하나가 바뀌는(즉, DNA 염기 서열 중에 한 글자가 바뀌는) 건 분명한데 변이 대상이 그것만이 아니다. DNA 염기 서열 일부 구간 전체가 복제되어서 다른 위치에 끼어들어가는 경우도 종종 있다. 전체 염색체가 모두 중복될 수도 있다. 지워지는 것도 비슷한 규모로 일어날 수 있다.

이 모델은 이런 모든 것을 포함해서 그 이상도 허용하게 된다. 다항식 시간 안에 만들 수 있는 무작위 과정으로 변이가 만들어지는 것은 뭐든 허용할 것이다. 너무 넓게 모델링하는 것으로 들리겠지만 그렇지 않다. 다윈 진화론에서 변이는 개체가 겪는 경험과는 무관해야 한다는 조건이 있다. 이 조건을 모델링했다고 볼 수 있다. 이 조건은 다음 절에서 보이겠지만 진화 가능한 범위를 상당히 좁혀준다.[2] 변이를 만드는 계산을 넉넉히 잡는 것은 진화를 설명해내는 데 필요한 일부분이다.

이런 넉넉함은 계산 면에서 유연해지는 방향으로만 열려있는 넉넉함이지, 진화 속도를 비현실적으로 늦추도록 열려있는 것은 아니다. 이렇게 정의한 이유는 자연이 사용할 수 있는 모든 방법, 심지어는 우리가 아직 알지 못하는 방법까지 제한된 자원만 사용하는 것이라면 모두 포섭하려고 한 것이다. 자연이 이 우주에서 사용할 법한 알고리즘은 뭐든 포섭하는 게 목적인데, 문제는 이런 조건을 만족하는 알고리즘이 아직 알려진 바가 없다. '자연스럽다'는 것에 대한 선입관이 방해가 되는 듯하다. 거스를 필요가 있어 보인다.

어쨌든, 변이를 만드는 알고리즘을 밝히는 것이 지구상의 진화에 대

---

2 변이가 현실적인 계산으로 가능한 것은 뭐든 된다고 풀어놓으면 다른 조건을 강하게 해야 진화 가능해지는 경우가 있다. 진화시킬 함수 종류에 따라 어떤 경우에는 경험(샘플)의 분포가 균일한 경우에만 진화가 가능해지는데, 이건 현실적인 조건이 아니다. 여러 방식으로 쏠린 임의 분포에서 진화가 작동할 수 있어야 한다. 예를 들어, 육지에 머무는 생물체는 바다를 거의 겪지 못할 것이다. 생물체가 만나는 경험 분포가 균일할 수가 없다.

해서 어떤 결론을 이끌어낼지 추측하기는 힘들다. 생물 자연계는 변이를 만드는 데 아주 간단한 알고리즘들을 사용하고 있을 수도 있다. 어쩌면 간단한 알고리즘이 우리가 현재 이해하고 있는 것보다 더 강력할 수도 있다. 또 생각할 수 있는 것이, 생물이 지구에서 진화시킨 함수들이 보기보다 진화하기 더 간단할 수도 있다. 아니면, 변이를 만드는 데 자연이 사용하는 알고리즘들이 정말로 정교해서 우리로서는 그게 뭔지 전혀 알 수 없는, 전혀 관찰된 적이 없는 것일 수도 있다. 다른 가능성으로 이야기할 수 있는 건 이런 것도 있다. 진화에서 변이를 만드는 과정이란 게 간단히 기초적인 유전자 처리 과정 중에 일어나는 오류의 결과일 수 있다. 후손을 만들 때 DNA 복사 중에 발생하는 오류가 유전체 변이를 만드는 주요한 과정일 수도 있다. 반대로, 그 과정 자체가 광범위한 진화 자체를 거친 아주 복잡하고 기막힌 방식으로 유전자 변이를 만들 수도 있다.

6.8 범위와 한계

우리의 진화 모델에서 어떤 함수는 진화 과정으로 만들어질 수 없다. 마치 튜링의 계산 모델(튜링기계, 혹은 디지털 컴퓨터)에서 어떤 함수는 계산 불가능한 것과 같다.

더군다나 진화 가능한 함수와 불가능한 함수의 경계는 아주 미묘하다. 비슷한 꼴의 함수 클래스들인데 각각 그 경계 좌우에 놓이기도 한다.

그런 함수 클래스 짝의 한 예로, 단조 또는-식*monotone disjunction*이라는 클래스와 홀짝함수*parity function*라는 클래스가 있다. 두 클래스 모두 부울 함수*boolean function* 클래스다. 함수의 각 변수 값이 두 가지(참/거짓)만 가능하고 결과도 두 가지(참/거짓)만 가능한 함수들이다.

단조 또는-식monotone disjunction은 변수들에 뒤집기negation가 붙지 않은 또는-식이다. 예를 들어 "x_1 또는 x_4 또는 x_6"은 단조 또는-식이다. "x_1 또는 (뒤집기 x_4)"는 또는-식이지만 단조가 아니다. 단조 또는-식은 식에 나타난 변수들의 집합으로 표현해도 무방하다. 예를 들어, 위의 단조 또는-식은 $\{x_1, x_4, x_6\}$로 표현하면 된다. 변수 개수가 n개라고 하면, 그 변수들로 구성할 수 있는 단조 또는-식의 가짓수는 2^n개다. 그 변수들의 부분 집합의 개수가 곧 단조 또는-식의 개수이므로. 단조 또는-식의 결괏값은 변수 중에 하나라도 참이면 참이 된다. 예를 들어, 어떤 나무가 꽃을 피울 조건이 햇빛을 하루 네 시간 이상 받거나 일주일에 1리터 이상의 물을 받거나 비슷한 식물이 가까이 있어야 한다면, 이 조건은 단조 또는-식으로 표현되는 조건이다. 또 다른 예로, 어떤 단백질이 형성될 조건이 세 가지 다른 단백질 중에서 적어도 하나는 세포 내에 있어야 한다고 하자. 이 조건도 단조 또는-식으로 표현된다.

홀짝함수는 사용하는 변수들 중에서 홀수 개가 참이면 참이고 아니면 거짓인 함수다. 어떻게 정의되었는지는 따지지 말고 그렇게 정의되는 함수를 홀짝함수라고 하자. 홀짝함수도 그 함수에 사용되는 변수들의 집합으로 표현될 것이고, 사용할 수 있는 변수의 개수가 최대 n개면 홀짝함수의 가짓수도 단조 또는-식과 같이 2^n개다.

이 두 함수 클래스의 경우 진화 알고리즘이 해내야 하는 것은, 다항식 크기의 자원만 사용해서 2^n개 가능성 중에서 최선 함수가 있다면 그것으로 수렴하는 것이다. 최선 함수는 두 클래스의 경우, 알고리즘은 모르지만 예를 들어 집합 $\{x_1, x_4, x_6\}$로 표현할 수 있는 단조 또는-식 혹은 홀짝함수일 것이다. 진화 알고리즘이 2^n개 모든 부분집합을 하나하나 테스트해 볼 수는 없다. 2^n개는 n이 20000 정도 되는 경우면 너무 큰 숫자다. 십진수로 약 6천 자릿수다.

만일 샘플(환경에서 오는 경험, 즉 변수 값의 조합)들이 균일한 분포에서 온 거라면, 단조 또는-식으로 진화하는 것이 현실적인 시간 내에 가능하다. 균일한 분포란 총 n개의 부울 변수가 가질 수 있는 2^n가지 값들이 동일한 확률($1/2^n$)로 가능하다는 뜻이다. 그런 진화 알고리즘이 사용하는 변이 만들기 과정은 간단한 것이면 충분하다. 있는 변수를 다른 변수로 바꾸거나, 없애거나, 새 변수를 더하거나. 진화 알고리즘은 이런 변이들의 성능을 비교하면서 속도감 있게 진화 과정을 진행한다. 한편, 샘플 분포에 대한 조건 없이, 임의의 분포에 대해서 단조 또는-식 혹은 단조 그리고-식으로 진화시킬 수 있는 현실적인 비용의 알고리즘은 존재하지 않는다고 증명되었다.[0]

반면에, 홀짝함수에 대해서는 샘플의 균일한 분포를 가정해도 우리의 진화 모델(현실적인 비용의 울타리)에서는 진화가 불가능하다. 2^n개 함수들을 모두 훑어보는 기하급수 비용을 극복해서 다항식으로 비용을 떨어뜨리며 진화시키는 알고리즘은 없다는 것이다. 3.5절에서 논의한 대로 계산 세계에서는 $P \neq NP$ 같은 부정 증명은 아직 못하고 있다. 우리가 정의한 진화는 계산을 품고 있지만 위와 같은 놀라운 부정 증명이 가능하다. 그 이유는 증명이 통계 방식을 사용하는 정보 이론*information theory*[3]

---

3 섀넌(Claude Shannon)이 1948년에 발표한 이론이다. 이 이론 덕분에 통신 중에 아무리 잡음이 끼어도 메시지를 온전히 전달할 수 있게 되었다. 이 이론이 나오기 전까지 인류는 잡음이 끼는 통신을 극복해서 온전히 통신하는 방법을 모르고 있었고 주먹구구식으로 대응했었다. 2차대전 영화나 6.25 영화 전투 신에서 통신하는 방식을 유심히 보면 주먹구구식이 뭔지 엿볼 수 있다. 이 이론은 튜링의 1936년 논문과 함께 정보화 문명의 두 기둥이라고 할 수 있다. 섀넌과 튜링의 논문이 구조가 비슷하다. 애매했던 대상을 정의했고(통신 vs. 계산) 그 정의로부터 가능성과 한계를 엄밀하게 유도해 냈다(온전한 통신 vs. 보편만능 기계, 통신의 한계 vs. 계산의 한계). 이 책에서 소개하는 이론도 이 3원소 구조를 좇는다(3.1절). 튜링과 섀넌은 2차대전으로 얽힌 인연도 있다. 이런 이야기를 포함해서, 정보이론이 뭔지를 직관적으로 알기 쉽게 설명한 자료로 『컴퓨터과학이 여는 세계』(이광근, 인사이트, 2015) 242~251쪽을 추천한다.

방식만 사용하기 때문이다. 그 증명은 통계적으로 묻는*statistical query* 학습 모델에서 증명된 비슷한 부정적인 사실에서 곧바로 유도된다.[미] 홀짝함수가 진화 불가능한 이유는 다윈 진화가 가지고 있는 통계적인 제약 조건들 때문이다. 그러니까 통계적으로 모아진 행동들이 진화 경로를 결정하는(각 샘플을 가지고 진화 경로를 결정하는 게 아니고) 지난한 자연 선택 과정 때문에 홀짝함수가 진화 가능한 대상에서 제외된다. (놀랍게도 홀짝함수가 진화는 불가능하지만 학습은 가능하다. 특히 PAC 학습이 가능하다. 각 샘플을 보고 선형대수 알고리즘을 사용해서 PAC 학습이 가능해진다.)

홀짝함수가 현실적인 비용으로 진화가 불가능하다는 것이 현실(지구 생물 진화)과 어긋나 보이지는 않는다. 우선, 지구 생물 진화에서 홀짝함수가 이용됐다는 증거는 없어 보인다. 우리 모델이 예측하는 바라고도 할 수 있다. 사실, 홀짝함수가 생물 세계에서는 자연스럽지 않다는 힌트들이 우리 이론에 힘을 싣는 셈이다. 물론 홀짝함수가 사용된 경우가 발견되면 우리의 진화 모델은 설 자리를 잃을 것이다. 그리고 인간이 진화했다는 사실과 인간은 0과 1의 집합에서 1의 개수가 홀짝인지를 쉽게 판단할 수 있다는 사실이 홀짝함수가 진화 불가능하다는 것과 모순되지도 않는다. 홀짝 판단은 셀 수만 있으면 된다. 1이 홀수 개인지 짝수 개인지 세는 건 쉽다. 훨씬 어려운 것은 변수들의 집합을 찾아서 그 변수들로 꾸민 홀짝함수가 진화 대상이라고 결정하는 일이다. 홀짝함수가 이득이 되는 행동 기준을 표현하는지 알아내는 일, 이런 일이 선행되어야 하는데 없었던 것 같다.

그래도 홀짝함수로의 진화가 우리 진화 모델에서 불가능하다는 게 공허한 이론적인 결과일 수는 있다. 우리 진화 모델이 실제 세계와 동떨어진 것이라면 공허한 이야기다.

그래서 항상 질문할 수 있다. 위 주장이 사실이라고 해서, 실제로 다윈 진화 방식으로 홀짝함수를 진화시키는 현실적인 방법이 없는 걸까? 샘플이 균일 분포에서 오는 경우, 숨어 있는 임의의 홀짝함수를 높은 확률로 찾아내는 현실적인 비용의 진화 알고리즘은 없다고 증명됐는데, 이때 '진화 알고리즘'이라 함은 우리가 위에서 정의한 현실적인 진화 모델 안에서의 알고리즘일 뿐이었다. 과연 우리의 진화 모델이 다윈 진화의 현실적인 알고리즘을 모두 포섭한 것일까? 다시 말해, 우리의 진화 모델이 튼튼한 걸까?

다행히, 부울 함수*boolean function*로의 진화에 대해서는 우리 모델은 튼튼하다. 그것을 확인해 주는 결과들이 축적되어 왔다.[마] 부울 함수로 진화하는 현실적인 진화 모델은 다른 것들이 제안되었지만 모두 우리가 정의한 모델을 벗어나지 못한다. 더군다나, 0과 1만 가지는 함수가 아니고 임의의 실수 값을 가지는 함수를 대상으로 해도(6.9절) 우리 모델은 흔들리지 않는다. 즉, 우리가 증명한 진화 불가능함이 깨지지 않고 있고, 실제 세계도 그렇다고 여겨도 될 듯하다.

또 혹자는 물을 수 있다. 다윈 진화에서 홀짝함수가 진화 불가능하다는 것이 혹시 계산 세계에서 튜링(Alan Turing)이 증명한 멈춤 문제*halting problem*가 계산 불가능하다는 것과 비슷한 게 아닌지. 둘 다는 어떤 계산 모델들에 대해서 수학적으로 증명한 사실들이다. 이전에 언급했듯이, 계산 세계에 대해서 증명한 사실들을 괴델(Kurt Gödel)이 '절대적인' 사실이라고 간주한 이유는 계산 모델이 놓치는 것 없이 튼튼해서였다. 우리가 증명한 홀짝함수의 진화 불가능함 증명도 그런 절대적인 위상을 가질 수 있을까?

이 질문에 대한 답도 우리의 진화 모델이 다윈 진화를 온전히 포섭한 튼튼한 모델인지에 달려있다. 마치 튜링기계*Turing machine*가 기계적인 계산의 튼튼한 모델인 덕분에 그에 대한 사실들이 '절대적인' 자격을 가진 것으로 여겨지듯이. 3.4절 말미에 예고한대로, 튼튼한 진화 모델을 찾는 건 간단하지는 않다. 다음 절 이야기다.

6.9 실수 값을 동원하는 진화

지금까지 두 값만 계산하는 부울 함수*boolean function*만 다뤘는데, 연속된 실수 값을 내놓는 함수를 진화시키는 진화 모델을 생각할 필요가 있다. 실제 생명체의 단백질 네트워크는 연속된 실수 값을 다루는 경우도 있기 때문이다. 어떤 단백질의 경우 단순히 있느냐 없느냐는 정보만 필요하지만, 다른 단백질의 경우는 만들어진 양이 중요하기 때문이다.

실수 함수 진화 모델이 필요한 또 다른 이유도 있다. 균일 분포에서 특별한 부울 함수는 진화 가능하지만, 임의의 샘플 분포에서도 진화 가능한 부울 함수는 거의 못 찾아서 그렇기도 하다. 우리가 논의한 대로 임의 샘플 분포에서는 그리고-식*conjunction*조차 그리로 진화가 불가능하다. 그런데 자연에서 일어난 진화는 임의 샘플 분포들에서도 유연한, 학습 알고리즘 하나로 작동하리라고 생각한다. 학습이 각기 다른 분포마다 다른 알고리즘을 사용해야 한다면 학습이 강력한 자연의 면모라고 볼 수는 없을 것이다.

그런데 부울 함수 이상을 다루는 일반화된 모델에서는 성능함수도 다시 정의해야 한다. 단백질이 3.7 수치에서 발현된다고 하자. 3.7이라는 수치가 최적인지 아닌지에 따라 고정된 손해가 발생하는 것과(부울 함수 스타일), 3.7과 최적값의 차이에 맞추어 손해량이 결정된다는 것은 다른 이야기다. 손해가 이런 식으로 연속된 실수 값에 따라 결정되면 진화 개체에 전달되는 되먹임이 훨씬 자세하고 정교해질 수 있다.

우선, 각 상황(경험, 샘플, 입력) x마다 유전체가 최선값 $f(x)$가 아닌 $g(x)$를 만들어서 생기는 손해를 손해$(g(x), f(x))$라고 하자. 손해는 함수다. 이 손해함수는 여러 가지가 가능하다. 두 값의 차이일 수 있고, 차이의 제곱으로 정의할 수도 있다. 그밖에 다른 것도 가능하다. 예전같이 f와 g가 두 값(–1, +1)만 가지면 차이는 0이나 +2 둘 중 하나로 고정된다. 연속된 실수 값을 가지는 함수라면 환경과 진화 주체마다 세세하게 다 달라진다. 손해함수는 유전자마다 달라질 테고 어느 정의가 적절할지 확실하진 않다.

한편, 이런 아주 일반적인 손해함수를 사용할 때도, 덧붙이는 가정 없이 진화 알고리즘들이 잘 작동하는지 확인할 필요가 있다. PAC 학습 이론의 본질은 가정을 최소로 하는 데 있고, 그런 최소 가정을 유지하는 게 강한 이론으로서 필요하다. 곧 보게 되겠지만, 그 확인이 여러 가지로 이루어졌다.

어쨌든 손해함수 손해를 정의했다고 하고, 성능을 정의해 보자. 이전과 같이 모든 x값(예를 들어, 단백질 밀도들의 조합)에 대해서 손해를 계산하고 x값이 일어날 확률을 비중으로 곱해서 모으면 된다. 다시 말해서, 분포 D에서 무작위로 x를 선택하는 경우라면, 확률적으로 손해의 기대값을 계산하는 것으로 성능을 정의할 수 있다.

$$성능_f(g, D) = 기대값_{x \in D}(손해(g(x), f(x)))$$

한 가지는, 위와 같이 성능을 정의하면 g가 최선 함수 f에 가까워질수록 성능은 작아진다. 이전 정의에서는 커지는데. 이런 방향의 차이는 중요하지 않다. 편의를 위해 그렇게 놓은 것뿐이다.

이렇게 실수 값 위에서 정의할 때 편리해지는 첫 결과는 부울 함수에 대한 것이었다.[r] 부울 함수를 근사하는 것이 최종 목표인데 중간에 가설들로는 실수 함수를 사용하는 경우였다. 다음이 증명되었다.[s] 광범위한 손해함수 클래스에 대해서, 통계적으로 묻는SQ 학습 모델로 학습할 수 있는 모든 부울 함수는 임의의 샘플 분포에 대해서 진화 가능하다.4 이 결과는 진화에 대한 강력한 결과다. 진화 가능한 부울 함수 클래스가 주요한 학습 클래스에 비견된다는 말이기 때문이다. 단, 실수 값 함수를 가지고 진화의 내부 중간 단계가 진행되는데 이 중간 단계 함수 클래스가 최종 목표인 부울 함수 클래스와 많이 다를 수는 있다.

모두 실수 값을 다루는 모델도 있다. 더 중요하게는 모두 한꺼번에 다룬다는 것이다. 유전체 집합 $\mathbf{g} = g_1, \cdots, g_n$과 최선 함수 집합 $\mathbf{f} = f_1, \cdots, f_n$을 다루는 모델이다.[t] 이렇게 동시에 많은 함수를 다룰 수 있어야 한다. 우리 몸 2만여 개의 단백질 발현 수준을 나타내는 함수들을 한꺼번에 다루는 것이 필요하기 때문이다. 단백질 하나에 대한 최선 함수를 따로 다루는 것은 말이 안 된다. 모든 단백질이 다른 모든 단백질의 발현 수준에 따라 변하고 모든 단백질의 최선의 행동도 따라서 변하기 때문이다. 일상의 예를 들면, 다이어트하는 사람이 칼로리 섭취를 줄이려고 할 때 끼니마다 칼로리를 줄이는 것만으로는 부족하다. 끼니 횟수까지 같이 줄이는 것이 필요하다. 어느 하나만 가지고는 최적일 수 없다.

---

4 통계적으로 묻는SQ 학습 모델은 진화 모델보다 그물이 크다. 둘 다 모아진 통계치를 사용하지만, 진화 모델은 오직 성능만이 통계치의 대상이다. 반면, 통계적으로 묻는SQ 학습 모델은 일반적이다. 임의의 성질을 통계치의 대상으로 놓을 수 있다.

그리고 연속적인 실수 값 세계에선 손해함수를 다차원의 세계에 있는 것으로 보면 자연스럽다. 함수 집합 **f**와 **g**의 결과값은 각각 다차원(단백질의 경우 2만여 차원) 공간의 한 점에 해당한다. 각 축의 값은 집합에 있는 각 함수들의 결괏값이 된다. 손해 값은 두 점 사이의 어떤 거리로 결정된다.

이 모델 안에서 진화 가능한 대상에 대한 상당히 일반적인 사실이 밝혀졌다.[1] 실수 값 함수 중에서 다항식 함수(선형함수 $f = a_1x_1 + \cdots + a_nx_n$뿐 아니라 변수들 차수가 상수인 함수)들은 임의 분포에 대해서 진화 가능하다. 여기서 샘플은 제한된 영역에서 선택된 것이어도 되고, 손해함수는 볼록$_{convex}$함수들이면 된다(거리나 거리의 제곱이 볼록함수의 예들이다). 더군다나, 함수 하나에만 적용되는 게 아니고 같이 진화하는 함수들 집합에도 적용된다.

진화 가능한 함수에 대한 이 정도 일반적인 결과 덕분에 다윈 진화론은 신빙성이 더 높아진다. 다윈 진화가 지구상의 구체적인 계산 제약 아래에서 충분히 일어날 법하다는 뜻이기 때문이다.

하지만 아직 많은 질문이 남아 있다. 특히 다음의 긴장 관계에 대해서는 아직 모르는 게 많다. 한쪽은 간단하고 효율적인 진화 알고리즘이 있지만 진화 가능한 대상에 제약이 있다. 예를 들어, 샘플 분포나 손해함수 종류에 한계가 있는 등. 다른 한쪽은 효율적이지 않은 알고리즘이지만 진화 가능한 대상이 더 넓다. 아주 간단한 진화 알고리즘들은 손해함수가 제곱식인 경우 진화 효과를 낸다고 증명할 수 있지만, 더 일반적인 경우는 더 정교한 알고리즘들만 진화 효과를 낸다고 알려져 있다. 진화 알고리즘의 한계에 대해서 더 파악해야 할 것이 많다. 중요한 과제로 남아 있다.

6.10 이 이론이 다른 점

다윈은 『종의 기원*On the Origin of Species*』에서 자연 선택*natural selection*이 가장 간단한 설명이라고 주장한다. 모든 면에서 모든 증거와 맞아떨어지는 가장 간단한 설명이라고. 그 책에서 다윈은 자신의 진화 이론을 지지하는 모든 주장과 증거를 정리했다. 각 장의 제목을 보면[5] 그가 동원한 자료들을 보여준다. "사육이나 재배할 때 발생하는 변이", "자연 상태의 변이", "생존 투쟁", "자연 선택", "변이의 법칙들", "본능", "잡종", "지질 기록의 불완전함에 관하여", "유기체들의 지질적인 완만한 변화에 관하여", "지리적 분포", "유기체들의 상호 연관성: 형태학: 발생학: 흔적 기관". "이론의 어려움"이라는 제목의 장도 있는데 이 장에서 논의된 것 중에는 생물 종의 출현에 대한 것도 있다. 종들이 연속적으로 있지 않고 띄엄띄엄 구분되어 모여진 이유가 뭘까 등등. 성 선택에 대한 연구도 후속 작업에서 다루기도 했다.

그러나 다윈과 그 후학들이 직접 다루지 않은 이슈가 있다. 2장에서 인용한 팰리(Paley)의 반론이다. 지구 생명체들은 진화로 설명하기에는 너무나 복잡하다는 주장이다. 자연 선택이 모든 관찰 가능한 증거들과 맞아떨어진다는 것은 보여주었지만, 자연 선택이 구체적으로 진행될 때 정량적으로도(필요한 자원, 즉 시간과 재료의 양을 생각해서도) 그런지를 보이는 것은 또 다른 이야기다.

다윈 진화론의 한 약점이 이것이다. 진화론이 경쟁 자체에만 집중하고 있지 그것만으로 충분한지는 증명하지 않았다는 것이다. 경쟁은 중

---

5   『종의 기원』(장대익 옮김, 사이언스북스, 2019)의 각 장의 제목에 기초해서 더 쉽게 고쳤다. 특히 소리로만 전달되는 어려운 한문 용어로 번역된 것은 풀어 썼다. 예를 들어, '천이'는 '완만한 변화*succession*'로, '유연'은 '상호 연관성*affinities*'으로 바꿨다.

요할지 모른다. 그러나 그것만으로는 모든 게 설명되지 않는다. 왜 경쟁이 기능을 정교하게 만드는지 설명하는 이론이 필요하다. 어떻게 지금과 같은 정교한 기능을 가진 생명체로 진화가 가능했는지 설명할 수 있어야 한다. 어떻게 우리가 무기질 혹은 아주 간단한 생명체에서 오늘날 지구상에 있는 이토록 복잡한 생명체가 될 수 있었는지. 이게 큰 질문, 빅 퀘스천이다. 또 속도를 설명해주는 이론도 필요하다. 변하는 환경에 적응하는 속도.

우리가 정의한 진화는 필요한 진화 속도에 관해 직접 답을 한 것이다. 한 단계 진화할 때 필요한 자원(시간과 재료)의 최대치가 터지지 않도록 하면서 진화하는 것을 정의했기 때문이다. 또한 위 빅 퀘스천에도 일부 답을 주고 있다. 새로 출현한 신참 회로체의 진화에 필요한 자원의 최대치를 잡아주기 때문이다. 단, 한 회로에 대한 것 말고 다양하게 많은 회로 종류들이 생물 세계에서 역할을 하는 게 분명한데, 어떻게 이 모두를 모델링해서 최종 진화를 정의할 수 있을지는 아직 명확하지 않다. 예를 들어, 회로 단계에서 어떻게 모델링해야 단백질 레벨에서 진화를 정의할 수 있을지 모른다.

이 책에서 정의한 진화 모델과 기존 것들과는 많은 차이가 있다. 기존의 많은 모델은 진화가 널리 다양한 유전체를 가진 개체군에서 발생하는 것을 강조한다. 우리 모델은 하나의 유전체가 많은 변이를 만들고 경쟁을 통해서 그중 하나의 유전체가 유일한 승자가 되고 이 과정이 반복되는 것으로 본다.

다음과 같은 질문이 있을 수 있다. 왜 다양한 개체군을 진화 모델에서 고려하지 않는지. 그렇게 할 수도 있고, 만일 그렇게 해서 지금 이상의 능력을 보일 수 있으면 그렇게 해야 할 것이다. 그런 다양한 개체군의 효과가 진화 가능한 함수 클래스를 넓히는 거라면 중요한 결과가 될 것이다. 현재 알 수 있는 것은, 일반적인 경우는 아니지만, 개체군이 다양하게 많고 섹스를 통해 재생산이 되는 경우 단일 종류의 대규모 개체군보다 진화 속도가 빠르다는 점 정도다.[ul]

그런데 유전체 하나로만 모델링해도 충분하다. 하나의 유전체를 한 생명체의 유전체로 보지 말고 개체군에 있는 개별 유전체 합으로 보면 된다. 이 관점의 장점은 자연에는 개별 생명체의 유전체들이 서로 상호작용하는 많은 다른 방법을 모두 적절히 표현할 수 있다는 점이다. 다양한 상호작용의 예로, 지구상에는 암수 양성으로 하는 재생산도 있고 암수 없이 하는 재생산도 있다.[vl] 또, 유전자 전달이 수평적으로 일어나는 경우도 있다. 유전 정보가 조상에서 후대에 전달되는 게 아니라 이웃한 개별 개체에게 전달되기도 한다. 다른 박테리아끼리의 유전자 전달은 흔하고 이게 약물에 내성을 키우는 요인으로 알려져 있다. 어떤 학자들은 단세포 생물 진화에는 유전자 수평 전달이 중요한 역할을 한다고 여기고 있다. 이런 모든 방식의 유전자 전달은 개체군에 있는 모든 유전체 집합 안에서 일어나는 계산으로 간주할 수 있다. 유전자 변이를 만드는 내부 과정들로 모두 포섭하면 된다.[6]

우리가 전혀 다루지 않은 진화의 모습은 많다. 예를 들어, 유전자 풀의 다양성 같은 것이다. 유전자 풀의 다양성은 예상 못한 상황에 훌륭한 대비책이고, 생존에 매우 중요할 수 있다. 그런데 다양성 자체로 생명 복잡성이 증가하는 현상을 설명하지는 못한다. 다양성을 포함해서 생존에 필요한 모든 게 복잡성 증가를 가능하게 하는 데 반드시 필요한 것은 아니다. 우리 이론은 이렇게도 볼 수 있다. 생물 복잡성이 증가하는

---

6 유전체genome와 유전자gene의 차이: 유전체는 한 개체가 가지는 염기 서열 전체를 말하고, 유전자는 염기 서열 전체 중 일부 구간을 뜻한다.

방향으로 나아간 진화를 생명의 다른 많은 모습에서 분리한 것으로.

우리 이론의 또 다른 면은 세계를 고정된 것으로 여긴다는 점이다. 세계가 고정됐다고 하고 진화 가능한 목표를 좇는 일이 일어난다고 본다. 이건 목표가 접근 가능하고 이득이 되면 그쪽으로 진화가 매우 빠르게 일어난다는 설명의 바탕이 된다. 목표를 좇는 동안 목표가 고정되고 이득이 이득으로 남아 있는, 잠시 고정된 세계를 가정해야 말이 되기 때문이다. 그러나 우리 이론은 끊임없이 서서히 변하는 세계에도 적용될 수는 있다.[w]

지금까지 우리는 학습에서 답을 찾았는데, 되돌아보면 당연한 출발 지점이다. 학습은 일반적인 분야이기 때문이다. 학습은 디자이너 없이 어떻게 복잡한 것이 만들어질 수 있는지를 탐구한다. 다윈(Charles Darwin)과 윌리스(Alfred Wallace)는 매우 중요하고 특별한 학습의 한 경우를 탐구했던 것이다.

생물학에서 진화는 곧 다윈 진화론을 뜻하고 또 지구 생명체 역사를 뜻한다. 지구 생명체 역사는 드라마로 꽉 차있다. 캄브리아기 생물 대폭발*Cambrian Explosion*과 페름기 대량 멸종*Permian Extinction*부터 인공위성을 띄우는 종의 출현까지.

나는 이런 역사를 짚어가는 데 관심이 있다기보다는, 한 의문에 답하고 싶었다. 어떤 작동 방식으로 이런 엄청난 드라마가 펼쳐진 것인지.

7

디덕 가능함이란
The Deducible

애매한 개념으로 이치를 따지는 게
어떻게 가능한 걸까?
How can one reason
with imprecise concepts?

불확실하고 해가 되고 모순되는 정보를 처리하는 능력,
여기에 진짜 천재성이 있다.
— 윈스턴 처칠(Winston Churchill)

요약

불확실하고 근거가 약한 지식들로 이치를 따지는 지능을 에코리즘*ecorithm*
을 중심으로 설명할 수 있다. 튼튼 논리*robust logic*라고 부르자. 튼튼 논리에
서는 규칙들이 현실적인 시간 안에 PAC 학습되고, 이치 따지기 비용이 현실
적이고, 이치 따진 결과의 정확도를 PAC 방식으로 관리할 수 있다. 튼튼 논
리는 전통적인 논리 시스템이 가지는 어려움(융통성 없이 쉽게 부서지는 문
제, 뜻 정하기 애매함, 대상 정하기 어려움)이 없다. PAC 학습대로, 융통성
이 생기고 개념의 뜻이 학습되고 유효한 대상의 분포가 명확하게 특정되기
때문이다. 튼튼 논리를 가능하게 하는 장치로, 작은 용량의 '마음의 눈'이라
는 장치를 상상한다. 마음의 눈은 각 경험에서 집중할 부분만을 소규모로 추
려서 모든 계산이 현실적으로 가능하도록 해준다. 튼튼 논리 시스템의 작동
은 이렇다. 마음의 눈에 등장하는 장면들은 바깥 세계를 반영하고 그렇게 등
장하는 장면들을 가지고 규칙들을 PAC 학습해 놓는다. 학습한 규칙들로 이
치 따질 때는 현재 장면에 맞는 규칙의 결론으로 새로운 장면을 만드는 꼬
리물기 과정을 반복한다. 이 꼬리물기 과정으로 이치를 따지는데, 그 비용은
현실적인 범주에 머물고, 학습한 규칙들의 정확도로부터 최종 예측 결과의
정확도를 가늠하게 된다.

7.1 이치 따지기

이치 따지기*reasoning*와 학습하기*learning* 사이의 긴장 관계는 오랜 역사를 가지고 있다. 적어도 아리스토텔레스까지 거슬러 올라간다. 아리스토텔레스는 그의 책 『논리 분석(상, 하)*Prior Analytics, Posterior Analytics*』에서 디덕*deduction, syllogism*과 인덕*induction*을 대비했다.[1] 그런데 거의 디덕만 주로 다뤘는데, 아마도 이것이 서구 문명이 이성을 더 중요시하는 전통의 씨앗인지도 모르겠다. 최근에는 논리적인 이치 따지기는 절정을 지나 그 역할이나 효용이 예전 같지는 않다. 자주 지적한 대로, 사람은 사실 이치 따지기에는 약하다. 오히려 컴퓨터가 아주 강하다. 그렇지만 반대로 컴퓨터는 불확실하고 모순되는 정보를 다루는 데는 약하다. 우리는 그런 일에는 컴퓨터를 신뢰하지 않는다. 그런 일을 컴퓨터에 맡기더라도 만족스런 경우는 컴퓨터가 논리적인 경우가 아니라 대개 많은 데이터로 주입식 학습을 한 경우다.[a] 말 되는 논리적인 사고 대 맹목적인 주입식 학습은 대척되는 다른 세계로 여겨져 왔다.

이 장에서는 아리스토텔레스의 얘기대로 우리의 지식이 두 방식으로 만들어진다는 입장에서 진행하겠다. 디덕*deduction*과 인덕*induction* 또는 이치 따지기*reasoning*와 학습하기*learning*라는 방식이다.

요즘 이치 따지기의 쓰임새가 한계를 드러낸 면이 있지만, 내 목표는 이 두 방식을 하나로 통일하는 것이다. 긴장 관계에서 화해로 가져가려는 것이다. 주안점은 주입식 학습에 두겠지만 이치 따지기도 중요하게

---

1   디덕과 인덕 관련 설명으로 1장의 각주 2를 참고 바란다. 살짝 반복하면, 디덕은 '반드시 이끌기'이고 인덕은 '짐작해서 이끌기'다. 디덕은 알려진 사실로부터 100% 사실일 수밖에 없는 것만 이끌어내는 논리 추론 방식이다. 그러나 디덕만으로는 우리가 하는 지식 생성의 모든 면을 커버하기에는 부족하다. 우리는 대개 100% 확신할 수는 없지만 어느 정도 사실인 지식들도 만들고 잘 이용한다. '아마도'가 끼는 논리 추론이다. 관찰한 바로부터 아마도 사실일 수 있는 것을 짐작하기가 인덕이다.

남을 것이다.

앞 장들에서 지식의 배경과 이론을 이해할 수 있는 경우와 그렇지 못한 경우를 구분하면서, 이론없는 주입식 지식은 PAC 학습으로 그 의미를 이해할 수 있다고 했다. 그런 지식은 인덕 과정으로 학습에 의해 만들어지기 때문이다.

이제 우리가 다룰 질문은, 이론 없이 주입식으로 학습한 내용으로 이치를 따지는 것이 어떻게 말이 되는지다. 중요한 질문이다. 사람이 늘 하는 게 그런 것이기 때문이다. 사람은 때론 확신할 수는 없는 이론 없는 것들에 대해서도 이치를 따지며 결정하고 판단하기 때문이다.

수리 논리학자들이 오랫동안 공들인 입장은, 확실한 사실만을 따져가는 것이 옳고 이것이 이론 있는 지식을 만드는 이성적인 방법이라는 것이다. 19세기 부울(George Boole)과 프레게(Gottlob Frege)의 작업 이후 이치 따지기를 수학적으로 엄밀히 다룰 때 취할 수 있는 것들이 뭘지에 대해서 많은 진전이 이루어졌다. 그래서 이제는, 수학 분야에서 사용하는 이치 따지기의 성격과 능력에 대해서도 질문할 수 있게 되었다. 사실과 증명 가능함의 개념이 구분되었고, 주어진 논리 시스템에서 증명 가능한 건 모두 사실인지, 사실인 건 모두 증명 가능한지 등을 질문하게 되었다.

이렇게 나온 수리 논리는 수학 같은 엄밀한 분야를 이해하는 데 적용될 수 있었는데, 의미심장한 사실이 하나 증명된다. 20세기 초 인류 지성의 중심 무대를 흔든 사건이었다. 다음 질문이 그 시작이었다. 수학에서 사실인 명제들만 하나도 빠뜨리지 않고 공통된 공리*axiom*들로부터 기계적인 디덕(확실한 사실들만 이끌어내는 기계적인 방식)을 통해서 술술 만들어낼 수 있을까? 러셀(Bertrand Russell)이나 힐베르트(David Hilbert)

등 당대 유수의 철학자나 수학자들은 그럴 수 있을 것으로 믿었다. 그런데 놀라운 증명이 출현한다. 1930년 24살의 괴델(Kurt Gödel)이 그것은 불가능하다고 증명한다. 유한한 디덕 시스템으로는 증명할 수 없는 참인 논리식이 항상 존재한다고. 이론 있게 정확한 사실만으로 이치를 따지는 것의 궁극의 한계를 슬쩍 보여준 첫 결과였을 것이다.

이 결과는 여러 면에서 심오한 영향을 끼쳤는데, 아마도 가장 중요하게는, 몇 년 후 튜링(Alan Turing)이 괴델의 증명을 자기만의 스타일로 다시 해보면서 기계적인 계산의 범위를 정의하고 기계적인 계산의 한계를 증명한 작업을 이끌어낸 점일 것이다.[2]

이러한 수리 논리의 성과는 의미심장하지만, 이 장에서 다루려는 논리를 다룬 것은 아니다. 근거가 약한 이론 없는 지식으로 이치 따지기를 할 수 있는 방법이 무엇인지를 고민한 것은 아니다. 이 문제는 1950년대 이후 인공지능 연구자들에게 남겨진다.

인공지능을 실현해 보려는 작업들은 우선은 딱떨어지는 디덕 논리의 관성에 휩쓸렸다. 첫 시도로 매카시(John McCarthy)가 시작한 것은, 이론 없는 것까지도 이론 있는 것처럼 간주하며 디덕 과정으로 모사하려는 것이었다. 사전에 있는 모든 개념마다 공리를 만들어서 시작했다. 과학적으로 다룬 적이 없는 일상의 모든 개념들까지 공리를 만들어놓는 것이었다. 이런 공리로부터 디덕을 통해 틀리지 않은 사실만 만들어내는 과정을 모사하는 방식이 초기 인공지능 연구의 기본 접근법이 되었다. 최근에는 같은 틀 안에서 확률적인 추론을 덧붙인 논리 시스템을 추구해 왔다. 여기서 추론 규칙은 확률 이론에 기반한 것들이다. 이 방식들

---

2 튜링의 1936년 논문을 말한다. 그리고 이 논문에 사용한 소품으로 지금의 컴퓨터의 청사진이 드러난다. 보편만능 기계universal machine라는 것이다. 임의의 기계적인 계산(소프트웨어)을 입력으로 받아서 그 계산을 실행해 주는 기계다. 지금의 컴퓨터가 곧 보편만능 기계다.

은 모두 이론 있는 것들이고, 모두 디덕 과정을 사용한다는 점에서는 널리 동일하다.

이치 따지기만으로는 모두 커버할 수 없는 지능

지능을 이렇게 논리적이고 확률적인 과정으로만 꾸리는 것으론 부족하다. 그건 이론 있는 지식을 따지는 데에는 맞지만, 실제 일상에서 우리가 하는 지능과는 거리가 있다. 우리 지능은 이론 없고 근거 약한 지식을 잘 다루는데, 논리와 확률 모델이 이런 실제를 잘 잡아내는지는 의문이다.

대신에, 지능을 학습 과정으로 꾸리면 가능성이 열린다. 이론 없는 지식을 다뤄야 하는 경우에도 이치 따진 결과에 대한 어떤 보장을 할 수 있게 된다. 그 보장은 PAC 스타일이다. 오류는 어쩔 수 없이 끼겠지만, 오류의 수준은 학습 중에 우리가 원하는 보장의 정도에 비례해서 애를 쓰면 관리할 수 있게 된다.

일단 두 방식의 차이를 명확히 하는 것이 중요하다. 논리적이거나 혹은 확률적인 모델을 사용해서 수학적으로 정의하는 것과 학습으로 정의하는 것의 차이. 실제 현장에서는 이 둘을 섞으면서 차이가 흐릿해지기 쉽다.

예를 들어, 음성인식 시스템에서 "예"와 "아니오"를 인식하는 모델을 생각해 보자. 그런 모델은 대개 확률적일 것이다. 문제는 그 모델이 온전히 프로그램으로 구현되느냐는 것이다. 그렇다면, 그 방법은 이론적인 근거를 가지고 있는 것이다. 음성이라는 외부 세계에 대한 이론을 가지고 그 이론에 맞추어 온전히 프로그램되는 것일 터이므로. 하지만 종종 그런 모델이 디자인된 후에는 인자 값들이 학습에 의해서 조정되어야 한다. 결과가 성공적이면 그 이유가 학습 때문이었는지, 아니면 시작할 때 가졌던 프로그램 때문이었는지 궁금해진다. 의료 진단 모델의 경우도 두 가지가 섞인다. 시작할 때의 진단 모델은 증상과 몸 상태의 관계에 대해 의사들과 인터뷰한 결과를 잘 반영해서 프로그램한 것이다.그런 후 실제 경우로 실험하면서 그런 관계를 표현하는 인자들이 재조정된다.

어쨌든, 두 방식이 혼재된 시스템의 성공 여부는 학습 부품의 성능에 달렸다고 보는 게 적절할 것이다. 학습을 사용한 이유가 학습의 이점 때문일 테니, 학습의 이점이 드러나야 시스템 성공에 다가갈 수 있을 것이므로. 이 경우, 5장에서 자세히 다룬 대로, 정확하고 효과적인 학습인지를 따져서 시스템의 성공 여부를 판단할 수 있을 것이다.

남은 질문은, 성공 여부가 학습 부품의 성능으로 결정될 바에야 왜 성공을 위해서 이치 따지기가 따로 필요하냐는 것이다. 살면서 꼭 알고 있어야 하는 것들, 예를 들어 위험한 동물 알아보기, 계단 오르기, 적절한 인사말 하기 등등은 아마도 모두 학습으로 익힐 수 있는 것들이다. 그런데 이치 따지기는 언제, 왜 필요한 걸까?

7.2 근거 없이도 해야 할 이치 따지기

아주 단순한 생물체에게는 학습한 반응을 몇 개만 외우고 있어도 충분할 수 있다. 학습한 회로 하나를 실행하면(반사 반응이라고 부르자) 만나는 상황마다 최적의 반응은 아니지만 얼추 근접한 대응이 된다.[b] 여기서 '회로'는 4장에서 소개한 대로 일반적인 의미다. 물론, 인간에게도 그런 반사 반응들이 충분한 경우가 흔하다. 차를 몰 때 능숙한 운전사는 이전 비슷한 상황에서 학습한 반사 반응으로 상황에 대응한다고 한다. 다른 반응들마다 따라오는 상황을 모두 드러내서 따져본 후 결정하는 과정을 거치지 않는다는 것이다.

하지만 지능적인 행동을 위해서는 뭔가 더 있는데, 그것이 이치 따지기다. 위의 반사 반응만으로는 모든 지능적인 행동을 설명하기에는 충분치 않다.

그리고 수리 논리나 확률과는 달리, 이 이치 따지기가 이론 없는 지식과 어울릴 수 있으려면 불확실하고 근거가 빈약한 지식들을 원칙에 근거해서(과학적으로) 다룰 필요가 있다. 그래서 예측 정확도에 대해서 어떤 보장을 할 수 있어야 한다.

이런 조건을 만족하는 가장 간단한 방식의 이치 따지기가 학습한 회로 두 개를 차례로 적용하는 과정이다. 모두 PAC 학습 결과로 볼 수 있는 회로들인데 두 개나 그 이상을 회로 하나로 해내기에는 무리인 상황들에 주효하게 써먹을 수 있다. 이치 따지기는 어떤 회로를 어떤 순서로 적용할지를 결정하고, 그렇게 나온 판단으로부터 필요하면 디덕*deduction* 과정을 거쳐 최종 결론을 이끄는 과정이라고 볼 수 있다.

다음과 같은 예를 생각하자. 아리스토텔레스(Aristotle)가 나무를 오른 적이 있는지, 혹은 핸드폰을 가졌었는지 누가 물었다고 하자. 이 질문들에 답을 하는데 우리는 어느 정도는 확신할 수 있다. 이 질문들에 관한 통계적인 증거를 직접적으로 얻을 수 있는 기회가 없었더라도 그렇다.

그런 질문마다 답을 내는 회로가 하나씩 준비되어 있다고 보이지는 않는다. 휴대폰이나 나무 오르기 같은 개념을 알아보도록 학습한 회로를 특별히 하나씩 가지고 있다고 상상하기 힘들다. 그런 질문에 반사 반응할 수 있으려면 뇌 속에 특별하게 학습한 회로가 있어야 하는데, 이름을 입력으로 받고 그 사람이 핸드폰을 가졌는지 또는 나무를 오른 적이 있는지를 출력으로 내놓는 회로가 모두 준비되어 있을 것이라고는 상상하기 힘들다.

　더 가능성 있는 것은 각각 상식 규칙을 담고 있는 회로 여러 개를 차례로 작동시키는 방식이다. 이런 식으로 우리 맘속에 상상하는 그림에 점점 더 많은 정보를 차례로 더해 갈 것이다. 아리스토텔레스가 어느 시절에 살았던 누구인지 알아채는 데서 시작해서 상식 규칙 회로를 차례로 돌려서 좀 더 완전한 그림을 만들기 위해 디덕*deduction* 과정을 밟을 것이다. 아이들이 나무를 탄다는 생각과 핸드폰이 출현한 시대들이 상식 규칙에 표현될 것이다. 이런 규칙들 중 몇 개는 사실을 표현하고 있을 것이고, 많은 나머지는 학습된 이론 없는 내용을 담고 있을 것이다.

　이에 대한 가능한 반론은 이렇다. 나무 오르기와 핸드폰 소유 여부는 인류 생존에 중요하지 않기 때문에 그에 대한 판단 규칙을 학습하지 않은 것은 당연하다. 만일 즉각 판단하는 게 중요한 경우라면 인류는 학습 후 반사 반응 회로로 가지고 있을 것이다. 따라서 남은 가능성으로, 이치 따지기는 생존에 필요한 것이 아닌 별로 중요하지 않은, 억지로 만든 질문들에 유용한 게 아닐까. 동물들이 살아남는 게 주로 반사 반응 덕분일 텐데 그렇다면 인간 이성은 현실과 동떨어진 퍼즐 풀기에만 필요하지 근원적인 것은 아닐 것이다, 라는 반론이다.

　하지만, 더 근본적으로 이치 따지기의 고유한 능력이 필요한 이유가 있다. 학습한 회로들을 연결하면 회로 하나만으로는 얻을 수 없는 능력을 얻게 되는데, 이런 연결에 이치 따지기가 동원된다. 회로 하나로는 학습할 수 없지만, 따로 학습 가능한 작은 회로 두 개를 연결하면 가능할 수 있다. 아리스토텔레스 예를 계속 들면, 그가 인간이라는 것을 인지하고 간단한 조건을 확인하면 그가 나무를 올랐을지 여부를 쉽게 판단할 수 있다. 이렇게 질문에 있는 주인공의 생물종을 우선 확인하지 않고, 나무를 탈 수 있는 모든 생물종들의 일반적인 조건을 하나의 회로로 학습하기에는 너무 복잡해서 학습 가능한 클래스가 아닐 수 있다.

PAC 학습에서도 그랬듯이, 이치 따지기에서도 결론이 때론 틀릴 수 있다는 것이 허용되어야 한다. 이치 따지기에 동원했던 학습한 회로들이 틀릴 수 있기 때문이다. 사실 우리는 우리가 내리는 결론에 대해서 완전히 확신할 수는 없지 않던가. 아리스토텔레스 때문에 우주가 궁금증이 일어나서 어느 외계인이 핸드폰을 들고 그를 방문했을 수도 있으니까. 이런 모든 불확실함 아래서도 정확도에 대한 어떤 보장이 가능한 이론을 가진 이치 따지기가 가능해야 하고, 그런 보장의 강도는 어느 정도인지 파악할 수 있어야 한다.

7.3 계산의 벽 극복하기

몇 가지 어려운 문제가 있다. 인공지능 분야에서 지난 반세기 동안 사람이 하는 이치 따지기를 규명해 보려고 하면서 맞닥뜨렸던 어려움인데, 이 책의 내용과 가장 관계 있는 것들로 네 가지가 있다. 계산의 한계, 융통성 없이 쉽게 부서지는 문제, 뜻 정하기 애매함, 대상 정하기 어려움이다.

이 네 가지 어려움들을 극복하는 방법은 의미 관계를 제대로 잡아가는 것이다. 이치 따지기 시스템의 무엇이 외부 세계의 무엇을 어떤 조건에서 뜻하는지를 확인해 가는 것이다. 겉 표현과 속뜻의 관계는 PAC 학습에서와 똑같다. PAC 스타일 의미 구조*PAC semantics*라고 부르겠다.

첫 번째 어려움은 기계계산이 아예 불가능하거나 가능하지만 그 비용이 너무 클 수 있다는 벽이다. 5.1절에서 튜링이 이 문제에 대해 말한 것을 인용했었다. 이치 따지기를 수리 논리와 같은 것(100% 참인 것만 이끄는 디덕의 세계)으로 봤을 때 어떤 한계가 있는지. 사실, 멈춤 문제 *halting problem*가 계산 불가능하다는 튜링의 증명은 디덕만 있는 엄밀한 논리 추론의 한계에 대한 경고라고 볼 수도 있다. 그리고, 우리가 원하는 것을 정확히 정의하려는데, 그 정의가 너무 광범위해서 현실적인 비용으로 계산하기가 불가능한 경우라면 그런 정의는 허망하다. 그렇다고 정확한 정의를 포기해야 한다는 뜻이 아니다. 어렵겠지만 제대로 작동하는 정확한 정의를 찾아야 한다. 우리가 하고픈 작업을 포섭할 만큼 넉넉하면서 현실적인 비용으로 계산 가능한 정의.

학습과 진화에서 그랬듯이, 줄타기를 잘 해야 한다. 이미 3장에서 계산 복잡도에 대한 이야기를 충분히 했으니 여기서는 더 이상 논의하지 않고 넘어가도록 하자.

7.4 융통성 없이 쉽게 부서지는 문제 극복하기

지난 수십 년간 컴퓨터가 상식적인 질문에 답할 수 있도록 많은 노력이 있어 왔지만 아직까지 크게 성공하지는 못했다. 주로 지식을 프로그램 안에 심어 넣고, 논리 추론 시스템이 지식들을 가지고 이치 따지기를 하도록 하는 방법인데,[다 이 방법을 실행하는 컴퓨터는 프로그래머가 미처 예상 못한 상황에서는 늘 사람의 지능을 따라오지 못했다. 상식적이지 않은 혹은 기이한 정도의 답을 내놓곤 했다. 이 실패 이유를 계산 복잡도 때문이라고 할 수는 없다. 논리적인 추론 과정이 신속히 답을 내도록 보장된 조그마한 세계에서도 어처구니없는 경우가 많았기 때문이다.

실패한 이유는 이치 따지기 과정이 목표로 하는 실제를 잘 포섭하지 못했기 때문이다. 프로그래머에게는 말이 되는 논리 추론 스텝이어서 프로그램으로 구현했지만, 이 프로그램이 실행되면서 의외의 방향으로 흘렀다. 프로그래머가 예상 못한 현실 바깥의 세계를 만들면서 말이 안 되는 결과를 내는.

이렇게 쉽게 부서지는 문제를 극복해야 한다. 근거 없지만 상식선에서 하는 생각 과정을 명확하게 결정된 프로그램으로 구현하는 한, 이치 따지기 시스템이 논리적인 방식이건 확률적인 방식이건 쉽게 부서지는 문제는 어쩔 수 없다. 표현한 정보가 내부적으로도 부대끼고 표현 대상이 되는 바깥 세계와도 동떨어지면서 그 시스템에서 일어나는 논리 추론의 의의는 무너지게 된다. 근거가 있는 생각 과정에 대해서는 논리적인 원칙을 가지고 잘 구성되었겠지만, 근거 없이 상식적으로 진행되는 생각 과정에 대해서는 어떤 유용한 보장도 할 수 없게 된다.

이렇게 쉽게 깨지는 허약함을 극복할 수 있는 유일한 방법은 학습하도록 하는 것이다. 확률이나 디덕 시스템(베이지안 확률*Bayesian probability*이나 모든–어떤 논리*predicate logic, 술어 논리*)는[3] 수학적으로 기반이 튼튼한 시스템들이지만, 제한된 데이터와 제한된 계산 때문에 오류를 관리하는 능력은 없다. 학습 이론이 바로 이런 이슈를 다루고 있으므로, 학습이 상식선에서 이뤄지는 생각 과정(근거가 약한 상태에서도 하는 이치 따지기)을 다루기에 더 적절한 기초라고 본다.[d]

학습의 장점은 적어도 두 가지다. 첫째는 PAC 학습은 정의에서부터

---

3 predicate logic(술어 논리)를 '모든–어떤 논리'로 풀어 쓴 이유는, 그 논리 체계의 특징이 그렇기 때문이다. 대상의 범위를 모든(all)과 어떤(some)으로 구분해서 논리식에 표현한다.

계산 능력과 데이터량에 호응하는 성질을 다룬다. 즉, 더 많은 데이터와 더 많은 계산 시간을 할애하면 학습 결과의 정확도가 좋아진다는 것이 수학적으로 확인되어야 PAC 학습이다. 이런 보장이 없다면 불완전한 대상에 대해서 알 수 있는 것이 아무것도 없게 된다.

두 번째 장점은 학습 시스템의 근본적인 장점이다. 학습 시스템은 끊임없이 자기자신을 발전시킨다. 학습한 결과로 예측한 것이 틀렸다고 확인되면 이를 반영해서 다음번에는 좀 더 정확해지도록 스스로를 적응시켜 간다. 이런 되먹임 과정을 통해서 시스템이 가질 수 있는 어떤 빈틈이나 어긋난 지점을 보완한다.

잡음에 대한 유연성도 있다. 사람은 전달 중에 잡음으로 망가지거나 혹은 틀린 정보를 가지고도 상황을 잘 헤쳐나간다. 기초적인 PAC 모델은 잡음을 다루지는 않지만 쉽게 확장할 수 있다. 또, 어떤 잡음의 종류에 대해서 그런 잡음에 유연한 학습 알고리즘을 어느 정도 일반적으로 만들 수 있다.[e] 예를 들어, 학습 중에 배우는 예제들의 답들을 무작위로 틀리게 잡음을 넣어도 잡음이 없을 때 PAC 학습 가능한 클래스와 항상 같지는 않지만 흔히 PAC 학습 가능하게 남는다. (SQ 학습 가능한 클래스는 그런 잡음에는 아무 문제 없이 항상 SQ 학습 가능하게 남는다.)

지식을 자동 생성하는 장점도 있다. 기계에 상식에 필요한 지식을 심으려고 해보면 심어야 할 지식의 양이 생각보다 훨씬 많다는 것을 깨닫게 된다. 이게 어려움의 또 다른 원인이기도 하다. 하지만 그런 엄청난 크기의 지식을 다뤄야 한다는 사실 때문에도 학습이 지식 얻기를 자동화하는 데 필요하다.

그렇다고 학습이 나름의 챌린지가 없다는 이야기는 아니다. 학습과 이치 따지기 과정은 아주 조심스럽게 정의하지 않으면 그 계산 복잡도가 감당할 수 없을 만큼 너무 커질 수 있다. 이 문제의 해결책(7.7절과 7.8절)을 이야기하기 전에 남은 두 개의 챌린지를 이야기하자.

7.5 뜻 정하기 애매함 극복하기

많은 상식이 필요한 이치 따지기가 효과적으로 잘 작동하려면, 시스템 내부에 표현한 것이 외부 실제 세계의 무엇에 대응하는지가 명확해야 한다. 그런 시스템을 이해하거나 구축하려면 이 대응 관계에 대한 명확한 원칙에 근거한 접근이 필요하다. 부실한 근거를 가진 시각도 괜찮다거나, 이 대응 관계를 명확히 하는 것을 운에 맡긴다거나 하는 건 지나친 낙관이다.

  우리가 일상적으로 사용하는 단어를 프로그램에 짜 넣을 때 그 단어가 늘 같은 뜻으로 프로그램에서 사용되는지 확인해야 한다. 자연어에서 거의 모든 단어는 뜻하는 바가 여럿 있다. 어떤 단어는 순전히 다른 뜻을 몇 개 가지고 있기도 하다. 프로그램으로 구현한 규칙에 '차'나 '녹색' 등의 단어가 사용된다고 하자. 확인해야 할 것은 프로그램의 모든 규칙이 이 개념들을 같은 뜻으로 사용하는지다. '차'의 다른 뜻들(마시는 차와 달리는 차)이 사용될 거라면 각각이 다르게 이름 지어지고(예를 들어, '차1', '차2') 각 이름별로 일관되게 사용되어야 한다. 이런 일관성이 무너질 수 있는 여지가 조금이라도 없어야 한다. 이게 어려운데, 그렇지 않으면 시스템은 어느 순간 쉽게 무너져버리는 심각한 지경이 된다.

  PAC 학습은 이 문제에 한 가지 해결책을 제공해 준다. 각 개념마다 그 개념을 이해하는 프로그램 부품이 학습으로 만들어진다. 예를 들어,

"그래, 이건 차2의 한 예다" 혹은 "아니다, 그렇지 않다"를 결정하는 프로그램 부품들 말이다. 이런 프로그램 부품은 데이터에서 뽑은 특징을 가지고 학습한 결과다. 특징 중 일부는 그 자체가 학습을 통해서 익힌 것일 수도 있다. 이런 특징들이 뭐가 되었든, 전체 시스템에서 최종 결과물은 '차2'를 알아채는 부품이다. 시스템에 주어진 입력들이 이 부품을 거쳐서 어느 것이 '차2'의 경우이고 어느 것이 아닌지가 결정된다. 시스템에서 '차1'을 사용해야 할지 '차2'를 사용해야 할지는 해당 개념을 판단하는 이런 부품들이 앞에서 결정해 줄 것이다.

이런 인식 부품들은 PAC 스타일의 일관성이 생길 때까지 학습되어야 한다. 이런 인식 부품들이 다 전반적으로 일관성을 가지게 되면(자연스러운 상황의 입력에 대해서 인식 부품들의 답이 얼추 틀리지 않으면) 그런 시스템은 PAC 스타일에 일관성이 있다고 여길 수 있다. 만일 자연스러운 상황에서 자주 어긋나게 되면, 시스템이 스스로 감지하고 인식 부품을 수정해서 좀 더 일관성 있게끔 수정하게 된다. 학습의 중요 목표는 이런 의미의 PAC 일관성에 도달하는 것이다.

그런 PAC 스타일에 일관성을 가진 시스템에서 개념이 뜻하는 바는 간단하다. 그 개념을 인식하도록 학습한 인식 부품이 판단하는 결과다. 따라서 PAC 일관성을 가지도록 훈련이 되었다면, 그런 시스템에서 개념 '차2'의 뜻은 다른 게 아니라 '차2'를 목표로 학습한 회로가 하는 작동인 것이다. 이런 회로는 다른 학습한 회로를 동원하기도 할 것이지만, 어쨌든 미리 결정된 특징들의 값을 외부 센서로부터 입력 받아 처리하게 된다. 이런 회로가 하는 계산과 실제 세계와의 대응 관계가 PAC 스타일의 의미 구조다.

7.6 대상 정하기 어려움 극복하기

마지막 네 번째 챌린지는 대상 정하기 어려움이다. 뜻 정하기 애매한 문제와 손쉽게 부서지는 문제와 밀접히 관련된다. 간단히 말해서 두 가지 이슈를 다룬다. 표현됐다고 주장하는 지식의 범위, 그리고 PAC 스타일의 의미를 정확하게 하는 데 필요한 대상들의 정확한 범위를 정하는 문제다.

이 문제는 아주 간단한 논리 문장에도 등장한다. "모든 사람은 죽는다"라는 문장을 생각해 보자. 논리학자는 "모든 t에 대해서 t가 사람이면 t는 죽는다"로 표현할 것이고, 다음과 같이 논리 부호를 사용해서 쓸 것이다.

$$\forall t \; 사람(t) \rightarrow 죽는다(t)$$

여기서 알파벳 A를 뒤집은 $\forall$ 표시는 '모든'을 뜻한다. 이 간단한 예에서 대상 정하기의 어려움이 숨어 있다. 위의 t가 돌아다니는 영역이 정확히 어떻게 될까? 우주 전체를 뜻한다면, 어떻게 위 명제가 참이라는 것을 확신할 수 있을까? 소설에 나오는 사람으로 좁혀진다면 어떤가? 소설을 통해서 세상을 이해하고 싶다면 두 번째 질문은 그렇게 엉뚱한 건 아니다.

조건을 덧붙여서 더 정확하게 대상의 범위를 특정해 가면 해결될까? 예를 들어,

$$\forall t \; 가상이 \; 아닌(t) \rightarrow (사람(t) \rightarrow 죽는다(t))$$

위와 같이 하면 상상의 사람이 아닌 실제 사람들로 좁혀진다. 그런데, 한없이 파고 들게 된다. 위 정의가 완전하다고 할 수 없기 때문이다. 지구상의 사람들인지 이 우주에 출현한 사람들인지 등등. 그리고 '가상이 아닌', '사람', '죽는다'라는 것들의 정의를 어떻게 하나? 뭐를 뜻하는지 정의하려면 덧붙여야 할 조건이 계속 생기는 똑같은 문제를 가지고 있지 않을까? '모든universal'과 대구인 '어떤existential'을 표현하는 명제도 알파벳 E를 뒤집어서 ∃ 기호를 사용하는데, 그 경우도 똑같은 이슈를 가지고 있다.

이 문제를 꼭 해결해야 하는 이유는, 사람의 지능에서는 늘 해결하는 일이기 때문이다. 사람은 위의 예보다는 훨씬 더 애매한 규모의 범위나 확신에 대한 이슈에 늘 효과적으로 대응한다. 다양한 성격이나 욕구를 가진 많은 다른 사람들과 늘 교류하면서, 사람들이 어떤 경우에 어떤 행동을 하는지 명확하게 모르면서도 다른 사람들의 행동을 예측해야 하는 게 사람이다.

이 문제(대상 정하기의 어려움)를 해결하는 원칙 있는 기반이 필요한데, PAC 학습에서의 방법이 답이 될 수 있다. PAC 학습에서는 학습하고 평가하는 데 사용되는 입력 샘플 분포 D를 특정해서 학습을 정의한다. 이렇게 대상을 특정하지 않고는 학습 이론이 있을 수가 없다. 그런데 개인이 학습하는 전형적인 상황들의 분포를 우리가 어떻게 정의하게 될까? 학습한 후에, 흔히 발생하는 상황에서 올바른 행동을 할지 어떻게 확인할 수 있을까? 그리고 경험해 보지 못한 경우에 아무렇게나 결정하는 일이 발생하지 않도록 하는 방법은 뭘까? 작동 방식이 무엇이건 간에 인공 시스템에서도 똑같은 보호 장치가 필요하다. 시스템을 만들어서 어떤 행동을 하도록 할 때 시스템이 잘 작동하길 기대하는 입력들의 분포를 모르고 있으면, 시스템을 통해서 우리가 달성하려는 게 뭔지 도통 알 수 없게 된다.

요점을 강조하기 위해서, 자기 꾀에 넘어가는 게임을 하나 소개하면서 마무리하자. 대상의 분포를 정하지 않고 확률적으로만 생각하면 빠질 수 있는 난센스다. 다음과 같은 제안이 있다고 하자. 그 제안을 따르면 우리에게 이득일지를 결정해야 한다. 거리에서 임의의 사람에게 가서 나하고 그 사람하고 가지고 있는 현금을 비교한다. 더 많이 가진 사람이 가지고 있는 현금을 다른 사람에게 모두 주기로 한다. 이 제안은 받아야 한다. 다음의 이유 때문이다. "내가 x만큼의 현금이 있고 다른 사람이 y만큼 있다. 둘이 가진 현금이 다른 경우만 생각하자. 그럼 두 가지 가능성이 같은 확률로 발생할 수 있다. 다른 사람이 더 가졌다면 내가 y를 가지고, 아니면 내가 x를 잃는다. 따라서 내가 예상하는 벌이는 $0.5y - 0.5x$이고 이건 0보다 크다 왜냐하면 y가 x보다 크므로." 따라서 반복해서 길거리에서 사람들과 이 게임을 하면 부자가 되는 걸까? 그러나 다른 사람도 똑같은 논리로 똑같은 주장을 할 수 있다. 둘 다 이득이 예상될 수는 없다. 위 주장은 분명히 뭔가가 잘못됐다. 어디가 틀린 걸까? 상식에 힌트가 있다. 내가 현금지급기에서 현금을 뽑아서 나오는 길이라면 나는 위 게임을 안 할 것이고, 현금지급기로 가는 길이었으면 할 것이다. 너와 나 누가 더 현금이 많을지 똑같은 확률을 가정하는 것이 틀린 것이다. 현실의 분포를 반영해야 한다.

7.7 마음의 눈: 세계를 보는 바늘구멍

이번 절과 다음 절에서는 위에 이야기한 네 가지 어려움을 극복하는 이치 따지기가 무엇일지에 대한 답을 하나 소개하겠다. 튼튼 논리robust logic라고 부르자.[f] 튼튼 논리는 학습하기와 이치 따지기를 공통된 의미 구조를 가지고 정의하고, 현실적인 계산 비용을 유지해 주고, 융통성 없이 쉽게 부서지는 문제와 대상 정하기 애매한 문제를 원칙에 근거해서 접근하도록 해준다.

튼튼 논리가 물밑에서 사용하는 장치가 작업보따리working memory라는 개념이다. 이 개념은 인지과학자들이 처음 제안했던 개념이다. 그때는 계산 비용이라는 이슈는 덜 신경 썼는데, 작업보따리 개념에 계산 이슈를 포함시켜서 보강한 버전을 여기서는 '마음의 눈'이라고 부르겠다.

사람의 생각 과정에 대한 인지과학의 주류 아이디어는 이렇다. 생각하는 중에 우리는 일반적인 기억 창고long-term memory와는 다른 특이한 장치를 이용한다. 이 장치를 이용해서 대상에 대한 다양한 생각의 실타래들을 한데 모으는데, 이 장치가 작업보따리working memory라고 부르는 것이다. 이 장치는 단기기억, 상상, 주의집중, 의식 등과 밀접히 관련된 개념이다. 이 장치는 다양한 관점에서 연구되어 왔는데, 알려진 사실 중 가장 놀라운 것 중 하나는 이 보따리의 용량이 꽤 작다는 것이다. 인지 심리학자인 밀러(George Miller)가 "매직 넘버 7 ± 2(The Magical Number Seven Plus or Minus Two)"라는 논문에서 보인 것이다.[g] 우리가 작업보따리에 한번에 넣을 수 있는 것은 일곱 개 안팎이라는 것이다. 즉, 우리가 생각 중에 어느 한순간 동시에 맘에 넣고 인지하는 것은 몇 개 안 된다. 마음의 눈이라고 통칭하는 것이 이 작업보따리다.

잠깐, 19세기 만물박사였던 골턴(Francis Galton)이 이와 관련해서 말한 것을 참고로 소개하고 계속하자.

내가 뭔가를 생각하고 있을 때 머릿속에서 일어나는 일은 이런 것 같다. 내 모든 의식 안에서 어느 한순간 있었던 아이디어들은 비슷한 종류 중에 가장 적절한 것을 끌어들이는 것 같다. 바로 주변에 놓였던 아이디어들 중에서, 불완전하게나마 내 의식의 범위 안에서. 내 마음 속에 조그만 방이 있어서 그곳을 내 완전한 의식이 바라볼 수 있고 그 방에는 동시에 두세 개의 아이디어가 들어가 있고. 그리고 그 방과는 달리 큰 방이 따로 있어서 이 방에는 관련된 아이디어들이 꽉 차있지만 의식의 시야에서는 살짝 벗어나 있는. 작은 방에 있는 아이디어들과 가장 궁합이 맞는 아이디어들이 큰 방에서 기계적으로 논리적인 방식으로 불려 나와 작은 방에서 자기 차례를 가지는 것 같다.[h]

그런 마음의 눈은 작아서 제한적이지만, 작기 때문에 아주 결정적인 역할을 한다. 우리의 인지 시스템이 하는 학습의 비용을 현실적인 범위 안으로 잡아주는 역할이다.

현재 디지털 컴퓨터에도 마음의 눈 같은 것이 있다. 컴퓨터 하드웨어에서 아주 작은 부분을 차지하는 레지스터_register_라는 기억 장치다. 중앙처리장치 가장 가까이에서 그때그때 필요한 데이터를 잠깐 보관해 준다. 나머지 훨씬 큰 하드웨어 부분들은 데이터를 저장하거나 여기저기 이동시키는 장치들이다. 병렬 컴퓨터에서도 레지스터의 복제본이 여럿 있지만 레지스터가 차지하는 부분은 주기억 장치나 통신을 담당하는 부분에 비하면 아주 작은 일부분이다.

우리 뇌의 작업보따리는 기억 창고보다 훨씬 작은 용량이다. 뇌의 작업보따리는 컴퓨터의 레지스터같이 정확히 구분되어 있지는 않겠지만, 밀러(George Miller)가 밝힌 대로 일곱 개 안팎의 정보를 담을 수 있는 크기라는데, 뇌의 기억 창고보다 용량이 훨씬 작은 셈이다. 사람 뇌의 기억 창고는 용량이 상당할 것이다. 사람이 기억하고 인식할 수 있는 시각적인 개념만 해도 사전에 있는 관련 단어를 세어 보면 약 3만 개 정도다.[i] 우리가 기억하는 것은 시각 이외의 개념도 많다. 그 외에 사건이나 사실들도 기억한다. 또 전문가 지식은 이보다 10배 이상 많을 것이다.

컴퓨터 레지스터가 몇 개 안 되는 이유가 있다. 레지스터 회로가 중앙처리장치 가까이서 그 속도를 따라가려면 주기억 장치나 통신 회로보다 정교하고 비싸진다. 또, 너무 많은 레지스터가 있으면 병렬 컴퓨터의 경우 동시에 작업이 진행되면서 발생할 수 있는 불협화음을 제거해 주는 장치가 필요해지는 문제도 있다.

컴퓨터의 레지스터와 뇌의 작업보따리는 역할이 비슷하다. 그때그때의 필요한 정보 조각들을 불러다가 새로운 정보를 조합해내는 데 사용된다. 예를 들어, 컴퓨터의 경우 주기억 장치에서 두 숫자를 꺼내와서 곱하는데 레지스터를 임시 작업 공간으로 쓰는 식이다. 뇌의 작업보따리도 두 행동을 조합하면 어떻게 될지를 예측하고 싶을 때, 예를 들어 조합한 결과대로 다음 날 행동하는 게 맞을지를 어림잡을 때 임시 작업 공간으로 쓰는 식이다. 이런 예측을 위해서는 기억 창고에서 다양한 관련 지식 조각들을 끄집어내야 한다.

레지스터가 아주 소규모일 수밖에 없는 실용적인 이유가 뇌에서도 똑같이 성립한다.[i] 작업보따리를 관리하는 회로들이 꽤 복잡할 것이고, 그곳에서 일어나는 모든 일을 잘 조정하는 일도 복잡할 것이다. 복잡하고 빠른 장치를 대용량으로 갖추기에는 비용이 너무 클 것이다. 이런 이유 때문에 마음의 눈이 한순간에 다룰 수 있는 정보 조각이 몇 개 안 되는 것이다.

작은 작업보따리는 결코 궁극의 제약 사항이 아니다. 뇌는 단순 계산만이 아니라 학습도 해야 하기 때문에 다른 더 심한 제약들이 있다. 마음의 눈을 통해 보는 시야가 좁은 것은 세계를 학습하는 데 꼭 필요하다. 더 많은 정보에 주의를 기울일수록 그로부터 패턴을 도출해내기는 더 복잡해진다. 7±2개가 시야 범위와 계산 효율 사이의 적절한 균형인 것이다. 우리의 의식이 그렇게 작은 조리개를 통과하게 됨으로써 현실적으로 학습이 가능해지는 것이다.

좁은 마음의 눈을 가진다는 건 결국 바늘구멍 정도로 세상을 보는 셈이다. 거대하고 복잡한 바깥 세계와 상당히 복잡한 내용물을 가진 기억들 사이에 매우 좁은 마음의 눈이 놓여 있다.

때문에, 이 제한된 시야는 아껴서 다루게 된다. 잘 선택해서 마음의 눈에 가져다 놓아야 한다. 다음에 봐야 할 곳, 다음에 생각할 것, 그리고 지금 생각과 관계된 지식들을 기억 장치에서 잘 선택해야 한다. 이 선택은 어렵다. 왜냐하면, 가정해야 하는 것이지만, 그 선택 자체도 현재 마음의 눈에 있는 제한된 정보에 기대야 하기 때문이다.

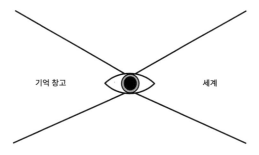

기억 창고　　　　　세계

그림 7.1 마음의 눈이 두 깔때기를 연결하는 곳에 비유적으로 바늘구멍을 차지하며 놓여 있다. 오른쪽은 세상으로 향하고 있고 왼쪽은 기억 창고로 향한다. 마음의 눈은 사람이 한순간 의식할 수 있는 정보를 담는 계산 장치로 볼 수 있다. 학습은 이 마음의 눈을 드나드는 데이터를 가지고 진행된다.

마음의 눈은 바깥 세계와 사람 사이에 흐르는 정보 깔때기의 꼭지라고 상상할 수 있다. 양 방향 깔때기다. 외부 세계에서 오는 정보와 뇌의 기억 창고에서 나가는 정보를 제한하는 깔때기. 우리가 의식하는 정보는 얼추 이 마음의 눈을 통과하는 것들이다.

마음의 눈은 각 경험을 아주 간략히 요약해 놓아서 계산이나 학습이 현실적으로 가능하도록 해준다. 간략히 정리할 때 외부 입력과 내부 기억 창고에 있는 정보가 동원된다. 정보가 간략해야 비현실적인 계산 비용을 피할 수 있고 학습이 가능해진다. 학습이 가능해야 융통성이 없이 쉽게 부서지는 문제를 극복할 수 있다. 제일 결정적으로는, 마음의 눈은 뜻 정하기 애매함과 대상 정하기 어려움을 극복하게 한다. 마음의 눈은 학습한 지식들이 실제 세계 무엇에 해당하는 것인지, 그 활동 무대를 정의한다. 배운 지식은 실제 세계 경험에서 온 것이고 오직 마음의 눈이 걸러내고 마음의 눈에 표현된 정도까지다.

우리가 학습을 통해서 배운 것들이 말이 된다는 것은, PAC 스타일의 의미에서 그렇다는 뜻이다. 세상을 겪으며 마음의 눈에 보였던 것들의 분포에 준해서 그렇다는 것이다. 이것이 우리가 인지라고 말하는, 뜻 정하기와 대상 정하기인 것이다.

7.8 튼튼 논리: 알 수 없는 세계에서 이치 따지기

이치 따지기가 넘어서야 할 네 가지 벽에 도전하는 튼튼 논리*robust logic* 시스템을 이야기해보자. 지능을 정의하는 시스템이라면 두 가지 사항을 만족해야 한다.

1. 모든 학습과 이치 따지기 과정은 그 계산 비용이 현실적이어야 하고 학습 과정은 PAC 개념에서 튼튼해야 한다. 경직되어서 깨지기 쉬우면 안 된다. 그래서 환경과 더 많이 주고받을수록 학습한 지식의 오류가 줄어들 수 있어야 하고, 학습한 지식의 단어들이 뜻하는 바가 명백해야 하며, 대상이 있다면 그 대상의 범위를 명확히 특정할 수 있어야 한다.

2. 이치 따지기는 원칙적인 근거를 가지고 있어야 한다. 지식의 정확도 보장이 여러 지식을 조립하면서도 유지되어야 한다는 뜻이다. 즉, PAC 스타일로 정확도를 보장하는 두 지식을 조립해서 내어 놓은 결론도 정확도가 보장되어야 한다.

이 요구 사항을 만족시키기 위해서 마음의 눈이라는 개념을 소개했는데, 이것을 좀 더 정확하게 논의해 보자. 한순간 마음의 눈에 들어온 내용물을 장면이라고 하자. 한 장면에서 사용할 수 있는 토큰이 스무 개 정도로 정해져 있다고 하자($t_1, \cdots, t_{20}$). 각 토큰은 장면마다 마음의 눈에 들어온 것들과 짝이 된다. 그리고 장면마다 토큰 뭉치들 사이에 어떤 관계들이 정해지고, 관계는 이치 따지기 시스템이 현재 알고 있는 관계 중에서 온다고 하자. 어떤 장면을 생각해 보자. 그 장면에서 하나의 토큰 t_1은 '코끼리'라는 관계를 뜻하고, t_2는 '땅콩'이라는 관계를 뜻하고, 토큰 짝 t_1, t_2는 '좋아한다'는 관계를 뜻한다고 하자. "t_1이 t_2를 좋아한다"는. 토큰을 가지고 구성한 이런 관계가 마음의 눈에 어느 순간 들어온 내용물이 된다. 그림 7.2의 왼쪽이 그 내용물을 표현한 것이다.

튼튼 논리는 학습과 이치 따지기를 모두 다루는데, 새로운 것은 이 둘을 똑같이 PAC 스타일 의미 구조로 이해한다는 것이다. 표현되는 것이

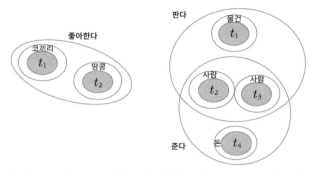

그림 7.2 두 장면들. 왼쪽은 본문에서 이야기한 장면이다. 오른쪽은 사람 t_2가 물건 t_1을 t_3에게 팔고 t_3은 t_2에게 돈 t_4를 주는 거래를 표현한다.

무엇을 뜻하는지는 PAC 학습에서처럼 한다는 것이다. 이게 핵심이다.

전통적인 논리에서는 규칙을 이렇게 표현할 것이다.

$$\forall t_1 \forall t_2 \text{ 코끼리}(t_1) \text{ 그리고 좋아한다}(t_1, t_2) \rightarrow \text{땅콩}(t_2)$$

기호 $\forall$는 '모든'을 뜻한다. 위 문장의 의미는, 모든 t_1과 t_2에 대해서, t_1이 코끼리이고 t_1이 t_2를 좋아하면 그러면 t_2는 땅콩이다,로 읽으면 된다. 즉, 만일 코끼리가 뭔가를 좋아하면 그건 땅콩이라는 거다.

그런데 이런 종류의 의미는 PAC 학습에서는 조금 생소하다. 이유는 이런 논리 문장은 한 방향으로만 흐르는 논리이기 때문이다. 반대 방향으로, "땅콩이면 모든 코끼리가 좋아한다"는 논리를 의도하지는 않는다.

그러나 학습에서는 양방향으로 흐르는 논리를 원한다. 학습한 개념은 사실이거나 사실이 아니거나 모두 100% 확신할 수는 없는 '아마도'가끈 어림잡은 결과일 수밖에 없다.[4] 이런 이유로 우리는 다음과 같은 양방향 규칙을 학습하게 된다.

$$\text{"복잡한 조건"} \equiv \text{땅콩}(t_2)$$

여기서 기호 $\equiv$는 양방향 논리 흐름을 뜻한다. 단, 학습 결과이므로 '아마도'가 끼는 것뿐이다. 왼쪽이 만족되면 아마도 오른쪽으로 결론 내릴 수 있고, 그 반대도 그렇다.

기계 학습이 가지는 장점은 위 규칙에 있는 '복잡한 조건'이 사람이 생각 못할 정도로 정교할 수 있는데, 학습으로 찾을 수만 있다면 그런 것을 도출해낸다는 점이다. 그래서, 일반적으로 다음과 같은 꼴의 규칙이 만들어진다.

$$F(\boxed{\exists t_1\ \text{코끼리}(t_1)\ \text{그리고 좋아한다}(t_1, t_2)}, \cdots) \equiv \text{땅콩}(t_2)$$

위에서 함수 F는 PAC 학습 가능한 함수 클래스 C에서 나온 것이고 변수들은 각각 어떤 조건들이다. 위에서 함수의 첫 번째 변수는, 뭔가(t_1)가 존재해서 그것이 코끼리이고 t_2를 좋아한다, 라는 명제다.

예를 들어, F의 정의는 다음과 같을 수 있는데

---

4 $A \rightarrow B$가 사실이고 B가 사실이라고 하자. A가 사실이라고 장담할 수는 있는가? 없다. 그러나 "아마도 A는 사실"이라고는 할 수 있다. 학습이란 이렇게 불확실하지만 얼추 거의 맞는 사실을 이끄는 과정이 핵심이다. 즉, 학습은 한 방향 $A \rightarrow B$으로만 결론을 이끄는 100% 확실한 추론(디덕deduction)만이 아니라, 반대 방향 $A \leftarrow B$으로도 결론을 내지만 오류 가능성을 수용하는 것(앱덕abduction과 인덕induction)이다. 과학적인 학습이란 감수한 오류의 양을 관리할 수 있는 학습을 뜻한다. 아무튼, 이런 의미에서 학습이란 양방향으로 $A \equiv B$라고 놓을 수 있는 A와 B를 찾아가는 것이라고 볼 수 있다. 학습한 양방향 규칙은 이제 예측에 쓴다. A이면 아마도 B, B이면 아마도 A.

$$F(x, y, z) = (x \text{ 그리고 } y) \text{ 또는 } (x \text{가 아니거나 } z)$$

앞의 땅콩 규칙에서 x가 명제 "∃t_1 코끼리(t_1) 그리고 좋아한다(t_1, t_2)"인 것이다.

학습한 것으로 이치 따지는 과정

학습한 위와 같은 규칙의 용처는 어떤 장면에서 예측을 하려는 것이다. 규칙을 주어진 장면에 대응시켜서 함수 인자 값들을 만들고, 함수가 만드는 결과를 가지고 예측한다. 즉, 앞의 규칙에서 오른쪽에 있는 토큰(t_2)에 해당하는 것이 주어진 성질을 가질지(즉, 땅콩일지)를 예측하는 데 쓰인다.

사전에 있는 각 단어(예를 들어, 땅콩)마다 그 단어를 오른쪽에 가지는 위 등식과 같은 규칙을 상상할 수 있을 것이다. 규칙의 왼쪽에는 그 단어와 같다고 결론 내리는 데 동원할 많은 조건이 표현되어 있을 것이다. 매우 복잡할 수 있는데, 대개는 여러 가능한 조건이 모여 있을 것이다. 앞의 예에서, 그 많은 조건 중에 하나인 '코끼리가 좋아하는 것'을 논리식으로 표현한 것이 "∃t_1 코끼리(t_1) 그리고 좋아한다(t_1, t_2)"이다.

이런 규칙에서 왼편에 있는 함수 F가 예시들로부터 PAC 학습한 결과가 된다. 학습해서 나온 함수 F는 사람이 정의할 수 있는 수준을 넘어설 정도로 복잡할 수도 있다. 중요한 것은 함수 F가 학습 가능한 함수 클래스 C에 속하는 것이어야 한다. 이 경우 땅콩의 모든 조건을 포섭하는 크고 복잡한 식까지도 컴퓨터와 뇌가 배울 수 있게 된다. 우리의 뇌가 그런 회로들로 차 있다는 가설은 그럴듯하다. 그리고 F가 신속하게 계산될 수 있어야 한다. 영 점 몇 초 만에 우리가 보고 있는 것이 땅콩인지 호랑이인지 판단이 서야 한다.[k]

다항 시간 안에 이루어질 학습과 이치 따지기

튼튼 논리 시스템에서는 규칙들이 현실적인 다항식 시간 안에 학습되고 이치 따질 수 있어야 한다. 학습 가능한 클래스 C로 설득력 있는 후보는 다음과 같다. 규칙의 왼쪽은 학습 가능하도록, 직선 경계선 함수들이다. 그 함수의 인자는 위 예에서 선보인 독립적인 모든-어떤 논리*predicate logic,* 술어 논리 식이다. "∃t_1 코끼리(t_1) 그리고 좋아한다(t_1, t_2)" 같은 것들이다. 독립적이란, 모든(∀)이나 또는(∃)이 붙은 변수들은 현재의 논리식 테두리 안에서만 유효하다는 뜻이다. 다른 논리식으로까지 효과가 뻗치지 않는다. 그리고, 위 논리식은 한 틀*scheme*에서 찍혀 나온 하나의 경우다. 그 틀은 다음과 같이 생겼다.

$$∃t_1 \ □(t_1) \ 그리고 \ △(t_1, t_2)$$

이 틀을 가지고 다른 식들도 찍어낼 수 있다. 빈칸 □와 △에 인자 개수만 맞으면 코끼리( )와 좋아한다(,) 대신에 다른 관계를 바꿔치기하면 된다.

사용하는 논리식 하나마다 변수 하나로 생각할 수 있고 주어진 장면에서 0(거짓) 또는 1(참)을 값으로 가진다. 논리식은 한편으로는 복잡한 관계를 표현할 수 있을 만큼 강력하지만, 다른 한편으로는 아주 단순하다. 주어진 장면에서 그 논리식의 값은 참 아니면 거짓이고 그 값 계산은 신속히 가능하다.

이런 식으로 논리식들을 PAC 학습에서 예시들의 특징들로 생각할 수 있고, 우리가 원하는 학습 알고리즘을 사용할 수 있다. 논리식 하나가 한 특징이 되고, 그 식의 참/거짓에 해당하는 1과 0을 숫자로 보면, 예를 들어 퍼셉트론*perceptron* 알고리즘을 사용할 수 있다.

다루는 논리식은 위 예보다 더 일반적인 틀에서 찍어 나오는 것도 다룰 수 있다. 예를 들어, 관계가 두 개가 아니고 세 개나 네 개인. 하지만, 그러면 학습과 이치 따지기 과정에서 계산 비용이 더 올라갈 수 있다. 특히, 틀이 아주 일반적이면 그것으로 많은 식이 찍혀 나올 수 있어서 학습 중에 그 모두를 고려하게 되고 계산 비용은 그만큼 는다. 그래서 실제 현장에서 유용한 틀은 아주 일반적이면 안되고 어느 정도 제한적이어야 한다.

학습하고 이치 따지는 과정을 정리하면

지금까지 논의를 정리하자. 학습은 퍼셉트론 알고리즘 같이 알려진 알고리즘으로 진행되는데 이때 변수들이 논리식에 해당한다. 학습한 규칙들을 가지고 이치 따지기는 이렇게 한다. 주어진 장면이 규칙의 왼편과 맞으면 그 규칙의 오른쪽에 드러나는 관계들로 장면을 새롭게 바꾸고, 이렇게 한 발 한 발 나아가는 과정을 필요한 만큼 반복한다.

지금쯤 독자는 의아해할 수 있다. 표기법을 좀 정확하게 알아야겠다고. 논리식에서 모든($\forall$)이나 어떤($\exists$)이 붙은 변수가 뜻하는 대상이 뭐지? $\exists$이 붙으면 우주에 존재한다는 뜻인가? $\forall$이 붙으면 지구상의 모든 것을 뜻하나? 그렇지 않다. $\exists$이 붙은 변수는 현재 장면 안에 존재하는 것을 뜻한다. $\forall$이 붙은 변수도 현재 장면 안에 있는 모든 것을 뜻한다. 예를 들어, 논리식 "$\exists t_1$ 코끼리(t_1) 그리고 좋아한다(t_1, t_2)"가 토큰 t_2에 대해서 어떤 장면에서 사실이려면, 그 장면 안에 어떤 토큰 t_1이 존재해서 코끼리(t_1)도 사실이고 좋아한다(t_1, t_2)도 사실이면 된다. 비슷하게, $\forall$은 우주가 아니라 주어진 장면에 한정해서 그 안에 있는 모든 것들을 뜻한다.

일반적으로, 위에서 이야기한 대로 각각의 논리식들은 독립적이다. 모든(∀)이나 어떤(∃)이 붙은 변수들은 해당 논리식에서만 유효하다. 다른 논리식으로까지 효과가 미치지 않는다. 다른 논리식으로도 효과를 내고 싶다면 두 식을 하나로 합쳐서 표현하면 된다. 단, 이때 식이 커져서 계산 비용이 느는 것은 감수해야 한다.

규칙들은 다음과 같이 사용될 것이다. 장면하고 규칙이 있으면, 규칙의 왼편 함수의 인자값들(인자마다 해당하는 논리식이 있으므로, 그 논리식을 장면에 맞추어 참/거짓 값들)을 계산하고 함수 값이 최종 참인지를 본다. 규칙이 장면에 맞는지 장면에 있는 정보만을 가지고 판단하게 된다.

학습 파트는 선택된 학습 가능한 함수 클래스에 대해 이미 있는 학습 알고리즘을 사용하면 된다. 직선 경계선 클래스라면 퍼셉트론*perceptron* 알고리즘을 사용할 수 있다. 정해진 틀로 만들 수 있는 논리식들을 모두 만드는 방법(예를 들어, 코끼리를 허용된 모든 다른 단어로 바꾸는 방법)은 많은 논리식을 만들겠지만 그 숫자는 다항식 개수로 잡힌다.[5] 이렇게 만들 수 있는 논리식들마다 변수가 하나씩 배정되고, 학습하고자 하는 함수는 그 변수들을 인자로 하는 함수가 된다.

그리고, 학습에 필요한 샘플 개수가 그렇게 만들 수 있는 논리식 개수에 지나치게 의존할 필요가 없는 게 중요하다. 논리식 대부분은 학습하고자 하는 개념과 상관없는 것들일 것이기 때문이다. 다행히도, 5.11절에서 이야기한 대로 학습하려는 목표와 상관없는 특징(논리식)들을 많이 다루어도 학습 비용이 그에 민감하게 비정상적으로 커지지는 않는 학습 알고리즘들이 있다.[11]

---

5 그 개수는 틀의 '크기'를 변수로 해서 다항식으로 정해진다. 틀에 있는 다른 모양의 빈칸 개수 곱하기 빈칸에 넣을 수 있는 단어들 개수다. 단어 개수는 상수이다. 기껏해야 사전에 있는 단어 수.

규칙의 목적은 앞으로 맞닥뜨릴 상황에서 예측을 하려는 것이다. 어떤 장면이 주어지면 그 장면에 맞는 관계들이 있을 게고, 우리는 이로부터 어떤 다른 새로운 관계가 성립할지 예측하고 싶은 것이다. 그러니까 학습한 규칙의 조건 함수에 들어가는 인자들을 계산해서 함수에 넣어주면 함수의 결괏값이 나온다. 참이면 그 규칙 오른쪽에 해당하는 관계를 예측으로 내놓는 것이다. 여러 개 규칙을 차례로 시도할 수도 있다. 그래서 여러 개 예측을 내놓으며 주어진 정보에서 끄집어낼 수 있는 예측들로 그림을 만들어 가는 것이다. 밖에 비가 온다고 하면, 우리가 가진 상식들을 가지고 얼추 거의 맞을 예측들을 유추해 낼 수 있다. 튼튼 논리가 그런 예측을 어느 정도 정확도를 보장하면서 해내도록 디자인된 것이다.

튼튼 논리 시스템을 정리하면 이렇다. 장면들(마음의 눈에 나타난 내용물에 해당한다)은 복잡한 바깥 세계를 반영하는 자연스러운 확률 분포에 따라 마음의 눈을 가진 사람이 인지하는 것들이다. 그 확률 분포라는 것은 맘껏 복잡할 수 있고, 사람은 그 분포에 대해서 아무것도 알 필요가 없다. 그럼에도 그 분포에 따라 출현하는 예들을 가지고 규칙들을 학습하고, 그 규칙들은 같은 분포에서 출현하는 새로운 예들을 보고 믿을 만한 판단을 한다. (이런 학습이 가능하다는 것이 기계 학습 이론의 주된 내용이다. 5장에서 다룬 내용이다. 너무 복잡해서 온전히 표현하기 힘든 세계일지라도, 학습 가능한 규칙성을 드러내는 규칙은 학습으로 얻어질 수 있다.)

순수한 학습 이론에 더해서 튼튼 논리가 추가하는 내용은 이것이다. 학습한 규칙을 차례로 엮어서 이치 따지는 방법인데, 그 부품 규칙들의 정확도에 대한 어떤 보장만 있다면 최종 예측 결과도 정확도에 대한 보장이 된다. 이 모든 것의 계산 비용은 현실적인 한도 안에 머물고, 어쩔 수 없는 오류는 관리할 수 있다.[m]

표준적인 기계 학습과 비교하면 별도의 비용이 생기는데, 이유는 튼튼 논리는 매번 여러 것이 있는 장면들(마음의 눈은 여러 개 토큰을 가지고 있다. 예를 들어 코끼리, 땅콩 등)을 다루게 되기 때문이다. 이런 이유 때문에 논리식을 하나의 변수로 치환해서 숨겨야 계산 비용이 커지는 것을 잡을 수 있게 된다.

7.9 생각 과정

튼튼 논리*robust logic*를 인공지능의 기초로 쓰건 사람 지능 모델의 기초로 쓰건, 좀 더 구체적인 질문이 필요하다. 마음의 눈에 있는 정보(이전에 인용한 골턴(Francis Galton)의 "내 모든 의식 안에서 어느 한순간 있었던 아이디어들…")가 어떻게 다루어지는지.

첫째, 그런 시스템에서 작업보따리의 내용물이 어떻게 사용되는 걸까? 간단하다. 작업보따리에 장면이 주어지면 기억 창고에 있던 학습한 규칙들을 살핀다. 규칙의 조건 부분에 현재 장면이 맞춰지는 규칙들을 선택한다. 이 규칙의 결론 부분에 맞춰진 것으로 예측이 만들어지고 장면에 새로 추가된다.

둘째, 작업보따리에 들어간 새로운 내용이 어떻게 선택되는 걸까? 예를 들어, 물건을 살지를 결정할 때 가격에 해당하는 토큰을 만드는 게 필요하다. 그래서 구매할지 말지를 따지는 과정에 가격이라는 개념이 포함되도록. 이를 위해서 규칙의 겉모습을 확장할 수 있다. 새로운 작업이 규칙 오른편에 낄 수 있도록, 그래서 현재 장면에는 없던 토큰들을 끌어들이고 새로이 필요한 관계들을 잡을 수 있도록.

마음의 눈이 실효성을 가지는 데 꼭 필요한 몇 가지 다른 것도 있다. 예를 들어, 현재 토큰 중에서 새로운 역할을 맡을 토큰을 결정하는 게 필요하다. 튼튼 논리를 가지는 모든 시스템들은 그런 정책을 하는 부품이 필요할 것이다.

모든 지능 현상을 커버하는 튼튼한 모델은 아쉽게도 아직 없지만, 튼튼 논리가 부분적으로 역할을 할 수 있을 것이다. 학습과 진화의 경우는, 이전 장에서 주장했듯이, 이런저런 변형에도 끄떡없는 계산 모델이 있지만, 우리가 일반적으로 이해하는 지능 현상에 대해서는 같은 주장을 할 만한 모델이 아직 없다. 지능을 이해하려면 이전 절의 시작 지점에서 나열한 지능 모델의 조건을 과학적으로 다룰 수 있어야 한다. 튼튼 논리가 그런 조건을 과학적이고 현실적으로 만족시키는 한 방법이다.[n] 지능에는 많은 종류가 있기 때문에 튼튼 논리가 모두를 커버한다고 할 수는 없지만 불확실한 것들과 함께 이치를 따지는 그런 능력은 분명히 지능의 일부로 볼 수 있다.

그리고, 근거가 약한데도 이치를 따져야 하는 시스템은 뭐가 되었든 (사람을 포함해서) 튼튼 논리가 가진 약점을 그대로 가지고 있을 것이다. 그런 시스템은 당연히 학습한 믿음들을 연결해서 이치를 따질 텐데, 그 결론도 마찬가지로 100% 확실할 수는 없고 그 연결이 길수록 오차가 커질 것이다.

이제 우리의 이야기를 마무리하자. 5장부터 지금까지 에코리즘 *ecorithm*으로 학습, 진화, 그리고 학습한 데이터로 이치 따지기라는 세 가지 현상을 정의했다. 에코리즘은 튜링(Alan Turing)의 보편만능 기계*universal machine*가 할 수 있는 계산 중에 일부분일 뿐이다. 그러나 튜링 이전까지 지구상에서 벌어졌던 계산은 이런 계산이 지배적이었다.

에코리즘으로서의 인간
Human as Ecorithms

아니오. 난 대단한 뇌를 만드는 데는 관심 없어요.
내가 만들고 싶은 건 중간 정도의 뇌예요.
미국 AT&T사 회장 정도의 뇌랄까요.

— 앨런 튜링(Alan Turing)

요약

과학적인 근거는 아직 없지만, 에코리즘ecorithm 가설의 사회적인 의미를 개인적인 의견으로 정리하면 이렇다. 에코리즘이 생명체가 운영하는 기본 알고리즘이라고 하자. 사람이 타고나는 유전체를 만든 진화 과정과 태어난 후하는 학습은 매우 유사한 에코리즘이다. 때문에, 특정 능력이 타고난 것인지 길러진 것인지를 따지는 질문은 의미 없다. 경계를 구분할 수 없기 때문이다. 학습할 수 있는 목표를 부지런히 좇는 성질, 그리고 학습하는 샘플마다 매번 가설을 수정하는 학습 알고리즘의 부지런함 때문에 사람은 편견을쉽게 가지고 판단을 성급히 내리며 다른 사람의 믿음과 편견을 쉽게 받아들이게 된다. 용량이 한정된 마음의 눈이라는 장치는 사람의 인지 과정을 학습 알고리즘으로 푸는 데 필수다. 때문에, 각자는 자기만의 한정된 시각으로 세상을 보기 쉽다. 에코리즘은 100% 확실한 사실을 만들지 못하므로 논리적인 사고에 대한 확신을 경계해야 한다. 논리적인 사고가 기초하는 것이 학습된 개념들이라면, 아무리 논리적인 사고라도 100% 확신해서는 안 된다. 정교한 분석 도구의 도움을 받아 사람이 최종 판단을 하는 경우도, 이론 없는 분야라면 그 도구나 사람은 에코리즘 사고를 하기 때문에 그 최종 판단을 100% 확신해서는 안 된다. 이렇게 에코리즘은 사람이 사회에서 드러내는 (정치, 경제, 종교 등에서의) 인지 과정의 경향과 약점을 설명할 수 있다.

8.1 들어가며

과학은, 핵반응이건 흡연이 몸에 미치는 영향이건, 어떻게 응용될지는 이야기하지 않는다. 과학 성과의 사회적 의미는 별개의, 근거 없다면 없을 수 있는 논의가 필요하다.

하지만 과학자들은 그들의 작업이 사회에 가지는 의미에 대해서 폭넓게 생각해볼 자격도 되고 그럴 의무도 있다고 본다. 이런 구실로 앞으로 이야기를 진행해 보겠다.

이전 장들에서는 생명 현상을 결정하는 핵심 요인은 생명체와 환경 사이에 일어나는 에코리즘 방식의 관계라는 가설을 내놓았다. 학습 과정을 통해서 생명체가 환경에 대처해 간다는 가설이다.

앞으로는 다음 두 질문에 대해서 개인적인, 아직은 이론 없는 답변을 해보겠다. 지구상에서 우리가 목격하는 생명의 모든 복잡성, 지능, 그리고 문화까지도 에코리즘 가설로 설명될 수 있는지, 그리고 그 가설로부터 범사회적으로 관심 가는 결과가 어떤 것이 가능한지.

앞으로 할 이야기는 이전보다는 훨씬 사변적이 될 것이다. 과학적인 이론이 되기는 아직 부족하기 때문이다. 이야기가 더 근거 있으려면 생명의 근본적인 에코리즘들이 밝혀져야 하는데 아직 그렇지는 않다. 이런 이야기의 가장 큰 동기는 물론 이런 빈틈들을 메우는 작업을 독려하기 위해서다. 생명의 근본 에코리즘들이 뭔지 더 잘 이해하게 되면 앞으로 할 이야기들은 과학적인 분석이 쉬워질 것이다.

이야기하면서 곤혹스러울 수는 있을 것 같다. 지금까지 나는 계산과 학습 이론을 논의하면서 과학적인 자세를 유지했다. 내가 가진 신조 중 하나는, 이론 없는 이야기는 철저하게 의심해야 한다는 것이다. 근거 없이 새로운 의미가 만들어지는 일이 없도록 해야 한다는 것이다. 그런데 지금부터는 조금 곤란한 지형에 들어서게 될 것 같다. 이론 없는 대상을 이야기하게 되기 때문이다.

근거 없는 생각으로 빠지는 것을 조심해야 할 텐데, 내가 잘 해냈다면 과학을 항상 염두에 둔 덕분일 것이다. 이론 없지만 중요한 질문들에 답하면서 늘 계산 학습computational learning이라는 과학과 연결시키려고 한 덕분이랄까.

8.2 타고난 거냐 길러진 거냐

많은 논쟁이 있었지만 아직도 결론 안 난 문제가 있다. 인간 행동이 어디까지가 타고난 것이고 어디까지가 경험을 통해 길러진 것인지이다. 개인이나 그룹의 유전적인 차이가 결정적인 것인지, 아니면 사람이 적응력이 뛰어나서 태어난 후의 인생 경험이 모든 것을 결정하는 것인지.

이 질문에 확실하게 답하기는 어렵다. 인간은 놀라운 학습 능력을 가지고 있다. 수학 점수 같이 잴 수 있는 일에서 개인과 집단이 크게 차이가 나는 것은 쉽게 볼 수 있다. 그런 차이를 드러내는 실험이나 조사는 언제라도 반복해서 확인할 수 있다. 그러나 그런 차이가 타고난 건지 길러진 건지는 그 점수 차이를 어떻게 해석하느냐에 따라 달라진다.

이 이슈는 컴퓨터 분야에서는 간단하다. 컴퓨터의 경우 새로 산 컴퓨터의 성능이 뭔지는 명백하다. 구입 시점에서 컴퓨터의 능력은 그 후에 첨가되는 능력과 명백하게 구분된다. 첨가되는 소프트웨어나 하드웨어 부품에 의한 새 능력, 혹은 있던 학습 소프트웨어를 돌려서 내 목소리를 알아듣게 된 새로운 능력과 처음부터 있었던 능력을 구분하기는 쉽다.

그러나 에코리즘의 경우라면 달라진다. 학습의 도움으로 컴퓨터가 만들어졌다고 하자. 그리고 구매 이후에도 계속해서 학습하며 진화한다고 하자. 구매 전후에 사용된 학습이 같은 것이라면, 구매 당시의 컴퓨터 능력이 정확히 어디까지였는지 되짚어보는 것은 정말 어려워진다. 이전 주인이 학습시킨 컴퓨터를 구입했다면 어떻게 될까? 내가 학습시킬 방식도 이전 주인의 방식과 비슷하다고 하자. 데려온 강아지가 이전 주인에게 배운 것과 내게 배운 것을 구분하고 싶은데 가능할까?

인간에게서 타고난 것과 길러진 것을 구분하기 어려운 이유가 바로 이것이다. 난자와 정자가 수정되기 전에 일어난 진화 과정과 수정된 후의 학습 과정이 너무 비슷해서 이 둘을 경계면을 찾기가 불가능하다. 어떤 사람의 성격 중에 어느 것이 5.5살 이전 경험에서 배운 것이고 어느 것이 그 이후에 익힌 것인지 구분하려고 한다고 하자. 말이 되지 않는다. 비슷하게, 탄생 순간이 모든 게 시작되는 지점은 아니다. 우리가 수정되거나 탄생했을 때, 이미 우리는 많은 중요한 것들을 반 정도 학습한 형태로 가지고 있다.

타고난 것이냐 길러진 것이냐는 틀린 질문이다. 계속되는 변화의 과정 중에서 거의 아무 순간이나 잡아서 억지로 묻는 식이기 때문이다.

8.3 순진함

이 책에서 소개한 개념 중에 배울 수 있는 목표를 좇는 능력이라는 것이 있었다. 환경이 제공하는 모든 가능한 학습 기회를 좇는다는 공격적인 개념이다. 이미 배운 개념이 발판이 되어 현실적인 시간 안에 계산으로 학습할 수 있는 개념은 뭐가 되었든 학습할 수 있고, 환경이 적절한 예만 제공해 준다면 학습이 진행될 것이라는 개념이다.

사람의 인지 시스템이 이 능력을 가진 것으로 이야기했는데, 이런 시스템은 단점도 가지고 있다. 뭐든 늘 학습하려고 안달이면 실수하기도 쉽다. 특히, 부자연스럽거나 해가 되는 데이터를 다룰 때 배울 수 있는 목표라면 무조건 좇고 보는 학습 알고리즘은 조금 순진할 수 있다. 통계 정보가 가지는 함정에 쉽게 빠지는 것과 유사하다. 데이터가 대표성이 없거나 충분하지 않은 함정, 그리고 통계적인 연관성을 근거 없는 인과 관계로 보게 되는 함정이다.[a] 이런 말이 있다. "세상에는 세 가지 거짓말이 있다. 거짓말, 아주 못된 거짓말, 그리고 통계." 우리 인지 시스템이 쉽게 빠질 근본적인 덫에 대한 일갈이다.

학습 알고리즘의 순진함을 조금 기술적으로 말하면, PAC 학습에서 환경은 중립적이라는 이야기다. 환경은 학습을 돕는 입장도 아니고 방해하는 입장도 아니다. 좋은 선생같이 학습을 돕지도 않고 혼동을 주거나 학습이 지체되게 방해하는 것도 아니다. 이런 의미에서 물리적인 세계는 근본적으로 중립으로 보인다. 진화 과정에서 이동 수단과 시각 같은 물리적인 문제를 어떻게 풀어냈을지 생각해 봐도 그런 중립적인 학습 환경이 적절하다고 보는 것이 말이 된다. 빨리 배우도록 돕는 어떤 우호적인 것도 없었고 방해하는 어떤 비우호적인 것도 없었다는.

사람의 초기 학습 본능은 세계가 중립인 것으로 생각하게끔 진화했을 것이다. 주어진 모든 정보를 있는 그대로 받아들이고 대표적인 것으로 여기도록 진화했을 것이다. 부모나 선생은 이런 상황을 이용할 수 있다. 학습이 신속히 진행하도록 돕는 정보를 내놓으며 아이의 학습을 도울 수 있다. 반대로, 나쁜 경우 호도할 수도 있다. 왜곡된 정보를 내놓아서 학습 알고리즘이 잘못된 일반화로 신속히 수렴하게 할 수도 있다.

사람은 우연의 일치나 속임수에 쉽게 넘어간다. 학습할 수 있는 것은 거리낌없이 좇고 앞에 놓인 정보를 중립적으로 보려는 경향 때문이다. 그래서 우리는 처음 만나는 사람의 행동을 믿게 된다. 정상적이라고 생각하지 속이려고 드는 게 아니라고 본다. 식당에 가서는 그 식당 대표 음식을 먹고 있다고 믿게 된다.

이런 경향은 하나의 예만 가지고 학습한 극단적인 경우에도 그렇다. 어린 아이들은 책을 무조건 믿는다. 경계하지 않는다. 보고 있는 코끼리 그림이 전형적인 코끼리 그림이 아닐 수 있다는 것을 생각하지 않는다. 주어진 데이터가 대표성이 있다고 간주하는 이런 성급함 때문에 우리는 아주 작은 조작으로도 쉽게 잘못된 결론에 휩쓸린다. 모르는 사람에 대해서 들은 단 한마디 부정적인 단어 때문에 그 사람을 바라보는 우리 시각이 영원히 고정되기도 한다.

8.4 편견과 성급한 판단

관련한 함정이 있다. 우리가 종종 빠른 결정을 해야 하는 상황 때문에 생기는 덫이다. 도망가야 할지를 순간적으로 알려주는 회로를 가지고 있는 것은 생사에 필수적이다. 여유로울 때는 더 생각해 볼 정보가 있겠지만, 그런 회로의 목적은 위급한 상황에서 도망가야 할지를 판단하는 것이다.

그런 회로는 빈약한 정보에 성급하게 판단하는 경향을 띠게 되었다. 행동을 신속히 결정해야 하는 필요 때문이다. 빈약한 정보란 그것으로 우리의 예측을 확신하기는 부족한 경우를 말한다.

물론 빈약한 정보에 기초한 행동이라고 무조건 무시해서는 안 된다.

대안이 심각한 결과를 초래할 것이 확실하면 성급한 대로 행동해야 한다. 곰이 나오는 숲을 걸을 때 그늘 밑에서 나는 으르렁 소리에는 반응해야 한다.

추가적인 이유가 있을 듯싶다. 왜 학습 알고리즘들이 확실한 증거가 있기 전부터 가설을 부지런히 만드는지. 예전에 논의한 퍼셉트론*perceptron* 알고리즘이 처음 제안되었던 이유는 한 스텝 한 스텝 진행되는 것이 뇌 모델과 비슷해 보여서인데, 이 알고리즘의 또 다른 성질은 소위 온라인 알고리즘이라는 것이다. 예시를 몇 개를 보았건 간에, 매번 예시를 보면 새 가설을 잡는다. 우리 뇌가 그런 온라인 알고리즘을 구현한 것이라면(그렇다고 나는 믿는데) 매번 예시를 보고 가설을 내놓으려 할 것이다. 우리 뇌는 성급하게 판단하도록 짜여 있는 것이다.

성급한 판단은 중립적인 세계에서 전반적으로 우리에게 이득일 것이다. 한 번 만나고 우리는 상대방에 대해서 판단하는 경향이 있다. 음식점도 한 번 가보고 판단한다. 빈약한 증거로 성급하게 편견을 가지는 경향은 기본적인 본능이라고 본다. 빈약한 정보로도 일단 결정을 내리는 시스템을 가진 결과일 것이다.

우리는 결정 내리기는 잘 하지만 근거 따지기는 잘 못한다. 결정의 근거를 확률로 계산해 보는 등 증거에 기반에서 정당화하는 것은 잘 못한다. 근거를 따지는 일보다 예/아니오만 결정하는 문제가 PAC 학습하기 용이하기 때문에 그런 결과가 나왔다고 본다.

성급한 판단 경향 때문이라고 설명할 수 있는 것이 더 있다. 우리 자신의 경험에 기대서 판단하는 것 말고도, 우리는 다른 사람들의 믿음과 편견을 이상할 정도로 잘 받아들인다. 주어진 데이터에서 다른 사람들도 나와 똑같은 믿음을 만들어 낼 것이라고 가정하는 것 같다. 이런 경향은 사실과 통계를 있는 그대로 받아들이는 세계에서는 효과적인 전략일 수 있지만, 경쟁하고 싸우는 적이 있을 때는 심각한 약점일 수 있다.

최근에 필라델피아에서 택시를 탔는데 1분도 안 되어서 택시기사가 물었다. "수학자이신가요?" 내가 "왜지요?" 하니 그가 답했다. "수학자들은 머리칼이 없거나 있으면 위로 곤두서 있지요." 분명히 대학교에서 수학을 전공했지 싶다. 수학자에 대한 그의 편견은 빈약한 개인 경험에 근거하고 있었다.

8.5 각자 만든 진실

내가 강조한 것처럼, 사람들이 각기 다른 경험으로부터 모두 비슷한 개념을 가지게 되는 것은 PAC 학습으로 설명할 수 있다. 사람들이 공통된 학습 알고리즘을 가지고 있다면, 그리고 같은 개념의 예들을 본다면 각자는 이전에 배운 사람이 가르쳐준 예들로부터 같은 개념을 익힌다. 각자 보는 예가 같을 필요는 없다.

그러나 PAC 학습은 명백한 한계도 가지고 있다. 세상에는 같은 단어가 지역마다 다른 뜻을 가지기도 하고 보기들의 분포가 다를 수도 있다. 이 경우 변동 없다는 가정*invariance assumption*은 깨지고 다른 뜻을 익히게 된다. 오해가 생긴다.

같은 뜻을 배우는 것을 방해하는 이유가 또 있다. 의미와 분포가 다른 것 말고 더 치명적인 이유다. 작은 용량의 제한된 마음의 눈,이라는 제약이 그것이다. 우리는 마음의 눈을 통해서 같은 세계에 시선을 주지만, 우리의 믿음에 준해서 어떤 정보를 마음의 눈으로 들이게 될지를 우리가 결정하기 때문에 사실 같은 세계를 보고 있는 것은 아닐 것이다.

마음의 눈에는 외부 정보뿐 아니라 우리의 기억 창고에 있는 내부 정보도 등장한다. 정치적인 논쟁을 들을 때 우리는 각자 다른 내부 정보를 마음의 눈으로 불러내서 나름대로 논쟁을 해석한다. 심지어는 논쟁에서 각자 공감하거나 무시하는 문장이 다 다르게 된다. 보고 있는 현재가 같다고 해서 과거 경험의 차이가 뭉개 없어지는 게 아닌 것이다. 어떤 경험을 어떻게 처리할지가 각자 가진 기억 장치의 내용물에 준해서 다 달라진다.

각자 다르게 세상을 보게 되는 이유는 각자가 가진, 제한된 용량의 마음의 눈 때문이다. 세상이 학습 가능하려면 작은 마음의 눈으로 세상을 보는 게 확실하다. 계산 비용의 한계 때문이다. 그 마음의 눈은 우리 기억 장치의 커다란 세계와 더 큰 외부 세계 사이에 있는 바늘구멍이다. 우리 내부의 경험치에서 어떤 해석과 믿음을 투사할지도 우리가 결정하지만, 외부 세계의 어떤 정보를 마음의 눈에 들여 놓을지도 우리가 결정한다. 어디를 가고, 누구를 믿고, 무엇을 보는지를 우리가 결정하는 것이다.

각자 가진 모순되지 않은 개념들이 각자가 만든 진실일 것이다. 그 개념들은 PAC 스타일의 의미다. 인지 시스템이 학습한 것들이고 얼추 서로 어긋나지 않게 정리되고 기억된 것이다. 각자의 기억 장치는 마음의 눈이 걸러낸 것들로 차 있다. 각자가 만든 진실은 자신의 마음의 눈이 봐온 종류의 장면들에는 타당하게 작동할 것이다.

8.6 각자의 느낌

사람은 느낌을 표현하는 단어를 사용한다. 사랑, 증오, 자부, 죄 같은 단어들이다. 이런 단어들은 다른 사람들로부터 이해와 반응을 유발한다. 한 세대에서 기록된 단어들은 다음 세대에 전달되고 많은 의미가 공유된다.

개인적인 느낌이나 의견들은 실체가 있다. 뇌 회로에 있고 개인 행동에 있다. 의견과 느낌을 말하는 것은 즐길 만한 경험일 수 있고 그렇기 때문에 우리가 그렇게 행동하는 것으로 보인다.

그러나 그것들이 존재한다는 것 이외에 다른 지위를 덧붙일 것이 있을까? 에코리즘 스타일의 입장은 간단히 이렇다. 개인적인 느낌과 의견이 얼마나 현실적인지 혹은 얼마나 강하게 느끼는지와 상관없이, 그것들은 그런 이론 없는 것을 계산하는 회로의 출력일 뿐이라는 입장이다.

인간들은 모두 생물학적으로 거의 같다. 그래서 모두는 비슷한 즐거움과 고통의 경험을 가지리라고 예상하게 된다. 주어진 경험에서 즐거움이나 고통의 반응을 하면, 다른 사람들도 우리와 비슷한 회로를 가졌기 때문에 우리를 이해할 것이다. 따라서 널리 공유되는 기본 도덕에 대한 개념들이 있으리라는 것은 놀랍지 않다. 물론 우리 모두가 정확히 같지는 않으므로, 도덕 개념들이 모두 정확히 같지는 않을 것이다. 하지만 즐거움, 고통, 도덕의 개념이 공통되리라고 예상된다. 개인마다 가진 느낌의 실제와 다른 사람들과 그 느낌에 대해서 소통할 수 있다는 것은 에코리즘의 관점에서 완전히 말이 되는 이야기다.

우리의 개인적인 의견과 느낌에 대해 이성적인 분석이 가능할지는 전혀 다른 이야기다. 그런 이론 없는 분야에 과학적인 분석을 적용하는 것을 정당화할 수 있는 근거는 내가 아는 한 없다. 누구나 그렇듯이 우리 각자는 개별적으로 우리 의견이나 느낌을 위해서 투쟁하고 행동하는 것에 정당성을 부여할 수는 있을 것이다. 하지만, 조심해야 하고 겸손해야 한다. 우리 느낌과 의견이 다른 사람 것보다 더 우월하다고 정당화할 수 있는 방법이 없어 보인다.

8.7 이성이라는 환상

이성은 한계가 있다. 이 책의 주장 중 하나(이론 없는 개념에 대해서 이 치를 따질 때, PAC 학습의 의미로 보는 게 적당하다는 7장에서의 주장) 에서 나올 수 있는 또 하나의 결론이다. 무시하기엔 너무 위험한 한계다.

자연어에서 단어들은 자연스럽게 발생하는 상황에서 사용된다. 단어 들이 유용한 이유는 주로 사용되는 상황에서 늘 같은 뜻으로 이해되기 때문이다. 예를 들어, '의식 있는'과 같은 단어들은 무엇보다도 사람의 경험과 느낌을 이야기하는 것이다. 그런 뜻으로 사람들이 거의 비슷하 게 이해하고 있는 것은 어찌 보면 참 놀랍다.

이런 단어들을 학습했던 상황과 동떨어진 경우에 사용하면 의미 없어 진다. 탁자가 두 의자에 붙은 것인가 두 의자가 탁자에 붙은 것인가? 흰 개미가 의식이 있을까? 컴퓨터가 자유 의지를 가지고 있을까? 이런 질 문들은 의미 없다. 단어들이 가진 개념은 그 단어들이 PAC 학습된 예들 의 분포에서만 의미를 가지기 때문이다. 이것을 벗어나서는 그 단어들 은 자격이 있을 수 없다.

따라서, 널리 논의되는 "컴퓨터가 의식이 있을까"라는 질문은 의미가 없다. 컴퓨터가 사람의 뇌 현상을 충실히 따른다고 해도, 그런 질문은 마치 두 날개와 상아를 가진 짐승이 코끼리냐 새냐는 질문과 같은 위치 인 것이다. 그런 질문에 주의를 기울일 이유가 없다. 의식이라는 단어 같이 단어마다 그 개념이 PAC 학습되던 영역이 있다. 그 영역에 포함되지 않는 인위적인 상황에서 그 단어를 사용하는 것은 불합리하다.

학습한 개념에 기초하는 한 100% 확실한 논리는 불가능

불행하게도, 명제가 자연어로 표현되는 한 논리적으로 아무리 어쩌려고 해도 그런 실수가 항상 가능하다. 이것은 특히 철학적인 논의에서 그렇다. 통상적이지 않은 끝장 상황을 상상하는 생각 실험을 논의하면서 통찰을 얻으려고 하는.

예를 들어, 인공지능의 가능성에 대한 반론으로 진행되는 다음과 같은 논술이 있다. 명령어 하나만으로 구성된 컴퓨터 프로그램은 의식이 있다고 할 수 없다. 그런데 각 사람은 백만 개 명령어로 만들어진 프로그램이고, 의식이 있다고 하자. 그러면 분명히 의식을 만드는 최소한의 명령어 개수가 있을 것이다. 그러고는 그 숫자가 뭐가 되었든 성립할 논리적인 주장을 이어간다.

위와 같은 논술은 다시 이야기하지만 의미 없다. 명령어 하나짜리 프로그램이 의식이 없는 것은 사람이 의식에 대해서 겪는 경험에 비추어 맞는 말이다. 사람의 두뇌가 백만 개 명령어로 된 프로그램으로 충실하게 흉내 낼 수 있다는 것도 사실일 수 있다. 그러나 그렇다고 사람이 겪는 의식을 그 중간 크기의 프로그램들에 대해서 이야기할 수 있다는 것을 뜻하지는 않는다. 위의 논술 과정은 틀린 셈이다. 이론 없는 의식의 개념을 논리적으로 다룰 수 있는 이론 있는 것으로 잘못 가정하고 있는 것이다(물론, 위 논술 과정의 틀린 점은 이것만이 아니다).

손글씨를 인식하는 문제에 비유해 보자. 숫자 2와 3을 구분하는 문제라고 하자. 우리는 자연스러운 상황에서 사람들이 쓴 2와 3을 잘 구분할 수 있다고 확신할 수 있다. 그런데 일부러 2도 아니고 3도 아닌 애매한 글씨를 써서 상식적인 사람들의 판단을 둘로 나뉘게 만드는 건 쉽다. 그런 경우 2와 3을 구분할 수 있냐고 묻는 것 자체가 난센스다.

그림 8.1 이것들은 2인가 3인가?

모든 것을 논리적이고 이성적으로 논의할 수 있다는 환상은 가상의 상황에 대한 철학 논쟁에만 있는 게 아니다. 이론 없는 모든 분야에 일어나고 있다. 사람들이 늘 관심 가지는 많은 것들, 정치나 종교 같은 분야에서 우리는 매일 그런 위험과 마주한다.

관찰한 사실들을 이야기할 때나 통계적인 증거를 해석할 때는 안전하게 할 수 있다. 또, 이론 없지만 학습된 많은 것을 내부적으로 부대끼지 않게 다루는 것은 각자 잘 할 수 있다.

문제는 그 이상으로 가려고 할 때다. 두 개의 이론 없는 개념을 묶으면서 이성을 적용하려고 할때, 이전 장에서 이야기한 튼튼 논리*robust logic*가 보장하는 정당화는 100% 확신은 없는 어림잡은 정당화까지만이다. 나는 그 이상 더 확실히 정당화를 이야기할 방법은 모른다. 이론 없는 것에 대한 예측을 확실하다고 하는 것은 튼튼 논리를 쓰건 다른 시스템을 활용하건, 틀리고 불합리한 이야기다.

개인적인 느낌을 표현한 정도뿐인데도 논리적으로 맞고 이론 있다고 믿는 것은 위험하다. 정치적인 신념은 나라를 변화시킨다. 하지만 그 시대가 지나고 보면 어떻게 그런 신념이 그렇게 많은 사람들의 상상을 휘어잡았는지 이해하기 어렵다. 지금 보면 2008년 이전의 금융 산업을 휩

쓴 온갖 위험 모델들은 이론 없는 것들이었고 단지 개인적인 느낌을 표현한 것들뿐이었다.

논리적인 분석이 가능한, 이론 있는 분야가 되는 데 필요한 조건이 있다. 그 분야에 대해서 알고 있는 사람들 사이에 상당한 수준의 동의가 만들어질 수 있어야 한다. 현재는 인간에게 중요한 많은 분야에 그런 수준의 동의가 보이지는 않는다. 그런 분야에서의 논의는, 사실 전달 수준이거나 개인적인 관점의 교환이거나 심지어는 오락 정도의 가치를 가지는 수준이다. 그런 분야에서 논리적으로 따지는 게 무슨 가치를 가질지 의문이다.

논리적인 사고에 대한 확신을 가장 극도로 표현한 것 중 하나가 17~8세기 유럽 지성계를 '이성의 시대'였다고 부르는 것이다. 조금 과도한 표현인 것 같다. 그 시절에 인문학 분야에서 이성의 능력이 증가했다고 보이지는 않기 때문이다. 이성의 능력이 증가한 분야는 뉴턴 역학 같은 분야다. 그런 분야가 과학의 영역으로 들어오면서 이성을 사용했을 때 얼마나 강력하고 효과적인지가 증명되었다. 과학에서의 그런 성공은 인문학자들에게 이론 없이 남아있는 다른 분야에도 과학을 시도할 영감을 줬지만, 그런 분야에도 의미 있는 결과를 냈는지는 논쟁거리다.

8.8 기계의 도움을 받는 인간

사람과 컴퓨터가 팀이 되는 행동들도 에코리즘*ecorithm*으로 볼 수 있다. 2008년 금융 위기를 몰고 온 상황을 보면, 어떻게 사람과 컴퓨터가 함께 하는 작업을 디자인해야 할지 다시 생각하게 된다. 경험을 통해 학습하는 것이다. 금융과 투자 분석은 통계 도구를 데이터 분석에 광범위하게 사용한다. 많은 사회과학 분야도 마찬가지다. 통계 도구들은 대개 컴퓨터 소프트웨어로 구현해 사용하고 있다. 데이터에 있는 패턴을 잡아내는 사람의 능력을 향상시키는, 사람이 만든 도구다. 컴퓨터가 계산하는 통계 값들이 최종 결정에 영향을 미치지만, 최종 결정은 아직 사람이 내린다. 기계의 도움을 받지만 최종적으로는 사람이 과거 학습한 것을 바탕으로 결정한다.

이런 관점에서, 통계 알고리즘을 쓰는 것을 우리의 생물학적인 회로가 학습한 것의 자연스런 확장으로 볼 수 있다. 그런 행동들은 충분히 높이 살 만하다. 이론 없는 것을 다루는 데 우리의 자연적인 에코리즘 능력치를 더 높여주기 때문이다.

그러나 항상 조심해야 한다. 모든 이론 없는 분야에서의 결정은 아무리 컴퓨터가 도운 결정이라고 해도 여전히 이론 없기 쉽다. 경제학자나 금융가 모두가 이해하는 바, 통계 도구들이 더 좋아졌다고 해서 이론 없는 영역을 이론 있게 만들지는 않는다. 이 과정에서 나오는 결정은 늘 주의해서 다룰 필요가 있다. 이론 없는 분야에서는, 발견된 것들에 기초해서 논리적으로 따질 때도 이론 없는 한계를 그대로 가지게 된다. 그렇지 않다는 증거가 없는 한 통계 분석으로 나온 결론은 분석가의 의견으로만 여겨야 한다. 분석가의 에코리즘 회로가 인공적인 도구로 확장된.

제일 정교한 이론 있는 기술은 그 한계를 충분히 이해하고 사용해야 한다. 사용하지 말아야 한다는 것이 아니다. 이론 없는 분야(사회과학을 포함해서)에서, 우리의 의사 결정은 가장 정교한 지적 도구로 도움을 받았다고 해도 PAC 학습에 근본적으로 존재하는 불확실성에 휘둘린다.

8.9 뭐가 더 있을까?

남아있는 질문은 에코리즘_{ecorithm}이면 충분한지이다. 에코리즘이 인간 마음과 관련해서 뭔가 근본적인 것을 빠뜨린 게 있을지 여부다.

이 책에서 사람의 인지를 어떻게 보는지 정리해 보면 이렇다. 사람이 이해하는 개념은 계산에서 온 것이다. 우리가 태어나기 전후로 모종의 알고리즘 스타일의 학습 과정으로 얻어진. 그런 개념은 또 통계적인 과정에서 온 것이다. 학습 과정이 통계적인 증거로부터 기본적인 타당성을 끄집어 낸다는 의미에서. 즉, 증거를 더 많이 볼수록 우리의 확신이 더 증가한다는 의미에서. 그리고, 마음의 눈이라는 통로를 통해서 바깥 세계와 내부의 기억 장치가 만난다. 우리는 이 마음의 눈을 통과하는 정보를 통제한다. 그런 의미에서 우리 마음의 눈은 객관적이거나 중립적이라고 할 수 없다. 우리 신경계 회로들은 지식의 거대한 합을 만들고 있는데 이는 많은 진화와 학습이 축적된 결과다. 다윈 방식으로 다시 이야기하자면, 우리의 지식은 차례차례 일어난 작은 변화를 통해서 축적해 온 것이다. 각 변화는 학습의 의미를 가지는 것이었고. 이치 따지기는 이런 회로를 마음의 눈 안에서 현재의 상황에 적용하는 것으로 이루어진다. 우리의 뇌 시스템은 이론 없는 것을 다루도록 진화했지만, 이론 있는 결정을 할 때도 같은 회로를 사용한다.

과연 인간의 마음이 이렇게 간단한 것에 기초하는 걸까? 내 주장은 그렇다는 것이다. 전혀 다른 모델로 인간 행동을 설명하는 게 필요하다는 증거는 찾기 힘들다. 다르게 주장하는 사람들은 아마도 인간의 실제 능력을 너무 과대평가하는 것일 거다. 새로운 문제를 만났을 때, 우리는 그렇게 대단하게 문제를 잘 해결하지는 못한다. 찾은 답들이란 게 거슬러 올라가면 이전에 만난 비슷한 문제의 해결책들과 유사하다. 2008년의 금융위기에 대응한 것들이 인간 지성의 대단한 약진이었던가? 날 포함해서 많은 사람들이 아니라고 할 것이다. 행동에 옮긴 대응책들이란 게 이전의 비슷한 경우에 동원한 것들의 변형일 뿐이었다. 결국에는 효과적인 대응이었겠지만 이 세상 차원을 넘는 지력을 드러낸 것은 아니었다. 오히려 복잡한 이론 없는 문제를 해결하려면 과거에서 배우는 게 우리가 아는 가장 좋은 대처법이라는 것을 확인해 줄 뿐이다.

사람의 인지 과정은 에코리즘*ecorithm*으로 충분히 설명할 수 있다고 본다. 사람들은 전혀 다른 수준의 인지 과정의 증거를 찾기 위해 인간의 다른 행동을 살피려고 할 수 있겠으나, 그런 증거가 있을지는 의문이다. 이 책에서 제안해 온 것은, 튜링이 취한 살짝 다른 방향(기계적인 계산으로 표현하고 수리적으로 풀어가는 방향)이 우리가 이해 못하는 많은 현상들을 이해할 수 있는 또 다른 길을 제공한다는 것이다.

이 책은 과학을 칭송한다. 과학 발견의 역사에는 빛나는 순간들이 많았다. 내가 지적한 대로, 과학의 발견들은 놀라운 통일성을 품고 있다. 예측 능력을 가졌다는 공통점이다.[1] 예를 들어, 물리학자들이 물리 법칙을 표현한 수학 등식들은 모두 예측 능력을 가지는 공통점이 있다.

이 우주가 중립적이고 무심한 선생이라고 해도, 우리는 과학의 그 통일성 덕택에 과학하기가 더 해볼 만해진다. 처음 보기에 인상적인 과학의 역사지만 사실 자축할 만한 특급 성과는 손에 꼽는다. 뉴턴, 다윈, 아인슈타인, 그리고 튜링은 새로운 질문을 했고 그 질문의 답을 가차없이 찾아 들어갔다. 그들이 문제를 선택한 통찰력과 그들의 지력과 끈기에

---

1 3.3절에서 논의한, 뉴턴이 물꼬를 튼 과학하는 방법론에 대한 이야기다. 뉴턴 성과의 초일반성 *supergenerality*이라고 말함. 수학을 이용해서 자연 현상을 표현할 수 있고 예측할 수 있다는 사실이다. 뉴턴 이후 과학의 성과는 대부분 이 방법을 따라 이룩한 것들이다.

찬탄할 수도 있지만, 그들이 했던 과학에 배어 있는, 그때까지는 아직 이야기되지 않았지만 위에 언급한 통일성이 없었다면 그들의 성공은 불가능했을 것이다.

에코리즘으로서의 기계

Machines as Ecorithms

왜 인공지능은 달성하기 어려운가?

Why is artifical intelligence difficult to achieve?

사람들은 늘 글이나 강연에서 일말의 안도감을 전해주려 한다.
기계가 인간적인 진면목은 흉내 내지 못할 거라고 말하면서.
예를 들어, 기계가 명문장을 써내는 건 불가능할 것이다,
섹스어필로 마음을 뺏는 능력은 못 가질 것이다,
혹은 파이프 담배를 피울 수는 없을 것이다 등. 나는 그런 이야기는 못하겠다.
그런 한계를 정할 수 있다고 믿지 않기 때문이다.
내가 정말 바라고 또 믿는 것은 다음과 같은 일을 벌이지 않는 것이다.
기계를 사람의 모습을 닮게 하려 하면서 사람 겉모습 같이
지능과는 무관한 것들에 애쓰는 경우. 내게 이건 아무 의미가 없다.
가짜 플라스틱 꽃 같은 불쾌한 결과만 만들게 될 것이다.
그러나 생각하는 기계를 만들려는 것은 다른 이야기다.
사람의 생각 과정은 아직 불가사의하지만 생각하는 기계를 만들려다 보면
사람이 어떻게 생각하는지 이해하는 데 큰 도움을 받을 거라 믿는다.
— 앨런 튜링(Alan Turing)

요약

기계 학습의 많은 성공 사례에서 보듯이 에코리즘*ecorithm*이 지능의 핵심이라고 할 수 있다. 때문에, 에코리즘의 시각에서 인공지능이 왜 달성하기 어려운지 설명할 수 있다. 하나는, 사람의 지능은 수백만 년 축적된 진화와 태어나서 학습한 결과를 합한 것인데, 진화와 학습이 같은 에코리즘 과정이다 보니 그 경계가 없다. 즉, 인공지능을 만들 때 어디까지 준비하고 어디서부터 학습시켜야 할지 알기 어렵다. 최악의 경우 진화 과정을 컴퓨터가 처음부터 다시 모사하지 않고는 완전한 인공지능은 불가능할 수 있다. 대신에, 기계 학습 성과들이 보여주듯 일부 제한된 면에서 인공지능은 다양하게 가능하다. 다른 난관은 사람의 다채로운 지능을 온전히 포섭하는 튼튼한 모델이 아직 없다는 점이다. 튜링 테스트라는 잣대로는 부족하다. 튜링 테스트를 통과했다면 질문했던 특별한 질문 분포에 대해서만 지능적일 뿐이다. 기계 학습은 자연이 해낸 학습을 다른 방식으로 다시 해내는 알고리즘이다. 기계 학습이 짜낸 인공지능이 특정 지능에서는 우리를 능가할 수 있지만 종합적으로 사람의 다양한 지능을 능가하기는 어려울 것이다. 또, 인류가 진화 과정에서 축적한 극한 생존 학습의 결과를 로봇에게 똑같이 심을 수 없는 한, 로봇은 스위치가 꺼지는 것에 저항하지도 않을 것이다.

9.1 들어가며

나는 항상 '인공지능*artificial intelligence*'이라는 용어에 불편함을 느껴왔다. 내 주 전공이 그 분야라고 말하는 것도 좀체 꺼려왔다. 다익스트라(Edsger Dijkstra)를 처음 만났을 때를 기억한다. 그는 컴퓨터과학의 선구자로서 공헌한 것이 많기도 하지만 뚜렷한 의견과 촌철살인의 위트로도 잘 알려져 있다. 내게 어떤 공부를 하냐고 물었다. 기억할 만한 대화를 만들려는 욕심에서 그랬던 것 같은데 이렇게 답했다. "AI(인공지능)요." 그가 즉각 되받았다. "I(지능)를 연구하지 그래요?"

'지능'이 '인공지능'보다 더 일반적이라면, 그의 말대로 당연히 더 일반적인 문제를 파야 한다. 그것이 더군다나 지능과 같은 자연 현상에 대한 것이라면 더욱 그렇다. 되돌아보면, 그동안 내가 해왔던 공부가 그랬던 것 같다. 이 책에서 인공지능 관련해서 이야기한 모든 것이 사실은 광범위하게 일반 지능에도 모두 적용된다.

독자들은 의아해할 것 같다. 왜 학습과 지능을 정의까지만 해놓고 실제 컴퓨터에 구현하는 것까지는 나가지 않았을까? 학습과 지능을 기계적인 계산으로 정의한 것이 컴퓨터로 실행에 옮기기에 문제 없을 정도로 구체적이던데. 인공지능은 곧 가능한 게 아닐까?

이 장에서는 왜 인공지능이 생각보다 달성하기 어려운지 에코리즘 관점에서 이야기해 보려고 한다. 인공지능과 자연지능은 다르다. 알다시피 인공지능과 자연지능이 반드시 같을 필요는 없다. 기계 학습 기술의 성과를 보면 학습이 지능의 핵심이라고 믿게 되지만, 사람 뇌에 심어진 실제 학습 알고리즘이 무엇인지는 우리는 아직 모른다. 자연 현상에서 힌트를 얻은 기계 학습 알고리즘들은 이미 널리 사용되고 있고 온갖 종류의 데이터에 쓸모 있다는 것이 밝혀지고 있다. 더 넓게는, 에코리즘 방식이 인공지능 실현에 빛을 던져주고 있다. 학습 중심으로 지능에 접근하는 게 맞을 것 같다는 희망을. 하지만 심각한 난관도 드러내고 있다.

9.2 기계 학습

어떤 일을 컴퓨터에게 시킬 때 세 가지 방법이 가능하다. 그 일을 하는 프로그램을 컴퓨터에 심기, 그 일을 하는 방법을 배우는 프로그램을 컴퓨터에 심기, 아니면 두 가지를 혼합한 프로그램을 컴퓨터에 심기.

학습은 예시로부터 건너뛰어 보편 사실을 추측해 내는 것이다 보니 항상 정답함수를 학습하는 것은 불가능하다. 학습한 함수가 틀린 답을 낼 확률을 수학적으로 분석하고 원하는 수준으로 관리할 수 있을 뿐이다. 손수 만드는 프로그램과 비교하면 학습에 기대어 만드는 프로그램은 늘 이런 근본적인 약점을 가지고 있다.

정확하게 우리가 원하는 답을 만드는 방법을 알아냈다면, 가장 좋은 방법은 학습하는 프로그램이 아니라 그 방법대로 실행하는 프로그램을 짜서 심는 것이다. 물론 이 경우에도 다양한 이유 때문에 그 방법대로 실행하는 것이 보장된 프로그램을 짜는 것이 여전히 불가능할 수 있다.[1]

반면에 학습은 점점 강력해지고 있고 다음과 같은 경우에는 반드시 필요하다. ① 원하는 일을 하는 방법을 구체적으로 정의할 수 없을 때,

---

1 우선 그 방법의 실행 비용이 너무 크면 소용없다. 실용적인 방법이라고 해도, 그 방법대로 프로그램을 충실하게 구현했는지는 또 다른 문제다. 손수 작성한 프로그램이지만 여러 가지 실수로 생각대로 돌지 않는 경우가 너무 흔하다. 그런 실수가 없는 소프트웨어를 적은 비용으로 제작하는 기술은 여러 층위에서 활발히 연구 개발 중이지만 아직 만족스럽지 못하다. 이런 면에서, 소프트웨어 제작 기술은 다른 공학 분야(기계공학, 화학공학, 전기공학, 건설 등)보다 뒤떨어졌다고 할 수 있다. 예를 들어, 설계한 물건이 제대로 작동할지를 미리 확인하는 기술은 다른 공학 분야에는 잘 발달해 있지만 소프트웨어에 대해서는 아직 같은 수준에 미치지 못했다.

②실행하는 시스템을 개선하려는데 그 시스템이 이미 갖춘 지식이 무엇인지 정확하게 정의할 수 없을 때, 또는 ③시스템에 직접 프로그램을 짜 넣을 방법이 없을 때. 사람에게는 이 세 가지 모두가 성립한다. 따라서 사람에게는 학습 이외에는 현재 대안이 없다. 컴퓨터에게는 조건 ①과 ②가 종종 사실이다. 이 경우 컴퓨터에게 학습 알고리즘을 심어서 컴퓨터가 일하는 방법을 추측하게 한다.

기계 학습의 응용 분야는 지금까지 주로 첫 번째 종류들이었지만[2] 두 번째 종류들의 응용도 예상할 수 있다. 튼튼 논리*robust logic*에서처럼 학습한 지식이 계속해서 덧붙여지는 분야다. 그렇게 학습한 지식이 켜켜이 쌓이면 시스템이 알고 있는 것이 뭔지를 정확히 정의하는 것이 처음에는 가능할 수 있지만 곧 애매해진다. 이런 시스템 위에서는 학습으로 계속해서 쌓아가는 방법 이외에 좋은 방법은 없어 보인다.[3]

기계 학습이 효과를 내는 분야들은 데이터가 풍부한 곳이다. 인터넷이 좋은 예이다. 인터넷을 통해서 엄청난 양의 정보가 매일 만들어지고 있고, 개인이나 그룹 누구도 그 많은 정보를 이해하면서 좇아갈 수는 없는 규모다. 스팸 이메일 자동 감지가 한 예다. 매일 새롭게 스팸 이메일이 나돈다. 새로운 종류의 스팸을 좇으며 손수 스팸을 걸러내는 방법을 이메일 시스템에 심는 것은 너무 힘들다. 훨씬 효과적인 방법은 기계 학습 알고리즘을 이용하는 것이다. 정상적인 이메일과 스팸 이메일의 차이를 구분하는 모종의 패턴을 학습하도록 하는 것이다.

---

2 스팸 메일 분류, 상품 추천, 게임 놀이, 의료 진단, 번역, 글쓰기, 대화, 오탈자 수정, 사진이나 동영상의 이해, 자율 주행, 자율 로봇, 법률 보조, 신약 개발 등.

3 예를 들어, 이세돌을 이긴 알파고(AlphaGo)보다 더 우수한 것을 만들고 싶다고 하자. 학습으로 실력을 쌓아간 알파고다. 알파고가 수를 선택하는 방법을 우리가 이해하는 언어로 정의할 수 있으면 그 위에서 개선점을 찾고 수정할 수 있다. 그러나 그런 정의가 불가능하다. 따라서, 더 우수하게 만들려면 무엇을 더해야 할지 오리무중이다. 더 훌륭하게 만들 현실적인 방법은 현재로서는 오직 하던 학습을 더 하도록 하는 것뿐이다.

다른 예는 인터넷 탐색 엔진이 하는 웹 페이지 순서 매기기다. 사용자가 탐색어를 입력하면 해당하는 페이지를 모두 찾은 후 사용자가 최우선으로 보고 싶어 할 페이지를 맨 위에 보여주는 것이다. 사람들이 여러 페이지 중에서 어느 페이지를 클릭하는지, 그런 귀중한 데이터로 학습한 결과가 이용된다. 온라인 광고도 있다. 웹 사이트마다 사람들이 어떤 광고를 클릭했는지 기록을 가지고 학습한다. 그래서 어디에 무슨 광고를 심는 게 광고주에게 가장 이득이 될지를 판단하는 데 이용한다.

다른 분야는 자연어 처리와 컴퓨터 비전이다. 사람의 능력을 흉내 내려는 분야다. 자연어 처리에서 기초적인 문제로 오타 수정이 있다. 글 안에 '사과'와 '사고'라는 단어가 있다고 하자. 둘 중의 하나가 오타일 수 있다. 사람은 주변 단어들을 통해 둘 중에 어느 단어가 맞는지 쉽게 알 수 있다. 주변 단어가 과수원이었다면 사과일 것이고 자동차였다면 사고일 것이다. 이런 오타 수정을 프로그램으로 직접 짜 넣는 방법도 있지만 기계 학습 방법이 더 우수하다고 입증되고 있다. 맞는 문장들을 간단한 기계 학습 알고리즘으로 잘 학습하면 답을 내놓는 프로그램을 얻을 수 있다. 컴퓨터 비전에서는 사진 안에 어떤 것들이 있는지 구별해 내는 일이 중요한 일 중 하나다. 이때도 현재 성공적으로 잘 나가는 방법은 기계 학습을 이용하는 것이다.

이렇게 기계 학습이 널리 성공하고 있는 가장 기본적인 이유는 최근 발견된 학습 알고리즘의 성능 덕분이다.

한 가지 놀라운 진전은 부스팅*boosting* 기술이다. 거의 모든 기본적인 기계 학습 알고리즘의 성능을 올리는 데 사용할 수 있는 일반 기술이다. PAC 학습 모델이 확장될 수 있는지를 탐구하다가 나왔다. PAC 학습은 결과함수가 오판하는 비율을 원하는 수준으로 잡아둘 수 있는 학습이다. 같은 방식으로, 약한 학습weak learning이라는 개념을 정의할 수 있다. 약한 학습은 무작위 추측보다 살짝만 더 좋은 가설을 내놓는 학습이다.[a] 결과함수가 오판하는 비율이 1/2(무작위)보다 살짝 적은 수준으로 잡아두는 학습이다. 이런 학습은, 예를 들어 도박에서 유용하다. 도박에서는 승산이 살짝만 더 좋은 쪽으로 예측할 수 있으면 충분하기 때문이다. 이런 식으로 어떤 개념들에 대해서는 약한 학습을 정의할 수 있고, 예시 분포가 뭐가 되든 성공하는 약한 학습만 고려할 수 있다. 이전에 말한 대로, 어느 특정 분포에만 성공하는 학습이면 쓸모가 제한되기 때문이다.

놀랍게도, 약한 학습으로 '살짝만 정확하게' 학습할 수 있는 개념들은 모두 강한 일반 학습으로도 '임의로 정확하게' 학습할 수 있다. 그리고 약한 학습 알고리즘은 강한 학습 알고리즘으로 자동 변환할 수 있다. 약한 학습을 반복하면 된다. 이전의 약한 학습 결과를 받아서 조금씩이지만 계속 개선하는 것이다. 이전의 약한 학습 결과가 어려워하거나 실수했던 예들에 다시 집중해서 약한 학습을 한다.⁴ 어떤 개념이 임의의 분포에서 약한 학습으로 가능하다고 하자. 그러면 약한 학습을 반복할 때 이전 약한 학습에서 잘 못했던 예들에 집중해서 학습되도록 분포를 구부려서 진행하면 된다.

사실 어떻게 그렇게 할지 뻔하지는 않다. 예시를 받아서 가설을 맞추어 갈 때 그 예시에 대해서 이전 약한 학습이 어려워했는지 혹은 틀렸는지 알 수가 없기 때문이다. 그렇지만 샤피르(Robert Schapire)가 1990년 박사 학위에서 그 가능성을 보인 이후[b] 프로인트(Yoav Freund)와 협동으로

---

4 비유하면, 평균 정도의 학생들이 힘을 보태어 개선에 개선을 축적하다 보면 그 집단이 한 명의 우등생 같이 될 수 있다는 것이다. 집단 대 개인, 협력 대 독창, 착실한 학생들 다수 대 번득이는 학생 한 명이 스친다.

에이다부스트*Adaboost*라는 아주 간단하고 효율적인 방법을 개발했다.[ㄷ] 이 방법이 약한 학습 알고리즘에만 작용하는 건 아니다. 표준 학습 알고리즘들을 입력으로 받으면 똑같이 그 성능을 올릴 수 있다. 이런 방식으로 부스팅*boosting*은 다양한 학습 알고리즘의 정확도를 올리는 실용적이고 일반적인 방법이 되었다.

부스팅*boosting* 같은 일반적인 방법 말고도 특화된 다양한 기계 학습 알고리즘들이 널리 고안되고 있다. 이전에 이야기한 대로, PAC 학습 모델은 학습 알고리즘이 실용적이려면 갖춰야 할 조건을 명시한 것이지, 그런 조건을 만족하는 제일 좋은 방법에 뭘지에 대해서는 어떤 입장도 가지지 않는다. 실제 해보면서 드러난 중요한 사실은, 간단한 학습 알고리즘들이 종종 놀랍게도 좋은 성능을 낸다는 것이다.

논의했던 퍼셉트론*perceptron* 알고리즘은 이미 놀랍도록 효과적인 알고리즘이다. 살펴본 대로 직선 함수*linear function*만 가능하다는 제약이 있지만, 곡선 함수가 필요한 경우라도 차수가 2 이상인 변수들은 각각 하나의 변수로 취급하며 직선 함수같이 다루면서 극복할 수 있다. 감수해야 할 것은 계산량과 필요한 예시들 개수가 따라서 늘어난다는 점이다.

이런 비용 증가 없이 효과적으로 하는 방법을 커널*kernel* 방법이라고 하는데[ㅁ] 이 방법으로 계산 비용은 상당히 줄일 수 있지만 필요한 예시들의 개수를 줄일 수 있는 것은 아니다. 널리 사용되는 서포트 벡터 머신*support vector machine, SVM* 알고리즘이 커널 방법에 해당한다. SVM이 퍼셉트론과 다른 점은, 최적화 문제를 해결하듯이 경계선을 계산한다는 점이다.[ㅂ] 반면에 퍼셉트론 알고리즘은 샘플 데이터마다 조금씩 맞춰가는 과정을 반복한다.

어떤 문제에는 간단한 방법이 아주 효과적일 수 있다. 예를 들어, 가장 가까운-이웃*nearest-neighbor* 알고리즘이다. 답안 예시들이 있고 가설은 만들어 내지 않는다. 새로운 질문이 주어지면 답안 예시들 중에서 가장 가까운 것을 찾아서 그 답안대로, 혹은 답안을 참고로 주어진 질문에 답하는 것이다. 최근의 자연어 번역이 이 기술을 사용해서 성공한 경우다. 두 언어 사이의 번역 예들을 어마어마하게 모아 놓으면, 새로운 문장을 어떻게 번역해야 할지에 대한 값진 정보가 거기에 있다.

깊은 신경망 학습 알고리즘에 대하여[5]

또 깊은 신경망*deep neural net*, 딥뉴럴넷을 사용하는 학습 알고리즘(딥러닝 *deep learning* 알고리즘)이 최근 인상적인 성공을 거두고 있다. 사진이나 동영상을 인식하는 컴퓨터 비전 분야가 대표적이다. 깊은 신경망 알고리즘들은 잘 작동하는 경우 PAC 알고리즘의 성질을 보이고 있다. 더 많은 예시 데이터와 계산 시간을 학습에 투자할수록 학습 결과물은 더 정확해지고, 그런 더 정확한 결과를 얻는 데 학습 시간이 기하급수로 커지지도 않는다.

  그러나 깊은 신경망 알고리즘이 PAC 학습 알고리즘의 요건을 갖췄는

---

5 다음 네 단락은 저자가 새롭게 추가해 준 것이다. 원 책에는 없던 단락이다. 이 책이 출판된 것이 2013년이다. 저자는 2011~2년경에 탈고했을 것이다. 깊은 신경망*deep neural net*, 딥뉴럴넷의 성능이 실제적인 문제에서 놀라운 성능을 막 발휘하기 시작하던 시점이었다. 저자에게 깊은 신경망 관련된 내용을 첨가하자고 했더니 흔쾌히 동의해 주었고 글을 추가해 주었다. 기계 학습 알고리즘은 워낙 다양하고 이 책에서 언급된 알고리즘들로도 이미 인상적인 성과를 만들어 냈지만, 최근의 깊은 신경망은 사람의 지능에 특히 고유하다고 생각되는 분야에서 빛을 발하고 있을 뿐만 아니라 사람을 훨씬 능가하고 있다. 사람이 단독으로나 협동으로도 달성 못했던 능력을 보여주고 있다. 2016년 바둑에서 알파고(AlphaGo)가 그렇고, 2020년 전통적인 알고리즘으로는 풀지 못했던 단백질 접기*protein folding* 문제에서 알파폴드(AlphaFold)가 그렇다. 단백질 접기는 자연이 아미노산 실을 접어서 3차원 구조물을 만드는 과정이다. 모든 생명체가 만들어지는 기본 과정이다. 전통적인 알고리즘 세계에서는 비현실적인 시간이 걸리는 알고리즘밖에는 찾지 못하고 있었다. 기계 학습으로 벼린 알파폴드(AlphaFold)는 현실적인 시간 안에 자연이 해내는 수준의 단백질 접기를 해낸다. 알파고(AlphaGo)와는 달리 알파폴드(AlphaFold)는 생물/의료/약물 연구에서 실제적인 임팩트를 내는, 신기원을 연 성과다. 노벨상을 받을 성과라는 이야기기도 돈다.

지는 아직 엄밀하게 증명되지 않았다. 앞으로 밝혀져야 할 사항이다.

한편, 깊은 신경망 알고리즘이 성공적으로 작동한 경우 그 결과물(학습된 신경망)이 오컴Occam 스타일의 판단과 어긋나는 경우가 대부분이다. 만들어진 신경망이 만족스럽게 답을 내는데, 아주 복잡하고 크다. 학습 때 사용한 예시의 개수보다 더 큰 경우가 흔하다. 오컴의 기준(우리 상식이기도 하다)에서는 복잡하고 큰 함수가 유효한 학습 결과이기는 어렵다.

하지만 이 경우 오컴 스타일의 판단 틀이 틀렸다기보다는, 예시 데이터들에서 우리가 건져 올리지 못한 뭔가 간단한 성질이 있었을 것이라고 본다. 그래서 만들어진 신경망을 더 간단한 것으로 대체할 수 있으리라고 본다.

성공적인 기계 학습의 다른 조건들

어떤 기계 학습 알고리즘을 선택할지와는 별개로, 어떤 특징이나 변수를 학습에서 사용할지를 선택하는 문제가 있다. 잘 선택해야 좀 더 정확한 학습 결과가 나온다. 예를 들어, 이미지를 이해하는 작업에서 각 픽셀의 밝기나 색을 특징으로 선택할 수 있으나 반드시 제일 좋은 결과를 내지는 않는다. 대신에, 단독 픽셀이 아니라 주변 픽셀들로 계산한 특징을 사용하면 더 좋은 결과를 만든다. 예를 들어, 이웃한 픽셀들의 평균 밝기가 개별 픽셀의 밝기보다 정보가 더 많을 수 있다. 생물 시스템도 그런 단위의 특징을 사용하는 것으로 알려져 있다.

이런 능력은 진화를 통해서 얻어진 것으로 보인다. 맨 땅에서 학습했다고 보기에는 너무 어려운 문제다. 컴퓨터에서는 다양한 특징 추출 방법들을 실험해 보고 비교할 수 있다. 학습 알고리즘 자체만 보면, 현실에서 만나는 많은 종류의 데이터에 일반적으로 효과적인 방법은 많지 않지만, 그런 알고리즘들의 성능은 부스팅*boosting* 기법으로 더 높일 수 있다.

기계 학습은 매우 복잡하고 이론 없는 데이터에서도 학습에 성공하는 성과를 내고 있기도 한다. 거의 모든 종류의 예시 데이터들에서 놀라운 성공을 거두고 있는 셈이다. 특이한 예가 뇌에서 나오는 데이터다. 뇌에서 어떻게 정보가 표현되고 처리되는지는 거의 알려진 게 없지만, 기계 학습 알고리즘을 이용하면 뇌에서 나오는 데이터에 기반해서 사람의 생각을 예측하는 것이 가능하다. 사람이 글에서 한 단어를 보고 있을 때, 그 단어에서 떠올리는 것이 도구인지 동물인지 건물인지를 그 사람 뇌의 혈류를 보여주는 fMRI 이미지를 가지고 예측할 수 있다.[f] 이 예측은 표준적인 학습 알고리즘을 사용해서 할 수 있다. fMRI 이미지와 그때 본 단어를 데이터로 학습하면 된다. 뇌가 정보를 어떻게 표현하는지를 거의 모르기 때문에 이런 뇌의 fMRI 이미지들은 이론 없는 분야에 해당한다. 그러나 이런 이미지들에도 분명히 학습할 수 있는 패턴이 많을 것이다. 매우 복잡하고 이론 없는 데이터에서도 학습할 수 있는 질서가 있다는 것을 보여주는 좋은 사례다.

최근 기계 학습의 엄청난 발전은 더 좋은 알고리즘 때문만이 아니고 더욱 빠른 컴퓨터와 더욱 풍부한 데이터 때문이다. 사실, 예전에는 겪지 못한 규모로 데이터가 주어진다는 것이 우리 문명에서 중요한 새로운 현상이다. 대규모 데이터에서 캐낼 수 있는 지식은 엄청날 테지만 아쉽게도 현재 대부분 이용되지 않고 있다.

기계 학습 기술이 다양한 분야에서 성공했다는 것은 사람이 하는 많은 정보 처리를 학습 알고리즘들로 대체할 수 있다는 증거다. 이는 간접적이기는 하지만, 에코리즘이 상식적인 사고 과정 같은 더 광범위한 현상을 설명하는 데도 주인공이 될 수 있음을 시사하기도 한다.

기계 학습이 성공할 분야를 판단하기

기계 학습이 성공할 분야와 그렇지 않은 분야를 어떻게 구분할 수 있을까? 최소한 학습 결과가 실전에서 사용될 전형적인 입력 예들이 뭘지 감이 있어야 한다. 즉, 시스템이 주로 사용될 동네의 데이터 분포가 뭔지를 알 수 있어야 한다. 정확하게 특정할 수 있어야 한다는 뜻이 아니라, 모호하지 않게 아이디어가 있어야 한다는 뜻이다. 학습 결과가 어떤 예들에서 답을 잘 내면 실전에서도 답을 잘 낼 거라는 확신이 설 수 있는, 그런 예들을 구성해 볼 수 있어야 한다.

예를 들어, 제퍼디!(Jeopardy!) 퀴즈쇼에 참가할 시스템을 원한다고 하자.[6] 은유적인 문구로 퀴즈 문답 예시들을 모으는 것으로는 충분치 않다. 과거의 게임을 통해서 전형적인 퀴즈 문제의 분포를 알 수 있어야 한다.

학생들의 에세이를 채점할 수 있는 시스템을 원하는 경우라면, 학생들 에세이의 언어나 토픽, 시대에 준해서 그 분포가 어떨지 아이디어가 있어야 한다. 그래서 그 분포에 따라 전형적인 예들을 모을 수 있으면 기계 학습으로 성공할 가능성이 커진다.

그렇다고 성공이 보장되는 것은 아니다. 있어야 하는 패턴이 근본적으로 학습하기 어렵거나 현재의 능력 바깥이면 실패할 수 있다. 또, 데이터에 있는 정보가 충분치 않아도 실패할 수 있다. 예를 들어 학생들

---

6 제퍼디!(Jeopardy!)는 미국의 인기 퀴즈쇼였다. 상식 백과의 빈칸을 직접 묻는 것도 있지만 답의 단서를 상징이나 은유, 비유, 조크 등을 사용해서 묻는 것으로 인기를 끌었다. 예를 들어, "울음소리가 나는 길목에서 크게 이긴 군인은?"이라고 묻는 식이다. 명량대첩을 뜻하므로 답은 이순신 장군이다.

에세이의 경우 학생들이 알고 있는 모든 상식적인 지식들을 드러내는 데이터를 얻기 어려우면 성공 가능성이 떨어진다.

9.3 인공지능 - 어려운 이유?

사람의 상식을 흉내 내는 기계를 만들려는 노력은 매번 실망스럽게 끝났다. 사람이 상식 능력을 가진 것으로 봐서 만들 수 있는 것은 분명하다. 하지만 기계로 흉내 내기는 상당히 어려워 보인다.

내가 보기에 어려운 원인은 타고난 거냐 길러진 거냐를 다루며 이미 논의했던 것에 간접적으로 드러나 있다. 진화와 학습 사이의 애매한 경계 때문이다. 진화의 결과가 어디까지이고 그 다음의 학습이 어디서부터 시작인지 애매하기 때문이다. 사람의 인지 시스템은 진화 가능한 목표를 좇았던 수백만 년 진화의 결과와, 그에 덧붙여서 태어난 후 몇 년 간 학습 가능한 목표를 좇았던 것이 합해진 결과다.

사람 진화의 결과를 표현해야 하는 어려움

튜링이 컴퓨터를 교육시키는 것을 이야기한 적이 있다. 아기를 교육시키듯이 컴퓨터를 교육시키는 작업이다. 이건 아기와 같은 능력을 가진 컴퓨터를 만들 수 있으면 말이 되는 이야기다.

하지만 불행하게도, 태어난 아기의 능력을 컴퓨터 프로그램으로 표현하기가 어렵다. 갓난 아기는 진화 에코리즘의 결과다. 진화 에코리즘 자체는 이론 있다고 할 수 있겠지만, 그 결과물은 이론 없는 것으로 남아 있다. 아직 과학의 범주 안으로 들어오지 못했고 따라서 우리는 아직 모른다. 진화의 결과로 나온 것(태어난 아기)을 아직 정확히 정의할 수 없다. 기계 학습의 시작점을 만들 수가 없는 것이다.

최악의 경우에 다른 대안은 없고, 수십억 년 전 생명의 기원점에서부터 시작해서 모든 진화를 컴퓨터로 모사해야 할 것이다. 이렇게 되면 가망이 거의 없다. 그 수십억 년 동안 진화 과정에 있었던 조건과 예시들이 필요한데 우리가 그것들을 만들기는 거의 불가능하다.

대신 중간 정도의 답을 바랄 수는 있다. 태어날 때, 혹은 발달 초기의 사람의 상태 중 일부만 있으면 할 수 있는 지능의 일부. 이 정도가 우리의 최선일 수 있다.

그런데 그 정도의 시스템도 이미 상당히 어렵다. 예를 들어, 사람의 시각 시스템을 만든다고 하자. 태어나는 시점의 사람 시각의 기본적인 이해가 우선 필요한 건 말할 것도 없고, 탄생 후에 해야 하는 학습이 상당히 많다는 증거가 많다. 시각 시스템이 그렇게 가능하다고 해도, 다른 시스템들은 더 어려운 문제가 많을 것이다.

언어 없이 학습한 사람의 상식을 표현해야 하는 어려움

인식 능력에서 아기들은 생각보다 훨씬 더 철저하게 준비되어 태어난다. 간접적인 증거로, 인공지능 연구자들이 일상을 이해하는 데 필요한 상식들을 모두 정의하려고 할 때 만난 어려움이 있다. 소설을 이해하려면 소설에는 표현되지 않은 많은 지식이 필요하다. 너무 당연한 것들이라서 소설에는 없는 것들이다. 성인이 읽는 복잡한 소설만의 이야기가 아니다. 어린이를 위한 동화에서도 거의 같은 분량의 상식이 필요하다고 한다. 튜링의 꿈에 찬물을 끼얹는 이야기지만, 아기들은 놀랄 만큼 잘 학습된 상태로 태어나고 더 잘 배울 수 있게 준비되어 있다.

상식일수록 사람이 그런 지식을 어떻게 얻었는지 더 오리무중이다.

튜링은 컴퓨터를 "몸통은 없는 일종의 '뇌'"라고 표현하면서 컴퓨터의 능력을 논의할 때 이 문제를 이야기했다.[9] 그는 체스 같은 게임 놀이, 자연어 번역, 암호, 그리고 수학 분야는 외부 세계와의 접촉이 거의 필요 없기 때문에 컴퓨터에 적합한 일이라고 봤다. 그리고 암호 분야가 특히 가장 쓸모 있는 것으로 판명된 분야라고 했다. 그러고는 튜링이 이네 분야와 다른 하나를 대비했다. 자연어 학습이다. "위 다섯 가지 중에서 자연어 학습이 가장 인상적이다. 가장 사람의 고유 기능이기 때문이다. 언어 습득은 감각 기관들과 이동 능력에 너무 의존하고 있기 때문에 컴퓨터로 가능할 것 같지 않다." 튜링은 이 몇 마디로 상식을 컴퓨터에 실현하는 문제의 핵심을 정리했다고 본다.

사람의 상식은 언어 없이 시각, 후각, 미각, 촉각 들로 학습한 결과를 많이 포함할 것이고 그런 학습 과정을 고스란히 흉내 내기는 힘들 것이다. 대신에, 이전에 다룬 대로 그 결과를 지식으로 정의해 놓고 그 지식들에 대해서 불확실한 것을 적절히 학습 알고리즘으로 찾아갈 수 있다. 그러나 사람 상식의 경우는 그런 지식을 정의하기가 어렵다. 현재 우리의 능력 바깥이다.

태어난 후 학습하는 것은 차치하고, 태어났을 때의 아기 상태를 정의하는 문제는 해결 가능할까? 아기의 회로를 이해하기 위해서 행동 실험들을 진행할 수 있을 것이다. 다양한 외부 자극들에 아기들이 어떻게 반응하는지를 관찰해서, 그런 반응을 만드는 모종의 복잡한 계산 시스템을 우리가 유추해 보려는 취지다. 그러나 이전에 살펴본 학습 이론의 부정적인 결과를 생각하면 이 방면은 그 자체로 어려움이 있을 것으로 생각된다. 아기의 회로가 간단한 클래스의 것이 아니라면 이런 인덕은 근본적으로 현실적인 비용으로 실행 불가능하다.

마지막으로 가장 극단적인 방법은 (아직은 없는 기술이지만) 아기의 회로를 세포 단위로 혹은 분자 단위로 하나하나 복제하는 것이다. 3.6 절에서 예를 봤듯이, 회로를 정확히 표현해 냈다고 해도 그 회로가 하는 일을 이해하는 것은 상당히 어려울 수 있다. 회로가 아주 간단한 경우도 그랬다. 그래서, 이 방법이 언젠가 가능하다고 해도 꼭 우리의 이해를 높여주는 것은 아닐 것이다.

　인공지능의 도전은 늘 매혹적이다. 자연이 만들어 낸 것을 우리가 다시 만들려는 것이기 때문이다.

　하지만 그 문제가 어려운 이유는 두 가지 때문이라고 본다. 자연에 존재하는 지능 시스템은 수십억 년 동안의 경험을 통해 학습한 결과라는 점과 그 경험의 흔적이 모두 사라졌다는 점이다. 같은 결과를 만들 근본적으로 다른 방법이 발견되지 않는 한 심각한 장애물이다.

9.4 인공지능에서 인공적인 것

이제 자연스럽게 묻게 되는 것은 인공지능이 자연지능과 다른 게 뭘까라는 질문이다. 인공지능은 구현하는 재질이 컴퓨터 같이 생명의 재질이 아니어서 인공이라고 하는 것이 아니다. 그것은 근본적인 특성이 될 수 없다. 계산은 그것이 일어나는 하부 재질과는 무관하다. 또한 인공지능은 그 실행 과정이 자연과 다르다고 해서 인공인 것도 아니다. 이것도 근본적인 특성이 될 수 없다. 자연 현상을 인공적으로 흉내 내는 데는 아무 장애가 없기 때문에, 많은 가능한 실행 과정 중에 특정한 것을 자연과 다른 점이라고 하기도 그렇다.

　지능에서 인공과 자연의 근본적인 차이가 있다면 지능이 만들어지는 과정, 즉 환경에서 지식을 학습하는 방법에 있어야만 한다. 내가 주장한 대로 자연에서는 세계에서 지식을 끄집어내는 유일한 방법은 일종의 학습뿐이다. 그리고 이 과정은 수십억 년 동안의 진화가 결정적인 역할을 했다.

따라서 자연지능이 만들어진 과정을 그대로 흉내 내려고 들면 가장 근본적인 장애물은 자연에서의 진화를 이끈 자연 환경을 다시 만드는 일이다. 설사 관련된 모든 알고리즘을 이해하고 실행시키는 것이 가능하다고 해도 이 알고리즘들로 결과를 만들어내는 것은 아직 불가능하다. 이 알고리즘들의 입력을, 이 알고리즘이 배우는 환경을 다시 만드는 것이 불가능하기 때문이다.

따라서 현재 인공지능의 다양한 기술들은 자연의 학습 과정을 다른 방식으로 다시 해내려는 시도들이다. 어느 영역에서는 이 기술로 만든 지능이 자연지능보다 더 우월할 것이다. 예를 들어, 바둑 같은 분야가 그렇다. 컴퓨터는 사람이 하는 것보다 무지막지하게 더 많은, 수백만 배 더 많은 수를 탐색한다.[7] 바둑에서 자연지능을 능가하는 것이 인공 기술인 것이다.

9.6절에서는 지금까지 논의된 관점 아래서 인공지능 관련해서 우리가 어떻게 나아갈지에 대한 몇 가지 생각들을 제시해 보겠다. 그 전에 우선 몇 개 중심되는 문제들을 다른 관점에서 생각해 보고 혹시 얻을 수 있는 통찰이 있다면 살펴보겠다.

---

7 2013년에 출판된 책이므로, 저자는 바둑 대신 체스를 예로 들었다. 2016년 알파고(AlphaGo) 성과 이전이었기 때문이다. 알파고는 단순히 깊이 탐색해 들어가는 것이 아니라 수많은 기보를 통해서 딥러닝*deep learning* 학습 알고리즘으로 수를 놓는 법을 배운 결과였다. 기보가 전혀 필요 없이 백지에서 스스로 바둑 게임을 끊임없이 하면서 바둑을 배운 알파제로(AlphaZero)도 출현했다.

9.5 독학으로 학습하기

지금껏 논의하지 않은 흥미로운 문제는 독학으로 답 없이 하는 학습이다. 비지도 학습*unsupervised learning*이라고 부른다. 답이 표시되지 않은 예시들로 하는 학습이다. 지금까지 우리가 생각했던 지도 학습*supervised learning*과는 대칭적이고 상호 보완되는 기술로 설명되곤 한다.

지구에서 생명체가 했던 학습이 비지도 학습일 것이라고 하면 얼핏 설득력 있게 들린다. 지구에서 생명이 시작될 때 답이 표시된 예시들이 주위에 있지는 않았을 것이기 때문이다.

그런데 과연 그럴까? 생물의 시각 시스템을 보면 지구 위에 펼쳐지는 장면들에 잘 맞춰진 것으로 보인다. 자연의 모습은 대개 물체의 경계가 뚜렷하다. 다른 것들과 부드럽게 녹아있지 않다. 사람의 시각 시스템은 이런 경계를 감지하는 데 능숙하다. 이 능력을 지도 학습으로 익혔을까 비지도 학습으로 익혔을까?

지도 학습의 강점 중 하나는 근본적으로 뭘 가정할 필요가 없다는 점이다. PAC 학습은 지도 학습 모델이다. PAC 학습 모델에서 특별히 가정한 것은 없다.

비지도 학습은 그렇지 못하다. 비지도 학습에서는 비슷하다는 것의 정의를 가정하는 것이 필요하다. 만나는 예시마다 답이 적혀 있지 않기 때문에 어느 것들이 같은 종류에 해당하는지를 스스로 결정해야 하고, 이때 비슷하다는 것의 정의가 필요하기 때문이다.

나는 자연에서 일어났던 일은 비지도 학습이 아니라 지도 학습이라고 본다. 우리의 생명 회로는 명확한 답안이 표시된 게 없이 학습한 결과일 텐데 어떻게 한 걸까? 답은 진화다. 내 정의에서 진화는 지도 학습의 한 경우다. 이때 만났던 예마다 따라온 답은 모두 한 가지다. 적합도*fitness*. 어스름한 저녁 때 동료와 적을 구분할 수 있는 시각 시스템. 이것을 얻는 데 지도 학습이 있었다. 이때 목표는 단순 명확하다. 진화하는 주체에 가장 이득 되는 시각 시스템이었다. 이 목표가 답안역할을 한다.

또 하나 질문할 수 있다. 비지도 학습의 역할이 진화 중에는 필요 없다 하더라도, 우리가 태어난 후에는 역할을 하지 않았을까? 이전에 살펴본 대로, 많은 자연의 현상들은 자체적으로 답이 명시되어 있어서 지도 학습이 작동된다. 우리가 어떤 장면에 있는 고양이와 쥐를 알아볼 수 있다고 하자. 그 장면은 이미 답이 표시된 셈이고, 우리는 그 장면에서 고양이와 쥐에 대해서 더 학습하게 된다. 그리고, 우리의 기억 창고에 있는 규칙들이 우리가 보는 것들의 유사도를 드러내는 역할을 하기도 한다. 우리가 길거리에 있는 사람을 보면 어떤 특정한 친구가 생각날 수 있다. 우리가 어쩌다 가진 회로 중에서 그 특정 친구를 알아보는 회로가 작동해서 그런 것이다. 이런 방식의 잣대는 즉흥적이다. 오직 우리가 지금까지 겪어온 경험과 그로부터 얻은 지식들로 결정되는 유사도 잣대다. 비지도 학습에서 필요로 하는, 사람들 사이의 절대적인 유사도 잣대가 있어서가 아니다.

그래서, 비지도 학습은 자연에서 일어난 학습은 아닌 것 같다. 그렇다고 인공지능에서도 비지도 학습이 필요 없는 개념이라고 결론 내릴 수는 없다. 인공지능을 만들 때 자연의 방식과는 다를 수 있는 가능한 모든 학습 방법을 탐구할 필요는 있다.

자연이 할 것 같지 않은 비지도 학습

비지도 학습을 인공지능에 사용하기 위해서 정의하는 한 방법은 상관관계를 감지하는 방법으로 정의하는 것이다. 우리가 감지하고 싶은 것은 특징의 짝들이다. 어떤 특징 짝들이 관련 높아 보이는 빈도로 함께하는지. 두 특징이 자주 같이 출현한다면 누가 가르쳐주지 않아도 우리는 알아본다. 매번 뉴욕에 갈 때마다 사람이 많은 것을 겪었다고 하자. 뉴욕 가기와 사람 많음의 상관관계를 감지했을 것이다. 그런데 그것을 감지했던 이유는 사람이 많았던 것이 내게 의미 있는 영향을 미쳤기 때문일 수 있다. 많은 사람 때문에 내가 움직이는 것이 불편했다거나 줄 서서 기다리는 시간이 늘었다거나. 나와 관련이 없는 다른 상관관계는 감지하기가 더 어려울 것이다. 우리가 늘 동전을 사용하는데 앞면의 거북선이 어느 쪽을 향하는지는 기억하기 어렵다. 동기가 부족하면 사람은 상관관계를 바라보고 있어도 알아보지 못한다.

일반적으로 상관관계 감지하기는 계산 문제로 정의할 수 있는데, 그 계산은 근본적으로 비용이 꽤 드는 계산으로 보인다. 우리가 상관관계를 잘 감지하지 못하는 것이 이 때문일 수 있다. 우리가 상관관계를 잘 감지한다면, 우리 뇌는 우리가 현재까지 찾은 알고리즘보다 더 잘 하는 것이겠지만.

전구 문제*light-bulb problem*라고 불리는 문제가 상관관계를 알아내기가 근본적으로 왜 어려운지를 보여준다.[h] N개 전구가 있다고 하고 각 전구는 저마다 동전 던지기 결과에 따라 껐다 켠다고 하자. 매초 각 전구를 끄거나 켠다. N개 동전 중에 두 개만 빼고 서로 독립적이라고 하자. 그 두 개는 다음과 같이 관련된다고 하자. 그 두 개가 같은 상태로 있을 확률이 1/2이 아니고 그보다 살짝 더 크다고 하자. 예를 들어 3/4또는 0.51 같이. 1/2이라면 두 전구가 관련 없는 경우다. 이 상황에서 전구 문제는, N개 전구를 충분히 관찰한 후 미세하게 관련된 이런 전구쌍을

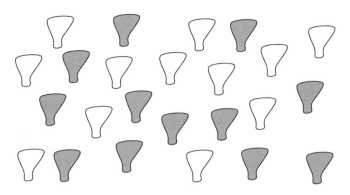

그림 9.1 전구 문제는 많은 전구 중에서 상관관계가 있는 전구쌍을 신속하게 찾는 문제다. 각 전구는 평균적으로 시간의 반은 켜져 있고 반은 꺼져 있다. 두 전구만 제외하고 모든 전구는 독립적으로 그렇게 깜박인다. 관련된 두 전구는 1/2보다 큰 확률로 같이 켜져 있거나 같이 꺼져 있다. 그런 두 전구는 모든 가능한 쌍을 차례로 비교하면서 찾을 수 있다. 이렇게 하면 전구 개수의 제곱 개 쌍을 비교해야 한다. 문제는 이보다 빨리 할 수 있냐는 것이다.

찾아내는 문제다.

이 문제를 푸는 게 시간이 좀 걸리리라는 것을 알 수 있는 명백한 이유가 있다. 첫 두 개의 전구가 예를 들어 $p = 3/4$나 혹은 $p = 1/2 + \varepsilon$ (임의로 작은 양수 ε) 확률로 관련되어 보인다고 하자. 오랫동안 관찰해 보면 그 두 전구가 같은 상태로 있는 비율이 그렇게 되는지를 쉽게 확인할 수 있다. 알려진 사실은 이렇다. 만일 p가 $1/2$보다 크면, 전구를 $O(\log N)$[8]초만큼 관찰해서 그 동안 가장 많이 일치하는 전구 쌍이 관련된 쌍일 확률이 크다는 것이 증명되었다. 이제 문제는 가장 많이 일치하는 전구 쌍을 찾는 일이다.

i번째 전구가 매초 만드는 끄기/켜기를 일렬로 표시한 것을 s_i라고 하자. s_i는 예를 들어, 00101…011이다. 관련될 수 있는 쌍 (i, j)의 가짓수

---

8 $O(f)$는 계산의 복잡도를 표현하는 방식이다. f에 비례하는 크기를 뜻한다. "얼추 f만큼"이라고 읽으면 크게 무리가 없다.

는 $N(N-1)/2$개다. 모든 쌍 (s_i, s_j) 중에서 가장 많이 일치하는 쌍을 찾아야 한다. 총 $O(N^2)$개의 쌍을 훑어야 하는데, 이보다 훨씬 적은 노력으로, 예를 들어 $O(N^{1.5})$ 또는 심지어 $O(N\log N)$의 비용으로, 가능할지 질문할 수 있다.

만일 연관된 전구쌍이 완벽히 연관된 경우라면, 즉 $p = 1$이면 항상 그두 전구는 같이 꺼져 있든가 같이 켜져 있을 것이다. 이 경우, 관련 전구쌍은 다음과 같이 거의 $O(N)$에 가까운 비용으로 감지될 수 있다. 각 s_i를이진수 정수로 보고 그 크기 순서로 정렬하는 알고리즘을 돌린다. 완벽히 관련된 두 전구의 정수 값은 같을 것이므로 정렬된 데에서 그 둘은 이웃하고 있을 것이다. 정렬은 $O(N\log N)$ 비용으로 가능하고, 일렬로 정렬된 정수들에서 이웃한 같은 정수는 최대 $O(N)$번 짚어 가면 찾게 된다.

그러나 일반적인 경우라면, 즉 $1/2 < p < 1$이면 관련된 전구쌍 찾기의 계산 복잡도는 그렇게 명백하지가 않다. 이 문제가 처음 나왔을 때, 1989년 파투리(Ramaohan Paturi), 라자세카란(Sanguthevar Rajasekaran), 리프(John Reif)가 흥미로운 알고리즘을 찾았다. $O(N^x)$번 연산이 필요한데, p가 $1/2$에서 1로 커지면서 x는 2에서 1로 줄어드는 알고리즘이다. 이 알고리즘은 $p = 0.51$이면, 아직 거의 $O(N^2)$ 횟수의 계산이 필요하다. 정확히는 $O(N^{1.97})$이다. 이 작업이 아무리 빨라야 $O(N)$으로 줄어들 수 없다는 것은 아직 증명되지 않았다. 그 후 인딕(Piotr Indyk)과 모트와니(Rajeev Motwani)의 알고리즘, 그리고 최근 두비너(Moshe Dubiner)가 좀 더 개선된 버전의 알고리즘을 발표했다. 두비너의 알고리즘은 $p = 0.51$인 경우 $N^{1.96}$의 성능을 낸다. 2012년이 되어서야 p에 의존하지 않는 N^2보다 빠른 알고리즘이 고안되었다. 밸리언트(Gregory Valiant)가 찾은 알고리즘인데 임의 $p > 1/2$에 대해서 $O(N^{1.62})$ 비용을 가지고 있다.[i]

우리 뇌가 이런 알고리즘들을 가지고 있다고 보기는 어렵다. 이 알고리즘은 다소 복잡하다. 많은 수의 전구가 있는 경우에 그 성능의 차이를 드러내는데, 진화 과정에서 우리 뇌에 그런 알고리즘을 심을 수 있었다면 놀라운 일일 것이다. 우리가 알기에 생명 시스템은 전구 문제 같은 상관관계 감지 문제에는 약할 것으로 추측된다.[9] 사람은 수만 가지 개념을 인지할 수 있다. 우리가 그 개념들 수백만 쌍 가운데 관련되는 쌍을 찾는 일반 능력을 가지려면 우리 뇌가 이렇게 큰 규모의 전구 문제를 풀어야 한다. 현재의 지식으로는, 우리 뇌가 이것을 잘 하리라고 상상하기 어렵다.[1] 누군가 전구 문제를 잘 푸는 능력을 보인다면 우리가 현재로서는 상상할 수 없는 알고리즘을 실행하는 경우일 것이다.

위에서 다룬 전구 문제는 일반적인 경우다. 물론 $O(N)$ 알고리즘이 존재하는데 우리가 아직 못 찾은 것일 수도 있다. 또, 근본적으로 넘을 수 없는 계산의 벽이 있는 문제일 수도 있다. 특수한 경우는 물론 쉽다. 잘 정렬해서 전구를 배열하고 여기서 이웃하는 전구들 중에서만 상관관계가 있는지 찾으면 된다.

인공지능 시스템에서 비지도 학습 알고리즘이 효과를 보는 경우도 있다. 그런 경우는 일반적인 전구 문제로 각색할 수 있는 문제가 아니라, 제한된 전구 문제에 해당되는 문제를 다룬 것으로 보인다.

9.6 인공지능 - 다음은 어디?

내 소신을 다시 반복하면, 학습이 인공지능 분야의 중심에 있어야 한다는 것이다. 지능이 한 면만 있는 것은 아니지만, 학습한 데이터로 이치

---

9 상관관계를 잘 감지하는 사람을 '창의적인' 사람이라고 하는 게 아닐까 혹시. 그래서 창의적인 사람이 드문 이유가 사람이 상관관계 감지 문제에 취약해서가 아닐까.

를 따지는 문제가 지능의 중심된 양상이라고 믿는다. 더군다나, 학습과 이치 따지기를 원칙에 기반해서 잘 조합하면 유용한 시스템을 만들 수 있을 것으로 보인다.

아직 없는, 지능에 대한 튼튼한 계산 모델

그런데 지능에 대한 튼튼한 계산 모델은 아직 없다. 이 책에서 튼튼한 계산 모델의 중요성을 이야기하면서 학습과 진화에서는 그런 모델이 존재한다는 강한 증거가 있다고 주장했는데, 지능에 대해서 그런 주장을 하기에는 현재로서는 근거가 아직 없다. 지능 테스트를 연구하는 학자들이 오랫동안 알고 있는 것이, 사람의 지능은 다양해서 지능을 재려면 다양한 테스트가 필요하다는 것이다. 가드너(Howard Gardner)의 "여러 가지 지능" 이론도 같은 주장이다.[k] 아직 우리는 여러 면의 지능을 모두 포섭하는 튼튼하고 구체적인 모델을 모른다.

튼튼 논리robust logic가 지능의 근본적인 한 양상이라고 여길 때 예상되는 것이 있다. 우리는 다른 사람이 말하는 것에 흥미를 느낄 때 그 사람이 똑똑하다고 여긴다. 우리와 의견이 다르면 그 사람이 똑똑하다고는 좀처럼 생각하지 않는다. 튼튼 논리는 학습과 이치 따지기를 조합한 논리다. 튼튼 논리가 지능의 양상이 되면 사람의 지능은 근본적으로 경험에서 결론을 이끌어내는 방법에 대한 이야기가 된다. 같은 경험에서 내가 당신과 다른 결론을 끄집어냈다고 하자. 당신은 나의 학습과 이치 따지기 알고리즘의 수준을 의심할 수 있다. 하지만 실제로는 알고리즘의 차이가 아니라 서로의 경험과 믿음의 차이에서 온 것일 가능성이 크다. 조심할 지점이다.

튜링 테스트의 문제점과 대안

한편, 인공지능의 역사는 튜링 테스트*Turing test*로 거슬러 올라간다. 튜링 테스트는 기계가 사람과 같은 지능을 가졌다고 판단하는 기준으로 고안되었다.[1] 튜링의 기준은 기계가 사람과 떨어져서 말을 주고받을 때 성공적으로 사람 흉내를 냈다면 지능이 있다고 하자는 것이다. 튜링 테스트가 아직도 지능의 기준으로 여겨지는 이유는 두 가지 때문이다. 첫째는, 튜링 테스트는 컴퓨터가 사람인 척하는 것을 사람이 얼마나 자주 간파하는지를 재는 테스트라는 점이다. 둘째는 튜링 테스트는 바둑이나 화학 같은 특별한 재주가 아니라 이론 없는 지식을 제한 없이 테스트한다는 점이다.

PAC 학습으로 보면 튜링 테스트가 보강해야 할 한 가지가 드러난다. 튜링 테스트의 어떤 경우이건, 그 성능은 항상 특정 입력의 분포에 대해서만 잰다는 것이다. 튜링 테스트의 특정 버전은 특별한 때에 특별한 장소에서 특별한 작업을 위해서 진행하게 되어 있다. 어떤 시스템이 이 테스트를 통과했다고 해서 일반적으로 지능이 있다고는 주장할 수 없을 것이다. 그 시스템이 특별한 일과 특별한 입력 분포에 대해서만 지능적이라고 할 수 있을 뿐이다.

어려운 일은 일반 튜링 테스트를 만드는 일이다. 튜링 테스트의 시리즈를 만드는 것이 필요하다. 제한 없이 이론 없는 지식을 다루는 일들을 널리 다양하게 시켜보고 성능을 측정할 수 있는. 이런 일반화된 튜링 테스트는 테스트시킬 일들과 다루는 입력 분포에 따라 다양할 것이다.

튼튼 논리*robust logic*의 매무새가 이 방향이었다. 튜링 테스트에 준비된 틀이라고 할까. 예측의 정확도라는 성능 잣대가 있고 일반 이론 없는 지식을 다루기 때문이다. 이론 없는 지식이 학습되는 상식의 세계에서 튼튼 논리는 이치 따지기의 구체적인 틀을 제공한다. 이 틀로 만들어진 시스템의 행동은 학습된 환경에 의존하게 되어 있다. 이런 의미에서 지능적인 행동은 정말 상대적인 것이고 보는 사람 맘이다. 보는 사람이 같은 환경에 있었는지 여부에 따라서 평가가 달라질 것이다. 물론 바라건대 학습과 이치 따지기 알고리즘들의 기능이 환경에 좌우되지 않고 좀더 절대적이면 좋겠지만, 그렇다면 지능이 이론 있다는 이야기가 된다. 아직은 우리가 모르는.

학습 결과를 논리적인 프로그램으로 대체할 수 없는 어려움

튜링은 기계를 프로그램하는 것과 기계가 배우게 하는 것 사이의 딜레마를 이야기했다. 그는 학습시키는 것의 중요성을 인식하고 있었다.[1] 한때 다음의 주장이 힘을 받았지만, 현실적으로 불가능한 이야기다. 학습한 기계가 일종의 고정된 프로그램을 실행하게 되는 것이므로 처음부터 그런 프로그램을 프로그래머가 만들 수 있었던 게 아닐까라는 주장이었다. 기계 학습이 성공적으로 사용되고 있는 경우에 학습한 결과를 같은 일을 하는 프로그램으로 바꿔치기하는 것은 거의 불가능하다. 학습 과정을 통하지 않고는 모든 관련된 인자 값을 가진 학습 결과를 얻을 수 있는 다른 방법이 아직 없기 때문이다.

정확히 왜 사람의 학습 결과가 다른 방식으로는 흉내내기가 그토록 어려운 것일까? 근본적인 이유가 하나 있다고 본다. 이미 말한 이유다. 기계에 구체적으로 프로그램할 때나 사람을 가르칠 때, 백지에서 시작하지 않고 기계나 사람이 이미 가진 특징들 위에서 시작한다. 구체적인 프로그램으로 짜내려면 프로그래머는 시스템에 이미 구현된 특징들을 정확하게 이해해야 한다. 안 그러면 바라지 않던 결과나 부작용을 만들 위험이 있다.

학습이 가진 중요한 장점은, 학습은 학습 시스템이 과거에 학습한 지식과의 관계에서 작동한다는 것이다. 선생이 전달하는 예시마다 학생은 이미 알고 있는 개념의 예인지 아닌지를 판단한다. 예시들은 이런 방식으로 학생이 이미 익힌 지식과 관계를 맺는다. 선생이 정확히 그 관계가 뭔지를 모르더라도 그렇게 작동된다. 이런 의미에서 가르치기는 프로그램 짜기보다 훨씬 더 생동적인 행위다. 학생의 이전 지식이 학습의 주고받는 과정에 자동으로 동원되기 때문이다. 반면에 선생이 학생에게 해야 하는 것보다 프로그래머가 프로그램으로 일일이 해야 할 것들이 훨씬 더 많다. 학습의 이런 장점은 선생이 오직 소극적인 환경이기만 한 경우 특히 중요하다.

지능 시스템의 중심은 학습

학습의 장점을 한마디로 말하면 주고받는 과정이라는 점이다. 학생이 현재 가진 복잡한 지식 상태와 복잡할 수밖에 없는 외부 세계가 교류하며 학습이 진행된다. 학습은 학생의 상태나 세계의 복잡성을 이해할 필요 없이 달성될 수 있다. 반면에 프로그램으로 짜려고 하면 둘 다를 이해하고 짜야 성공할 수 있다.

학습을 중심에 놔야 한다는 것을 받아들이면, 지능 시스템을 만드는 일은 세 부분으로 나눌 수 있다. 첫째는 일반 학습과 이치 따지기 알고리즘을 7장에서 논의한 방향으로 준비하는 것이 필요하다. 둘째는 이 두 알고리즘을 조합해서 사용하는 어떤 구조를 잡는 것이다. 예를 들어, 마음의 눈을 다루는 식의. 셋째는 학습할 예시를 모으는 등의 적절한 학습 자료를 만드는 일이다.

앞으로 인공지능은 더 학습 중심이 될 것이고, 그렇게 되면 컴퓨터를 학습시키는 교과 과정은 아이들의 그것만큼 신중하게 구성해야 한다는 것이 당연해질 것이다. 학습 자료를 만드는 이슈는 인공지능에서 심각하게 논의될 사안이다. 사람의 교육에서는 이것이 핵심이다. 교육 기관들은 가르칠 재료를 선택하고 구성하는 등 교과 과정을 만드는 데 많은 노력을 기울인다. 교육 재료를 아무렇게나 무작위로 내놓는 일은 없다.

9.7 인공지능을 두려워해야 할까?

인류에게 다행인 것이 있다. 사람은 매우 다양한 지능을 가지고 있다는 점이다. 우리가 로봇에게 심는 지능이 몇몇 면에서는 우리보다 더 지능적일 수 있다. 하지만 우리가 가진 다른 많은 지능 때문에 종합적으로는 우리를 능가할 수 없을 것이다. 때문에, 그런 지능을 우리에게 위협적으로 만들 이유가 없다. 그래 봤자 어차피 우리에게 지는 게임이기 때문이다. 따라서 그런 지능은 유익하고 위협적이지 않은 방향으로만 개발되리라는 희망을 준다. 또한, 그렇기 때문에 로봇을 우리와 모든 면에서 같은 수준이 되게 만들고 싶을 이유가 없다.

우리가 로봇에게 지구 생명체의 생존 능력과 똑같은 능력을 심을 이유도 없다. 지구상 생명체의 가장 이례적인 능력은 생존 능력이다. 수십억 년간 수백만 세대 동안 살아남은 것은 분명히 생존 능력이 뛰어나기 때문이다.

로봇의 지능이 넓은 범위에서 우리 지능보다 우위에 서게 됐다고 해도, 우리가 일부러 그렇게 하도록 만들지 않는 한 우리를 뛰어넘어 생존하기 위해서 주어진 지능을 사용하리라고 믿을 이유가 없다. 길들인 동물을 우리가 두려워하는 경우는 거의 없다. 마찬가지로 지능 로봇을 우리가 두려워할 필요도 없다. 우리 조상들이 지구 위에서 겪은 익스트림 생존 훈련과 똑같은 유산을 로봇들에게 제공하지 않는 한 그들은 인간이 스위치를 끄는 것에 저항하지 않을 것이다.

10

질문들
Questions

컴퓨터는 지루하다. 답 내는 일만 한다.

— 파블로 피카소(Pablo Picasso)

요약

에코리즘ecorithm을 과학적으로 더 잘 이해하고 활용할 수 있게 되면서 우리 문명은 지금까지보다 더 크게 변화할 것이다. 미래에 정교한 학습 알고리즘들이 이 세계에 있는 모든 정보를 풀어놓기 시작하면, 진화로 펼쳐졌던 지난 두 가지 양상(생명 진화와 문화 진화)만큼 엄청난 결과가 펼쳐질 것이다. 이런 세계에서 에코리즘의 한계를 이해하고 행동하도록 깨어 있어야 한다. PAC 스타일 학습으로 얻은 회로가 이 복잡한 세계에서 우리가 성취할 수 있는 최대치일 거라는 한계를 이해했다면, 그런 회로로 만들어지는 생각을 주장하거나 받아들일 때 서로 신중할 수 있다. 전문가의 회로가 내놓는 말들은 경청할 만하지만, 예측 정확도의 증거가 없는 분야(정치, 인종, 성, 종교, 예술, 경제, 건강 등)에서까지 그렇다고 말하기 어렵다. 한편, 에코리즘에도 다른 과학에서 겪던 신비함이 있다. 학습과 진화의 에코리즘이 기대는 계산 모델이 왜 타당한 건지 모를 신비, 그리고 생명체의 실제 에코리즘을 모르고도 진화와 인지를 에코리즘으로 설명할 수 있었다는 신비다. 에코리즘을 중심에 놓는 학습 과학learning science은 계산의 한계를 가진 존재가 어떻게 이 복잡한 세계에서 그럭저럭 꾸려나갈 수 있는지를 탐구하며 우리의 내밀한 본질을 설명하는 데 공헌할 것이다.

10.1 과학

어느 봄날이었다. 케임브리지 대학 수학과 학부생 시절이었다. 대부분의 아침처럼 나는 강의가 열리는 단과대학으로 갔다. 잘 짜인 강의들이지만 조금 예측 가능한 면도 늘 있었다. 그날이 주중 짝수 날인지 홀수 날인지, 시간이 짝수 시간인지 홀수 시간인지에 따라 강의 토픽이 뭘지 알 수 있었던. 그 이외에는 별일 없던 그런 아침이었다.

그런데 그날은 조금 달랐다. 누군지 모르는 조금 나이 든 사람이 강단에 서 있었다. 곧 알게 되었는데 디락(Paul Dirac)이 은퇴 강연을 막 하려던 참이었다. 청중석에 있던 나 같은 학부생도 그가 양자역학 이론에 중요한 공헌을 했고 20세기 물리학에서 주요 인물임을 알고 있었다. 그리고 존경 받는 교과서를 썼다는 것도, 한때 뉴턴이 가졌던 루카스 석좌교수(Lucasian Chair) 직에 있다는 것도, 그리고 노벨상도 수십 년 전에 받은 것으로 알고 있었다. 그런데 그의 은퇴 강연에서 만족감과 승리감을 예상했던 사람이라면 당황스러웠을 것이다. 그의 은퇴 강연은 후회스러운 것에 대한 이야기였다.

그가 양자역학을 공부할 때 어떤 자세였는지 소회를 들려주었다. 자신이 뭔가를 알아낼 때마다 논문으로 발표하고는 다음 연구를 계속하기 전에 기다렸다고 한다. 사람들이 그 결과를 받아들이는지, 그 위에서 한 걸음 더 나간 연구를 하는지를 확인한 후에야 다음 연구를 진행하는 식이었다고 한다. 후회스러운 점은 자기가 자기 작업을 더 진지하게 생각했더라면 그렇게 다른 사람의 반응을 기다리지 않고 자기 작업에 더 정진할 수 있었으리라는 것이었다. 이런 심리적인 걸림돌을 가지지 않았더라면 더 많은 일을 성취했을 수 있었을 거라는.

나는 늘 과학은 개인과는 전혀 상관없는 것으로 믿고 있다. 누가 발견했는지, 또는 누가 말했는지, 또는 어떻게 말하는지가 중요하면 그건 과학이 아니다. 단, 그날 내가 배운 것은 과학을 하는 것이 개인적으로 내밀한 것일 수 있다는 점이었다. 그날 이후로 나는 궁금했다. 어떻게 사람의 결이 작용하는 공부들이 모여서 과학이라는 장엄한 건물이 세워지는지.

10.2 에코리즘 방식이 더 깊어지는 미래

인류가 출현한 후 많은 것이 변했다. 곡식을 재배하고 요리를 하며, 많은 인구가 수백만 명 이상 규모로 잘 조직된 공동체에서 살고 있다. 물과 전기가 파이프를 타고 집으로 들어오고 파이프를 타고 쓰레기가 나간다. 최근에는 정보가 놀라운 속도로 집을 들락거린다.

인류가 출현하기 전 지구에는 평형 상태가 하나 있었다. 진화와 학습 사이에 있던 평형 상태였다. 전체 진화 대 개체 학습 사이의 평형이었다. 다윈의 진화가 한편에서 작동하고 있었고 다른 한편에서는 더 일반적인 학습 알고리즘이 개별 유기체 안에서 작동하고 있었다. 생명체들이 진화했고 진화의 결과로 학습 능력을 가지게 되었다. 그래서 그들은 살아가는 동안 외부 세계에 적응할 수 있었다. 새 울음 같은 것들을 각 세대는 이전 세대에게서 학습했다. 그러면서도 전체적으로 늘 있었던 것은 다윈의 진화다. 다윈의 진화는 모든 중요한 새로운 적응이 이루어지는 기본적인 방법이었다. 그렇게 이루어진 적응이 세대를 거쳐서 보존되며 개별 생명체 수명보다 오래 살아남았다. 개별 개체가 진행한 학습과 이치 따지기가 세대를 거쳐서 살아남기에는 그 영향은 제한적이었을 뿐이었다.

하지만 인류 문명은 이 평형 상태를 깼다. 다윈 진화보다 더 일반적인 에코리즘의 무게 때문에 깨지게 되었다. 강력한 일반적인 에코리즘은 변화 속도를 높였다. 각 개인들은 그전부터 자손들을 학습시킬 수 있었고 배운 지식을 전달할 수 있었지만, 문명의 탄생과 함께 사람들은 노래, 시, 그림, 책을 만들었고 그런 것들은 창작자의 수명보다 오래 살아남았다. 이것들은 널리 끝없이 학습 자료로 후세대를 위해 사용될 수 있었다. 이 방식으로 개인이 공부해낸 지식이 모두와 공유되었고 문화를 만들게 되었다. 개인은 처음으로 수천 명의 다른 사람들이 경험해서 얻은 지식을 배워 익힐 수 있었던 것이다. 따라서 같은 경험을 군이 똑같이 겪을 필요가 없어졌다. 그래서 여러 세대를 거쳐야 가능했던 집단 지식의 축적을 한 개인이 학습 가능한 목표로 생각할 수 있게 되었다. 과거 혼자서는 제한적이었던 학습의 규모를 뛰어넘는 학습이 개인에게 가능해졌다.

문화도 진화를 겪지만 다윈 진화의 틀을 넘어선다. 문화 진화의 놀라운 성취 중에는 과학이 있다. 과학이 발견되고, 과학이 탐구되고, 그리고 그것이 우리의 사는 방식을 바꿔놓은 것은 실로 놀라운 성취다.

의도적이지는 않았지만 에코리즘을 인공적으로 활용했던 것으로 동식물 사육이 있다. 수천 년간 동식물 사육은 꾸준히 개선되어 왔고 그 덕분에 인류 인구는 많은 수를 유지하게 되었다. 이 동식물 사육은 자연 선택과 대비해서 인공적인 선택으로 진행된 에코리즘이라고 할 수 있다. 다윈이 강조했듯이, 그러한 인공적인 선택은 기본적으로는 자연 선택과 같은 과정이지만, 다른 점은 적합도를 인공적으로 정의해서 만들었다는 점이다. 우리 용어를 쓰면, 자연 선택과 인공 선택 둘 다 같은 진화 에코리즘에 해당하지만, 다른 점은 인공 선택의 경우 목표를 맘대로 정하는 선생이나 환경에 의해서 추동된다는 점이다.

모른 채로 에코리즘의 능력에 기댄 과거와 달리, 이제부터는 에코리즘으로 우리 문명을 지금까지보다 더 드라마틱하게 재구성할 수 있다. 이제는 과학기술을 통해 에코리즘의 잠재력을 더 잘 이해할 수 있게 됐기 때문이다.

에코리즘의 능력이 얼핏 보여진 것이 인터넷 탐색 기술이다. 지금은 가장 적은 교육을 받은 사람도 불과 20년전 가장 교육을 많이 받은 사람이 가질 수 있던 정보보다 훨씬 더 많은 정보를 손에 넣을 수 있게 되었다. 인터넷 탐색 엔진의 기본 알고리즘은 수많은 웹 페이지 중에서 가장 질문에 맞을 듯한 페이지를 예측해서 순서대로 보여주는 것이다. 이런 놀라운 학습과 예측 능력은 전적으로 수십억 개 웹 페이지를 품고 있는 인터넷의 규모 때문이다. 그 규모로 학습하는 알고리즘 덕분이다. 작은 규모의 데이터였다면 그런 인상적인 성능은 힘들었을 것이다.

의심의 여지가 없다. 그런 거대한 데이터가 존재한다는 점과 학습 알고리즘으로 그 데이터에서 정보를 캐낼 수 있다는 점은 지금 문명의 중요한 새로운 모습이다.

현재는 아직 유아기에 머물고 있다. 거대한 데이터에 대한 우리의 직관과 그런 데이터에서 발굴하는 정보는 아직 초보적이다. 더 정교한 학습 알고리즘이 이 세계에 있는 모든 정보를 풀어놓기 시작하면, 우리는 다른 방법으로는 불가능했을 지식을 축적할 수 있게 될 것이다. 예를 들어, 수십억 명의 자세한 진료 기록과 개인적인 습관이 디지털 형식으로 잘 마련된다면 의료와 건강 분야에서 중요한 발견들이 쏟아질 것은 뻔하다.

기회는 많이 남아 있다고 본다. 인공 시스템에서 컴퓨터 기술의 도움을 받아 에코리즘을 최대한 활용하면, 진화로 펼쳐진 지난 두 가지 양상 (생명 진화와 문화 진화)만큼 엄청난 결과를 우리가 기대할 수 있을 것이다.

10.3 행동 요령

말하기와 글쓰기는 뇌 회로가 출력하는 것을 내놓는 것이다. 이 회로들은 이론 있는 것을 계산하는 것이 아니다. 논리적으로 미리 잘 짜놓은 프로그램을 실행하는 것도 아니다. 수십억 년간 일어난 사건들로 촉발되어, 이론 없는 일을 잘 하게끔 갈고 닦은 학습 결과다. 이 회로들이 구현한 함수의 정확한 성질은 아직은 우리가 파악할 수 있는 범위 너머다.

하지만, 이런 회로들에 대해서 일반적으로 말할 수 있는 것이 좀 있다. 예를 들어 과학 분야에서 전문가 뇌 회로의 출력은 대개 서로 아주 비슷하다. 통일된 의견이 있다. 그리고 그 회로들은 미래를 매우 정확하게 예측하는 경우가 잦다. 이런 예측에 기반한 기술 제품들은 예측한 대로 작동한다. 이런 높은 통일성과 예측 정확도를 보이는 과학자 뇌 회로의 출력은 단순히 개인 느낌을 표현한 것을 넘어선다. 따라서 과학자의 예측을 진지하게 받아들이는 것은 자연스럽다. 예측 정확도를 압도적으로 경험했는데 그에 반해서 행동한다면 당연히 어리석은 것이다.

더 넓혀 이야기하면, 전문가들이 과거에 정확한 예측을 해본 상황에 대해서 하는 말들은 진지하게 들어야 한다. 상하수도 배관공, 의사, 자동차 수리공들의 조언은 그들의 예측 이력이 보여준 바 진지하게 받아들여야 한다. 예측 이력이 없더라도, 경험 있는 그들의 조언을 따르는 것이 맞다. 그 예측이 짧은 기간, 한 장소의 과거 데이터하고만 맞아떨어지더라도 그런 예측이 이론이 있건 없건 우리가 얻을 수 있는 최선의 조언일 수 있다. 복잡하고 불확실한 이런 세계에서, PAC 스타일의 학습 결과는 나름 우리가 해낼 수 있는 최선일 것이라고 본다.

그러나 그런 일반화는 그 정도까지만이다. 합의된 의견도 없고 어느 누구의 뇌 회로도 예측이 정확하다는 증거가 없는 많은 분야, 그것도 우리 이해 관계가 걸린 많은 분야에 대해서까지 소위 전문가를 따르는 것은 무리다. 수백 년간 가졌던 많은 믿음 중 영원한 건 없었다는 사실을 굳이 상기할 필요도 없을 것이다.

정치, 인종, 성, 종교, 예술, 경제, 건강 등에 대한 우리의 입장은 크게 변해 왔고, 이 세계에 있는 많은 모순되는 의견들 중에서 작은 일부분만 우리는 따라가게 된다. 그런 분야의 문제에 대해서 누군가가 하는 선언들은 단순히 개인적인 느낌을 말한 것으로 생각할 수 있고 그 정도에서 존중해 줄 수 있다.

그러나 조심하는 게 좋다. 우리의 관점을 성급히 그들의 관점에 즉각 맞춰서는 안 된다. 우리의 회로는 몇 개 안 되는 증거로 서둘러 판단한다는 사실을 우리는 알고 있다. 다른 사람들도 똑같이 그렇다는 것을 기억해야 한다.

반대로 우리가 다른 사람에게 영향을 미치는 위치에 있어서도 조심해야 한다. 우리의 의견에 대해서 개인적인 느낌 이상의 타당성을 부여할 수 없는 경우가 있다. 이 경우 우리 의견으로 다른 사람에게 영향 끼치는 것이 정당한 건지 의심해야 한다. 정치 조직이나 정책 조직도 똑같다. 그런 조직의 목표는 특정한 개인적인 신조를 퍼뜨리고 일종의 구속과 통제를 하는 것이다. 풍부한 정보가 저렴하게 전에 없던 스케일로 퍼지는 지금도 그런 목표는 변함없다. "앞으로의 제국은 마음의 제국이다." 처칠(Winston Churchill)의 말이다.[b] 사회 전체가 과연 어느 특정 기관이 검증된 이론 없는 뭔가를 퍼뜨리고 제국 스케일의 영향력을 가질 정도로 성장하게끔 놔두게 될까? 우리는 서로 조심하고 깨어 있어야 한다.

10.4 신비

우리가 개인적으로 겪는 경험 중에서 중요한 하나는 신비감이다. 이해 안 되는 것을 경험하고 이해 안되고 있다는 사실을 아는 경험이다.

과학 이론들도 신비를 가지고 있다. 해당 과학 이론에 근간이 되는 디딤돌인데 왜 그런지는 모르는. 이론을 처음 낸 사람들은 종종 그런 신비를 직접 경험한다. 많이 회자되는 예가 뉴턴(Isaac Newton) 역학에서 핵심적인, 관성을 만드는 질량과 중력을 만드는 질량을 같은 것으로 간주한 점이다. 뉴턴은 물체가 힘을 받아 생기는 가속도를 버티려는 저항과 물체끼리 끌어당기려는 인력이 같은 것이라고 봤다. 이것이 뉴턴 역학의 핵심인데 뉴턴도 왜 그렇게 봐야 하는지 설명할 수 없다는 것을 알고 있었다. 아인슈타인(Albert Einstein)의 일반 상대성 이론에 의해서 비로소 왜 같은 것인지 이해하게 되었다.[1] 그 전까지는 신비의 영역으로 남아 있었다.

그리고, 위그너(Eugene Wigner)가 물리학 연구에서 수학이 잘 작동하는 신비함에 대해서 한 말을 앞에서 인용한 적이 있다. 물리 세계를 더 정

---

1   상대성 이론으로부터 이렇게 이해된다. 질량은 시공간을 휘게 한다. 팽팽하게 공중에 잡아 펼친 천 위에 쇠구슬을 놓으면 천이 구슬 주위로 움푹 파이는 것을 상상하면 된다. 물건이 만드는 움푹 파인 시공간이 관성과 인력의 기원이다. 관성은 자기가 만든 움푹 파인 언덕에 갇히려는 현상이고, 인력은 다른 질량이 만든 움푹 파인 언덕으로 끌려드는 현상이다. 관성과 인력은 같은 현상을 양쪽 입장에서 설명한 것뿐이다.

확히 예측하고 이해하기 위해 수학을 동원해왔지만, 왜 이 방식이 작동하는지에 대한 신비는 점점 더 커졌다. 왜 순수하게 머릿속에서만 굴리는 수학의 세계가 실제 물리 세계를 설명하는 데 그토록 잘 작동하는지.

에코리즘에도 신비가 있다. 에코리즘이 진화와 인지 현상을 잘 이해하는 길을 제공한다고 주장했는데, 그 이론에도 이해 안 되는 신비가 있다. 이 책의 마무리 시점이므로 이 신비의 몇 가지를 명확하게 드러내는 게 적절할 듯하다.

첫째 신비는, 계산과 학습과 진화의 한계를 설명하는 계산 이론이 있다는 점과 또 그 이론이 우리가 대뜸 만든 계산 모델에 기초하고 있다는 점이다. 이 계산 이론과 계산 모델이 사실이라는 많은 증거가 있다. 하지만 물리학에서의 신비같이, 왜 그것들이 성립하는지는 완전한 신비다. 그 이유를 이해할 방법이 없다.[2]

둘째 신비는, 내가 진화와 인지를 에코리즘의 결과로 잡았지만 생명체에서 실제 작동하는 에코리즘이 무엇인지도 아직 모르고 있다는 신비다. 이 신비는 첫째 신비보다는 풀릴 수 있는 가능성이 좀 더 있긴 하다. 관성과 인력이 같은 것이라는 신비가 풀렸듯이, 이 신비는 풀릴 것으로 본다. 모든 과학이 힘을 합쳐야 할 것이다.

왜 인류의 발전에서 과학이 다른 분야보다 훨씬 더 많은 성공 스토리가 있었을까? 과학자들이 특별해서라기보다는 오로지 과학 자체의 본래 성격 때문이라고 본다. 과학에서 그 최종 결과는 과학하는 과정에 끼어들 수 있는 어떤 변덕에도 사라지거나 흔들리지 않는다.

과학은 우리를 가슴 벅차게 한다. 과학은 한 발 한 발 오를 수 있는 든

---

2   이 계산 이론이 실제와 맞아떨어진다고 믿는 중요한 근거는, 기초하고 있는 계산 모델이 모든 계산 현상을 잡아내는 흔들리지 않는 모델이기 때문이다. 지금까지 튜링기계*Turing machine*로 정의한 계산 모델은 깨지지 않고 있다. 그 범위를 넓히려는 다른 모델들이 제시됐지만 모두 튜링기계로 정의할 수 있는 테두리를 벗어나지 못했다. 왜 그런지는 아직 모른다. 신비롭다.

든한 발판으로 견고하게 지지되어 있다. 그 한발짝들은 놀라움을 품고 있기도 하고 또 때론 떼기 힘든 고역일 수도 있다. 하지만 뒤돌아보면 예측 능력이라는 통일성이 전반적으로 펼쳐진다. 이것이 우리를 가슴 뛰게 한다.

학습 과학*learning science*은 계산에서 한계를 가진 존재가 어떻게 자신이 감당 못할 복잡한 세계에서 그럭저럭 꾸려나갈 수 있는지를 탐구하는 분야다. 세 가지에 초점을 둔다. 계산적으로 한계를 가진 존재, 복잡한 세계 속에서 하는 성공적인 행동, 그리고 가장 중요하게는 그 둘 사이의 관계다.

다윈은 숭고함을 느낀다고 했다. 단순한 진화 과정이 하나하나 축적되어 생명이라는 어마어마한 결과가 나온 것. 이 파노라마에 어떤 숭고한 감정이 느껴진다고 했다.

에코리즘으로 매무새를 갖추는 목적은 진화 과정과 그 결과인 인지라는 것을 더 명확하게 이해하려는 것이다. 그런 채비로 나아간다면 우리의 내밀한 본질을 과학의 범위 안에서 설명하는 데 공헌할 것이고, 다윈이 말한 숭고함은 더 커질 것이다. 그리고, 왜 그런 설명이 그 법칙에서 나온 존재에 의해서 발견될 수 있었는지를 설명할 수 있을 것이다.

참고 노트

1장

[a] Fritz Alt, "Archeology of Computers: Reminiscences, 1945-47," *Communications of the ACM* 15, no. 7 (July 1972): 693-694.

[b] A.M. Turing, "On Computable Numbers, with an Application to the Entscheidungsproblem," *Proceedings of the London Mathematical Society*, Ser. 2, 42 (1936- 1937): 230-265.

[c] PAC 학습의 개념이 처음 소개된 논문은 L.G. Valiant, "A Theory of the Learnable," *Communications of the ACM* 27, no. 11 (1984): 1134-1142. 이 개념이 나중에 probably approximately correct얼추거의맞기"라고 불리기 시작한 논문은 D. Angluin and P. Laird, "Learning from Noisy Examples," *Machine Learning* 2 (1987): 343-370.

[d] N. Taleb, *The Black Swan* (New York: Random House, 2007); D. Kahneman, *Thinking Fast and Slow* (New York: Farrar, Straus and Giroux, 2011).

2장

[a] "How U.N. Chief Discovered U.S., and Earmuffs," *New York Times*뉴욕 타임스 인터뷰, 1997년 1월 7일.

[b] 다음 책의 커누스(Donald Knuth) 서문에서, M. Petkovšek, H. Wilf, and D. Zeilberger, $A = B$ (Wellesley, MA: A.K. Peters, 1997).

[c] 똑같은 이론이 독립적으로 발표된 논문은 Alfred Russel Wallace, "On the Tendency of Species to Form Varieties, and on the Perpetuation of Varieties and Species by Natural Means of Selection," *Journal of the Pro-*

ceedings of the Linnean Society of London, Zoology 3 (1858): 53-62. 다윈
(Charles Darwin)이 같은 이론을 훨씬 자세하게 논술한 책이 『종의 기원*On the Origin of Species*』(London: Murray, 1959)이다. 이 때문에 진화론에 붙은 이름이 월리스(Wallace)보다 다윈(Darwin)이 되었다.

[d] 월드(Weald)는 영국 남부 노스 다운스(North Downs)와 사우스 다운스(South Downs) 사이, 서쪽으로는 햄프셔(Hampshire)에서 동쪽으로는 켄트(Kent)에 이르는 지역이다.

[e] J. Marchant, Alfred Russel Wallace, *Letters and Reminiscences*, vol. I (London: Cassell, 1916), 242, 편지 날짜 April 14, 1869.

[f] Lord Kelvin (William Thomson), "The Age of the Earth as an Abode Fitted for Life," *Journal of the Transactions of the Victoria Institute* 31 (1899): 11-35.

3장

[a] 역사적인 배경과 당대 학자들(괴델(Kurt Gödel), 포스트(Emil Post), 처치(Alonzo Church) 등)의 관련 작업들이 서술된 책은 M. Davis (ed.), *The Undecidable: Basic Papers on Undecidable Propositions, Unsolvable Problems and Computable Functions* (Mineola, NY: Dover, 2004).

[b] 튜링의 논문에서는 정확하게 멈춤 문제*halting problem*는 아니지만 그와 동일한 문제를 다뤘다. 특정 심벌이 언젠가는 테이프에 쓰여질지를 미리 판단하는 문제 등.

[c] K. Gödel, "Remarks Before the Princeton Bicentennial Conference on Problems in Mathematics" (1946), 재출판된 곳은 Davis (ed.), *The Undecidable*, 84-88.

[d] Eugene Wigner, "The Unreasonable Effectiveness of Mathematics in the Natural Sciences," *Communications in Pure and Applied Mathematics*, vol. 13, no. 1 (February 1960). New York: John Wiley & Sons.

[e] "computational complexity계산 복잡도"라는 용어는 하트마니스(Juris Hartman-is)와 스턴스(Richard Stearns)가 만들었다. 튜링기계의 계산 시간과 메모리 소모량에 대한 선도 연구를 한 사람들이다. 그 이전 1960년에는 라빈(Michael Rabin)이 계산 비용에 대한 엄밀한 논리 시스템*axiomatic theory*을 제안했다. 더 이전인 1955년에도 암호 관련해서 내쉬(John Nash)가 국가안보국(National Security Agency)에 보낸 편지에 계산 비용에 대한 이야기가 등장한다.(www. nsa.gov/public_info/press_room/2012/nash_exhibit.shtml). 이 분야를 광범위하게 다룬 책들은 C.H.Papadimitriou, *Computational Complexity* (Boston: Addison-Wesley, 1994); O.Goldreich, *Computational Complexity: A Conceptual Perspective* (New York: Cambridge University Press, 2008); and S.Arora and B.Barak, *Complexity Theory: A Modern Approach* (New York: Cambridge University Press, 2009).

[f] 함수 $f(n)$가 $O(g(n))$이라고 하면 다음을 뜻한다. 어떤 상수 k가 있어서 모든 $n > 0$에 대해서 $f(n) < k \times g(n)$. 10진수에서 2진수로 바꿔도, 곱셈 알고리즘은 여전히 $O(n^2)$ 스텝이 걸린다.

[g] P 클래스는 주로 예/아니오 문제만 다루지만, 이 책에서는 여러 개 비트를 출력하는 문제(예: 정수 곱하기 문제)까지 포함한다. 단, 각 비트를 계산하는 것이 P 문제이고 총 비트의 개수가 다항식 크기일 때다.

[h] A.Karatsuba and Yu. Ofman, "Multiplication of Multi-Digit Numbers on Automata," *Soviet Physics Doklady* 7 (1963): 595-596.

[i] A.Schönhage and V.Strassen, "Schnelle Multiplikation grosser Zahlen," *Computing* 7 (1971): 281-292. 이 알고리즘은 $O(n \log n \log \log n)$ 스텝이 걸린다. 이 정도면 $n^{1.001}$ 혹은 $n^{1+\varepsilon}$(임의 양수 ε)보다 천천히 늘어난다. 2007년에는 퓌러(Martin Fürer)가 조금 더 빠른 알고리즘을 발표했는데 여전히 $n \log n$ 보다 살짝 더 천천히 늘어나는 복잡도를 가진다.

[j] 소수인지를 판단하는 확률적인 다항*polynomial* 시간 알고리즘은 Robert Solovay and Volker Strassen, "A Fast Monte-Carlo Test for Primality," *SIAM Journal on Computing* 6, no. 1 (1977): 84-85; Gary L.Miller, "Rie-

mann's Hypothesis and Tests for Primality," *Journal of Computer and System Sciences* 13, no. 3 (1976): 300-317; M.O.Rabin, "Probabilistic Algorithm for Testing Primality," *Journal of Number Theory* 12, no. 1 (1980): 128-138. 확률적이지 않은, 조금 복잡도가 커졌지만 여전히 다항인 알고리즘은 M.Agrawal, N.Kayal, and N.Saxena, "PRIMES Is in P," *Annals of Mathematics* 160, no. 2 (2004): 781-793.

[k] R.Rivest, A.Shamir, and L.Adleman, "A Method for Obtaining Digital Signatures and Public-Key Cryptosystems," *Communications of the ACM* 21, no. 2 (1978): 120-126. 암호학과 알고리즘 복잡도 이론의 연관성을 일반적으로 접근한 논문은 S.Goldwasser and S.Micali, "Probabilistic Encryption," *Journal of Computer and System Sciences* 28, no. 2 (1984): 270-299.

[l] 튜링은 비슷한 개념으로 'intellectual search지능적인 탐색'라는 표현을 썼다. 단, 다항 복잡도라는 기준을 명확히 드러내서 이야기하지는 않았다. A.M.Turing, "Intelligent Machinery"(출판 안 됨, 1948), 재출판된 곳은 B.J.Copeland, *The Essential Turing* (Oxford: Oxford University Press, 2004), 410-432.

[m] NP-완전NP-complete이라는 개념이 처음 제시된 논문은 S.A.Cook, "The Complexity of Theorem Proving Procedures," *Proceedings, Third Annual ACM Symposium on the Theory of Computing* (1971): 151-158. NP-완전 문제들 범위가 상당히 넓다는 것을 확인해준 논문은 R.M.Karp, "Reducibility among Combinatorial Problems," in Raymond E.Miller and James W.Thatcher (eds.), *Complexity of Computer Computations* (New York: Plenum Press, 1972), 85-103. 옛 소련에서도 동일한 결과들이 출현했다: L.Levin, "Universal Search Problems," *Problems of Information Transmission* 9, no. 3 (1973): 265-266 (in Russian), B.A.Trakhtenbrot이 영어로 번역한 것은 "A Survey of Russian Approaches to Perebor (Brute-Force Searches) Algorithms," *Annals of the History of Computing* 6, no. 4 (1984): 384-400. 몇 년 후 NP-완전 문제들을 훌륭하게 설명한 책은

M.R. Garey and D.S. Johnson, *Computers and Intractability: A Guide to the Theory of NP—Completeness* (New York: W.H. Freeman, 1979).

[n] K.L. Manders and L.M. Adleman, "NP-Complete Decision Problems for Quadratic Polynomials," *Proceedings, Eighth Annual ACM Symposium on the Theory of Computing* (1976): 23-29.

[o] L.G. Valiant, "The Complexity of Computing the Permanent," *Theoretical Computer Science* 8 (1979): 189-201; L.G. Valiant, "The Complexity of Enumeration and Reliability Problems," *SIAM Journal on Computing* 8, no. 3 (1979): 410-421.

[p] BQP 클래스를 처음 정의한 논문은 E. Bernstein and U. Vazirani, "Quantum Complexity Theory," *SIAM Journal on Computing* 26, no. 5 (1997): 1411-1473. 그 이전에 양자 컴퓨팅을 정의한 논문은 R.P. Feynman, "Simulating Physics with Computers," *International Journal of Theoretical Physics* 21 (1982): 467-488; D. Deutsch, "Quantum Theory, the Church-Turing Principle and the Universal Quantum Computer," *Proceedings of the Royal Society of London, Series A, Mathematical and Physical Sciences* 400 (1985): 97-117.

[q] 이 클래스들은 예/아니오 문제만을 다루는데, 한가지 예외는 숫자를 내놓는 #P 클래스 문제들이다. PAC 클래스는 P 클래스의 부분집합인데 BQP 클래스로 걸쳐있는 것으로 확장 가능하다. 여기 보인 모든 클래스들은 서로 다른 클래스라고 추측되고 있다. 한가지 예외는 P와 BPP다. 이 두 클래스가 같은 것 같다고 추측한 논문은 R. Impagliazzo and A. Wigderson, "P=BPP if E Requires Exponential Circuits: Derandomizing the XOR Lemma," *Proceedings of the 29th ACM Symposium on Theory of Computing* (1997): 220-229. 물론, 이런 추측들 사이에서 어느 쪽 진영에 설지는 과학적인 근거를 가질 수 없는 행동이다. 본 저자는 그런 판단을 하지 않는다.

[r] F. Rosenblatt, *Principles of Neurodynamics: Perceptrons and the Theory of*

Brain Mechanisms (Washington, DC: Spartan Books, 1962). 자세한 분석은 다음 논문에 있다. M.Minsky and S.Papert, *Perceptrons: An Introduction to Computational Geometry*, 2nd ed. (Cambridge, MA: MIT Press, 1972).

[s] 이 예시는 다음 논문에 있는 붓꽃(iris) 종류들에 대한 데이터를 참조했다. R.A.Fisher, "The Use of Multiple Measurements in Taxonomic Problems," *Annual Eugenics* 7, part II (1936): 179-188.

[t] 일반적으로 퍼셉트론의 오른쪽 항을 항상 0으로 놓을 수 있다. 왼쪽 항에 변수를 추가하고 각 예시들이 그 변수에 대해서 1로 정해진 값을 가지도록 하면 된다. 그림 3.7이 이 방식으로 해서 직선 경계식 $3x - 6y > 1$을 그림 3.6의 여섯 점에 대해서 찾은 것이다. 사실 같은 점들에 대한 직선 경계식으로 $2x - 3y > 2$도 가능하다.

4장

[a] 이 말을 한 것은 다음 학회의 연례미팅 때였다. British Association for the Advancement of Science: "Star Birth Sudden Lemaître Asserts," *New York Times*, September 12, 1933.

[b] A.M.Turing, "The Chemical Basis of Morphogenesis," *Philosophical Transactions of the Royal Society of London. Series B, Biological Sciences* 237, no. 641 (August 1952): 37-72.

[c] 이 관점은 생물학계 안에서도 지지를 받았다. P.Nurse, "Life, Logic and Information," *Nature* 454 (2008): 424-426.

[d] M.H.A.Newman, "Alan Mathison Turing, 1912-1954," *Biographical Memoirs of Fellows of the Royal Society* 1 (1955): 253-263.

5장

[a] A.M.Turing, "Solvable and Unsolvable Problems," *Science News* 31 (1954): 7-23.

[b] 현실적인 자원 제약 아래서 뇌 같은 시스템이 수행하는 계산이 어떤 것일까라는 문제는 별도의 탐구가 필요하다. 이 방향의 논문들은 L.G.Valiant, *Circuits of the Mind* (New York: Oxford University Press, 1994, 2000); L.G.Valiant, "Memorization and Association on a Realistic Neural Model," *Neural Computation* 17, no. 3 (2005): 527-555. 실험 심리학 관점에서 인간의 기억이 잘못되는 다양한 양상을 다룬 책은 D.Schacter, *The Seven Sins of Memory: How the Mind Forgets and Remembers* (New York: Houghton Mifflin, 2002).

[c] Aristotle, *Posterior Analytics*, Book I, 번역자 G.R.G.Mure (eBooks@ Adelaide, 2007).

[d] P.Hallie (ed.), *Selections from the Major Writings on Skepticism, Man and God*, 번역자 S.Etheridge (Indianapolis, IN: Hackett, 1985), 105.

[e] 충분한 샘플 크기를 계산하면 $(2/error) \times (n + \log_e(1/error))$가 된다는 것을 밝힌 논문은 L.G.Valiant, "A Theory of the Learnable," *Communications of the ACM* 27, no. 11 (1984): 1134-1142.

[f] 위 노트 [e]에서와 같이, n과 $error$로 비슷하게 표현되는 샘플 크기면 충분하다.

[g] 지워가기$_{elimination}$ 과정은, 양적으로 분석하지는 않았지만, 오랜 역사를 가지고 있다. 예를 들어 John Stuart Mill, *A System of Logic* (London: John W.Parker, 1843).

[h] 순수하게 계산 이론으로 정립한 논문은 E.M.Gold, "Language Identification in the Limit," *Information and Control* 10 (1967): 447-474. 통계 이론을 제공한 책들은 V.N.Vapnik, *The Nature of Statistical Learning Theory* (New York: Springer-Verlag, 2000); T.Hastie, R.Tibshirani, and J.H.Friedman, *The Elements of Statistical Learning* (New York: Springer-Verlag, 2001).

[i] PAC 학습과 그 확장에 대한 자세한 이야기는 M.J.Kearns and U.Vazirani,

An Introduction to Computational Learning Theory (Cambridge, MA: MIT Press, 1994).

[j] 오컴 방식에 대한 논의는 A. Blumer, A. Ehrenfeucht, D. Haussler, and M. K. Warmuth, "Occam's Razor," *Information Processing Letters* 24 (1987): 377– 380. 이 논문은 학습 가능하다는 것을 순전히 통계적인 기준으로 정의할 때, 예시와 가설들이 연속된 실수가 아니라 정수같이 뚝뚝 떨어진 값일 경우 거의 동의어 반복같이 당연한 정의가 된다는 점을 보여준다. 예시와 가설들이 실수 세계 위에 있는 경우도 비슷한 이야기를 할 수 있다, 조금 더 복잡하긴 하지만. 예를 들어, VC 차원*VC dimension*을 가지고 이야기하는 다음 논문같이 V. Vapnik and A. Chervonenkis, "On the Uniform Convergence of Relative Frequencies of Events to Their Probabilities," *Theory of Probability and Its Applications* 16, no. 2 (1971): 264-280; A. Blumer, A. Ehrenfeucht, D. Haussler, and M. K. Warmuth, "Learnability and the Vapnik–Chervonenkis Dimension," *Journal of the ACM* 36, no. 4 (1989): 929-965. 이 이전에 관련 개념이 사용된 작업으로 Thomas M. Cover, "Capacity Problems for Linear Machines," in L. Kanal (ed.), *Pattern Recognition* (Washington, DC: Thompson Book Co., 1968).

[k] 학습에 필요한 최소 예시의 개수를 보인 논문은 A. Ehrenfeucht, D. Haussler, M. Kearns, and L. G. Valiant, "A General Lower Bound on the Number of Examples Needed for Learning," *Information and Computation* 82, no. 2 (1989): 247-261.

[l] 공개키 암호*public-key cryptosystem* 개념을 처음으로 보인 논문은 W. Diffie and M. E. Hellman, "New Directions in Cryptography," *IEEE Transactions on Information Theory* IT-22 (November 1976): 644-654. RSA 시스템은 R. Rivest, A. Shamir, and L. Adleman, "A Method for Obtaining Digital Signatures and Public-Key Cryptosystems," *Communications of the ACM* 21, no. 2 (1978): 120-126. 출판되지는 않았지만 그 전에 이 개념들에 대한 작업들이 있었다. 예를 들어, James Ellis, Clifford Cocks, and Malcolm Williamson at the Government Communications Headquarters in the

UK; Ralph Merkle at UC Berkeley.

[m] 암호를 푸는 함수는 0/1을 출력하는 함수들 집합으로 간주한다. 비트의 개수는 원본 메세지 길이와 같은 것으로 하고, 각 함수는 학습으로 익혀지는. 모든 공개키 암호 시스템에서는 암호를 거는 알고리즘은 공개되어 있다.

[n] N. Chomsky, "Three Models for the Description of Language," *IRE Transactions on Information Theory* 2 (1956): 113-124.

[o] M. Kearns and L. G. Valiant, "Cryptographic Limitations on Learning Boolean Formulae and Finite Automata," *Journal of the ACM* 41, no. 1 (1994): 67-95. Preliminary version in *Proceedings of the 21st ACM Symposium on Theory of Computing* (1989): 433-444.

[p] A. Klivans and R. Servedio, "Learning DNF in time $2^{\tilde{O}(n^{1/3})}$," *Journal of Computer and System Sciences* 68, no. 2 (2004): 303-318.

[q] 또는-식$_{disjunction}$을 학습하는 특징-효율이 좋은$_{attribute-efficient}$ 알고리즘은 (Winnow라고 이름 붙임) N. Littlestone, "Learning Quickly When Irrelevant Attributes Abound: A New Linear-Threshold Algorithm," *Machine Learning* 2, no. 4 (1988): 285-318. 이 알고리즘은 퍼셉트론 알고리즘과 유사한데 변수앞에 붙은 계수들을 변화시킬 때 덧셈이 아니라 곱셈을 쓴다. 같이 살펴볼만한 논문은 Avrim Blum, "Learning Boolean Functions in an Infinite Attribute Space," *Machine Learning* 9 (1992): 373-386.

[r] R. I. Arriaga and S. Vempala, "An Algorithmic Theory of Learning: Robust Concepts and Random Projection," *Proceedings of the 40th IEEE Symposium on Foundations of Computer Science* (FOCS) (1999): 616-623.

6장

[a] 특히 많이 배울 수 있는 곳이 The Royal Tyrrell Museum in Drumheller, Alberta, Canada

[b] 다양한 사람들이 진화에서 정량적인 설명이 없다는 문제를 제기했다. 예를 들어, P. S. Moorhead and M. M. Kaplan (eds.), *Mathematical Challenges to the Neo-Darwinian Interpretation of Evolution: A Symposium*, Philadelphia, April 1966 (Philadelphia: Wistar Institute Press, 1967). 시각의 경우에 이 문제를 다룬 시도가 보인 논문은 D. E. Nilsson and S. Pelger, "A Pessimistic Estimate of the Time Required for an Eye to Evolve," *Proceedings: Biological Sciences* 256 (1994): 53-58.

[c] R. A. Fisher, *The Genetical Theory of Natural Selection* (Oxford: Oxford University Press, 1930); S. Wright, *Evolution and the Genetics of Populations, A Treatise* (Chicago: University of Chicago Press, 1968-1978).

[d] 매년 열리는 유전 알고리즘 경진대회 수상자 리스트는 http://www.genetic-programming.org/combined.html.

[e] 이 말은 다음 책의 제목에서 왔다. Julian Huxley, *Evolution: The Modern Synthesis* (1942). 이 말은 이전 10년 동안에 발전한 별도의 세 가지를 통합한 것을 이른다: 다윈(Charles Darwin)과 월리스(Alfred Wallace)의 자연 선택, 멘델(Gregor Mendel)의 유전학, 그리고 피셔(Ronald Fisher), 홀데인(John Haldane), 라이트(Sewall Wright)의 개체군 생물학.

[f] U. Alon, *An Introduction to Systems Biology* (Boca Raton, FL: CRC Press, 2006).

[g] 간단히 하기 위해서, 확실한 연산만 있는$_{deterministic}$ 입력 함수를 가정한다. 하지만 무작위$_{randomization}$ 연산이나 심지어 양자$_{quantum}$ 연산이 포함된 입력 함수를 가정해도 같은 이야기가 가능하다.

[h] C. D. Allis, T. Jenuwein, and D. Reinberg, *Epigenetics* (Cold Spring Harbor, NY: CSHL Press, 2007).

[i] 생명체가 살아가면서 학습한 것이 자연 선택에 끼치는 영향에 대한 연구들은 엄밀하지는 않았지만 19세기부터 있어 왔다. 예를 들어, M. J. Baldwin, "A New Factor in Evolution," *The American Naturalist* 30, no. 354

(June 1896): 441–451; G.E.Hinton and S.J.Nowlan, "How Learning Can Guide Evolution," *Complex Systems* 1 (1987): 495–502.

[j]   N.Eldredge and S.J.Gould, "Punctuated Equilibria: An Alternative to Phyletic Gradualism," in T.J.M.Schopf (ed.), *Models in Paleobiology* (San Francisco: Freeman, Cooper and Company, 1972), 82–115.

[k]   A.R.Wallace, "The Measurement of Geological Time," *Nature*, 17 (1870): 399–341, 452–455.

[l]   너무 간단하게 이야기하는 면이 있다. 5장에서 학습에 대해 이야기하면서 도 그랬고. 실은, 목표로 하는 최선 함수 클래스와 가설을 표현하는 함수 클래스가 구분되어야 한다.

[m]   이렇게 진화 가능함을 정의한 논문은 L.G.Valiant, "Evolvability," *Journal of the ACM* 56, no. 1 (2009): 3:1–3:21. (이전 버전: *Proceedings of the 32nd International Symposium on Mathematical Foundations of Computer Science*, August 26–31, 2007; Český Krumlov, Czech Republic, *Lecture Notes in Computer Science*, vol. 4708 [New York: Springer-Verlag, 2007], 22–43; and *Electronic Colloquium on Computational Complexity*, Report 120, September 2006.)

[n]   M.J.Kearns, "Efficient Noise-Tolerant Learning from Statistical Queries," *Journal of the ACM* 45, no. 6 (1998): 983–1006.

[o]   V.Feldman, "Distribution-Independent Evolvability of Linear Threshold Functions," *Journal of Machine Learning Research – Proceedings Track* 19 (2011): 253–272.

[p]   M.J.Kearns, "Efficient Noise-Tolerant Learning from Statistical Queries."

[q]   V.Feldman, "Robustness of Evolvability," *Proceedings of the 22nd Annual Conference on Learning Theory*, Montreal, Quebec, Canada (2009); V.Feldman, "Evolvability from Learning Algorithms," *Proceedings of the 40th Annual ACM Symposium on Theory of Computing* (2008): 619–628.

[r] L.Michael, "Evolvability via the Fourier Transform" (manuscript, 2007). 또한 *Theoretical Computer Science* 462 (2012): 88-98.

[s] V.Feldman, "A Complete Characterization of Statistical Query Learning with Applications to Evolvability," *50th Annual IEEE Symposium on Foundations of Computer Science* (2009): 375-384.

[t] P.Valiant, "Distribution Free Evolvability of Polynomial Functions over All Convex Loss Functions," *Proceedings of the 3rd Symposium on Innovations in Theoretical Computer Science* (2012): 142-148.

[u] V.Kanade, "Evolution with Recombination," *52nd Annual IEEE Symposium on Foundations of Computer Science* (2011): 837-846.

[v] R.A.Fisher, *The Genetical Theory of Natural Selection* (Oxford: Clarendon Press, 1930); J.Maynard Smith, *The Evolution of Sex* (Cambridge: Cambridge University Press, 1978); A.Livnat, C.H.Papadimitriou, J.Dushoff, and M.W.Feldman, "A Mixability Theory of the Role of Sex in Evolution" *PNAS* 105, no. 50 (2008): 19803-19808.

[w] 어떤 진화 알고리즘은 천천히 변하는 세계에서도 작동한다는 것을 밝힌 논문은 V.Kanade, L.G.Valiant, and J.Wortman Vaughan, "Evolution with Drifting Targets," *Conference on Learning Theory* (2010): 155-167.

7장

[a] I.Ayres, *Super Crunchers: Why Thinking—by—Numbers Is the New Way to Be Smart* (New York: Bantam, 2007).

[b] 이것을 더 자세히 설명한 책은 L.G.Valiant, *Circuits of the Mind* (New York: Oxford University Press, 1994, 2000).

[c] D.B.Lenat, "CYC: A Large-Scale Investment in Knowledge Infrastructure," *Communications of the ACM* 38, no. 11 (1995): 32-38.

[d] 베이지안 모델*Bayesian models*과 추론 과정이 설명된 책은 J.Pearl, *Probabilistic Reasoning in Intelligent Systems* (San Francisco: Morgan Kaufmann Publishers, 1988). 불확실한 상황에서 이치 따지기를 연구한 결과들은 "Uncertainty in Artificial Intelligence"라는 학술회의 시리즈에서 더 찾을 수 있다. 실험적으로 알려진 것은, 일반 지식을 많이 집어넣어야 하는 응용에서는 학습하는 부품이 꼭 필요하다는 것이다. 예를 들어, 아이비엠(IBM)이 왓슨(Watson) 시스템으로 만든 제퍼디(Jeopardy!) 퀴즈쇼 챔피언 시스템이 그렇다.

[e] D.Angluin and P.Laird, "Learning from Noisy Examples," *Machine Learning* 2 (1987): 343-370. 한 가지 종류의 잡음에도 잘 작동하는 학습 알고리즘을 만드는 일반 방법론이 제시된 논문은 Michael J.Kearns, "Efficient Noise-Tolerant Learning from Statistical Queries," *Journal of the ACM* 45, no. 6 (1998): 983-1006.

[f] L.G.Valiant, "Robust Logics," *Artificial Intelligence Journal* 117 (2000): 231-253.

[g] G.A.Miller, "The Magical Number Seven Plus or Minus Two," *The Psychological Review* 63 (1956): 81-97.

[h] F.Galton, *Inquiries into Human Faculty and Its Development*, 1st ed. (London: Macmillan, 1883).

[i] I.Biederman, "Recognition-by-Components: A Theory of Human Image Understanding," *Psychological Review* 94 (1987): 115-147.

[j] 뇌가 해야 할 일과 관련한 이야기다. 뇌가 어떻게 작동하는 지에 대한 논의는 5장의 노트 [b]를 참고하길.

[k] 우리 시각 시스템의 인식 속도가 매우 빠르다는 것을 반응 시간 실험을 통해 밝힌 논문은 S.J.Thorpe, D.Fize, and C.Marlot, "Speed of Processing in the Human Visual System," *Nature* 381 (1996): 520-522.

[l] N.Littlestone, "Learning Quickly When Irrelevant Attributes Abound:

A New Linear-Threshold Algorithm," *Machine Learning* 2, no. 4 (1988): 285-318.

[m] 이치 따지기 부품이 다항식*polynomial*(규칙들 크기와 같은 적절한 인자들의 다항식) 시간 안에 답을 내려면, 한가지 필요한 조건이 있다. 모든 관계식에 나타나는 인자 개수가 상수여야 한다. 안 그러면 이치 따지기가 인자 개수에 비례해서 기하급수*exponential*로 커진다.

[n] 어떻게 튼튼 논리*robust logic*가 지능 시스템에서 사용될 수 있는지를 좀 더 자세히 이야기한 논문은 L.G.Valiant, "Knowledge Infusion," *Proceedings of the 21st National Conference on Artificial Intelligence*, July 16-20, Boston, MA (Menlo Park, CA: AAAI Press, 2006), 1546-1551. 몇 개 실험 결과를 보고한 논문은 L.Michael and L.G.Valiant, "A First Experimental Demonstration of Massive Knowledge Infusion," *Proceedings of 11th International Conference on Principles of Knowledge Representation and Reasoning* (Menlo Park, CA: AAAI Press, 2008), 378-389.

8장

[a] J.Pearl, *Causality* (Cambridge: Cambridge University Press, 2009).

9장

[a] M.Kearns and L.G.Valiant, "Cryptographic Limitations on Learning Boolean Formulae and Finite Automata," *Journal of the ACM* 41, no. 1 (1994): 67-95. 이전 버전은 Proceedings of the 21st ACM Symposium on Theory of Computing (1989): 433-444.

[b] R.Schapire, "Strength of Weak Learnability," *Machine Learning* 5 (1990): 197-227.

[c] Y.Freund and R.E.Schapire, "A Decision-Theoretic Generalization of On-Line Learning and an Application to Boosting," *Journal of Computer and System Sciences* 55, no. 1 (1997): 119-139.

[d] M. Aizerman, E. Braverman, and L. Rozonoer, "Theoretical Foundations of the Potential Function Method in Pattern Recognition Learning," *Automation and Remote Control* 25 (1964): 821-837.

[e] B. E. Boser, I. M. Guyon, and V. N. Vapnik, "A Training Algorithm for Optimal Margin Classifiers," *5th Annual ACM Workshop on Computational Learning Theory* (Pittsburgh, PA: ACM Press, 1992), 144-152; C. Cortes and V. Vapnik, "Support-Vector Networks," *Machine Learning* 20 (1995).

[f] T. M. Mitchell et al., "Learning to Decode Cognitive States from Brain Images," *Machine Learning* 57 (2004): 145-175.

[g] A. M. Turing, "Intelligent Machinery" (출판 안 됨, 1948). 재출간은 B. J. Copeland, *The Essential Turing* (Oxford: Oxford University Press, 2004), 410-432.

[h] L. G. Valiant, "Functionality in Neural Nets," *Proceedings of the First Workshop on Computational Learning Theory* (San Francisco: Morgan Kaufmann Publishers, 1988), 28-39.

[i] R. Paturi, S. Rajasekaran, and J. H. Reif, "The Light Bulb Problem," *Proceedings of the Second Annual Workshop on Computational Learning Theory* (San Francisco: Morgan Kaufmann Publishers, 1989), 261-268; P. Indyk and R. Motwani, "Approximate Nearest Neighbors: Towards Removing the Curse of Dimensionality," *Proceedings of the 30th Annual ACM Symposium on Theory of Computing* (1998): 604-614; M. Dubiner, "Bucketing, Coding and Information Theory for the Statistical High Dimensional Nearest Neighbor Problem," arXiv:0810.4182 (2008); G. Valiant, "Finding Correlations in Subquadratic Time, with Applications to Learning Parities and Juntas," *53rd Annual IEEE Symposium on Foundations of Computer Science* (2012): 11-20.

[j] 이것을 좀더 자세히 논의한 책은 L. G. Valiant, *Circuits of the Mind* (New

York: Oxford University Press, 1994, 2000).

[k] H. Gardner, *Frames of Mind: The Theory of Multiple Intelligences* (New York: Basic Books, 1983).

[l] A. M. Turing, "Computing Machinery and Intelligence," *Mind* 49 (1950): 433-460. 제목과는 달리 이 논문에서 튜링은 지능을 정의하지는 않는다. 대신에, 기계가 '생각한다'고 여길 수 있는 기준을 제시한다. 그러나, 처음 부터 튜링 테스트는 지능을 갖췄는지에 대한 기준으로 여겨졌다.

10장

[a] 처칠(Winston Churchill), 하버드 대학(Harvard University)에서의 연설, 1943년 9월 6일.

용어 설명

- **개념**_{concept}은 이 책에서는 학습할 수 있는 함수/가설을 뜻한다.

- **계산 가능한**_{computable} 함수는 그 함수를 실행하는 튜링기계를 만들 수 있는 함수다.

- **계산 문제**_{computational problem}란 기계적인 계산으로 풀어야 하는 문제다. 계산 문제의 답이 알고리즘_{algorithm}이다.

- **그리고-식**_{conjunction}은 부울 함수인데 변수들을 그리고_{and}로만 엮은 함수다. 모든 변수들이 참일 때만 참을 내놓고 나머지 경우는 모두 거짓을 내놓는다.

- **기억 창고**_{long-term memory}는 뇌 인지 과정에서 정보를 긴 시간 동안 기억하는 가상의 기억 장치를 말한다.

- **기하급수**_{exponential}식은 어떤 지수함수 k^x(k는 1보다 큰 상수)보다 결국은 더 빨리 커가는 식이다. 예를 들어, 2^x, 1.5^x, $x + 1.01^{x+1}$, 10×2^x, x^x 등. 대개 상수의 변수제곱 항 $c \times k^x$(c와 k는 상수)를 가진다. 다항식 아래로 잡힐 수 없다.

- **다항**_{polynomial}식은 변수의 상수제곱 항 $c \times x^k$(c와 k는 상수)으로만 구성된 식이다. $c_0 + c_1 x^1 + \cdots + c_n x^n$.($c_i$들과 n은 모두 상수) 꼴이다. 항상 다항식 아래로 잡힌다.

- **다항식 비용 안으로 잡히는/다항식 아래로 잡히는**_{polynomially bounded} 함수 $f(x)$는 상수 c와 k가 있어서 모든 x에 대해서 $f(x) < c \times x^k$인

경우를 말한다.

- **단백질 발현 네트워크**_protein expression network_는 세포 안에서 단백질마다 언제, 얼마만큼 만들어져야 하는지가 표현된 조건 관계를 말한다. 그 조건은 단백질들 사이의 조건이다. 다른 단백질 어떤 것들이 어느 만큼 있으면 어느 단백질을 얼마만큼 만들라,는. 종종 유전자 발현 네트워크_gene expression network_라고도 불린다.

- **또는-식**_disjunction_은 부울 함수인데 변수들을 또는_or_으로만 엮은 함수다. 모든 변수들이 거짓일 때만 거짓을 내놓고 나머지 경우는 모두 참을 내놓는다.

- **디덕**_deduction, syllogism_은 알려진 사실로부터 반드시 사실인 것을 이끌어내는 것을 말한다. 예를 들어, "사람이면 죽고 나는 사람이다" 로부터 "나는 죽는다"를 이끌어낸다. 반드시 사실이다. 한문 용어로 '연역(演繹)'이라는 번역어를 쓰기도 한다.

- **모든-어떤 논리**_predicate logic_ 모두를 대상으로 하는지 일부를 대상으로 하는지를 한정해서 표현할 수 있다. 예를 들어 "모든 사람은 죽는다" "어떤 사람은 키가 크다" 등을 한정 기호 $\forall$(모든)과 $\exists$(어떤)을 사용해서 다음과 같이 표현할 수 있다: $\forall x$사람$(x) \rightarrow$ 죽는다(x), $\exists x$사람$(x) \land$죽는다(x). ('$\rightarrow$'는 '이면'을 뜻하고 '$\land$'는 '그리고'를 뜻한다)

- **모든 게 정해진/확실한 연산만 있는**_deterministic_ 계산은 보통의 기계적인 계산을 말한다. 계산의 모든 과정이 정확히 정해진 경우다. 예를 들어, 선택의 기로에서도 어느 한순간 하나만 선택해서 계산을 진행한다.

- **목표 좇기**_target pursuit_는 학습과 진화에서, 접근 가능한 많은 목표를 동시에 좇는 능력을 말한다.

- **무작위 튜링기계**_randomized Turing machine_는 튜링기계인데, 적용할 수 있는 작동 규칙이 여럿 있을 때 무작위로 선택한 작동 규칙을 적용한다.

- **복잡도 클래스**_complexity class_는 문제들 집합인데 문제를 푸는 알고리즘의 비용이 같은 수준이어서 모아놓은 집합이다. 예를 들어, P와 NP라는 복잡도 클래스가 있다.

- **부울 함수**_boolean function_는 입력과 출력으로 참/거짓 두 가지만 취하는 함수다. 참/거짓은 1/0, 1/−1 등 구분되는 두 가지로 표현될 수도 있다. 부울 함수의 한 예는 $f(x, y) = x$ 또는 y이다. x와 y가 모두 거짓일 때에만 거짓을 내놓고 나머지 경우는 모두 참을 내놓는 함수다.

- **양자 튜링기계**_quantum Turing machine_는 양자_quantum_ 현상을 이용한 계산을 모델한 것이다. 특히 중첩_superposition_, 엮임_entanglement_, 확률진폭 _probability amplitude_을 활용해서 많은 데이터를 알뜰하게 저장하고 동시에 계산이 가능하다. 예를 들어, 기하급수로 많은 데이터를 다항의 메모리에 저장하고 같은 계산을 그 모두에게 동시에 할 수 있다.

- **에코리즘**_ecorithm_이란 이 책에서 소개한 용어로, 알고리즘의 일종으로서 학습 능력을 갖춘 알고리즘을 말한다. 환경에서 학습을 통해 보다 나은 능력을 이끌어낼 수 있는 알고리즘이다. 기계 학습, 진화, 지능이 모두 에코리즘의 예들이다.

- 오류율을 잡아둘 수 있는 양자 다항*bounded quantum polynomial, BQP* 클래스는 양자 튜링기계*quantum Turing machine*로 다항 시간 안에 풀 수 있는 문제들의 집합이다.

- 오류율을 잡아둘 수 있는 확률형 다항*bounded probabilistic polynomial, BPP* 클래스는 무작위 튜링기계*randomized Turing machine*로 다항 시간 안에 풀 수 있는 문제들 집합이다.

- 운에 기대는*nondeterministic* 계산은 계산 과정 중에 여러 가지 선택의 기로에 놓이면 항상 정답 선택을 단번에 해가는 계산이다. 좀 더 기술적으로는, 기하급수로 많은 탐색을 동시에 하면서 정답을 찾는 계산을 말한다.

- 운에 기대면 다항 시간 안에 풀리는*nondeterministic polynomial, NP* 클래스는 선택의 기로에서 항상 정답 선택을 단번에 해가는 방식으로 다항 시간 안에 풀 수 있는 문제들의 집합이다. 혹은, 문제의 답이 맞는지 확인하는 데 다항 시간이 걸리는 문제들의 집합이다.

- 유연성*resilience*은 학습 알고리즘이 가졌으면 하는 성질이다. 특정 분포 입력에서만 믿을 만한 결과를 내는 게 아니라 임의 다른 분포의 입력에서도 믿을 만한 결과를 내는 게 좋다. 또, 학습할 때 틀린 답안이 끼어도 학습 결과가 그렇게 나빠지지 않아야 좋다.

- 이론 없는*theoryless* 것은 이론 있는 것이 아닌 경우를 말한다.

- 이론 있는*theoryful* 것은 과학 이론 같이 현상을 잘 설명하고 있고 또 미래 상황을 예측하는 데 사용할 수 있는 것을 말한다.

- 인덕*induction*은 알려진 몇 개 사실로부터 보편적인 사실로 짐작해서

일반화하는 것을 말한다. 예를 들어, 지금까지 봄마다 꽃샘추위가 있었다면 "봄에는 꽃샘추위가 있다"고 일반화하는 것이다. 틀릴 수 있다. 한문용어로 '귀납(歸納)'이라는 번역어를 쓰기도 한다.

- **입력함수**_input function_는 이 책에서 단백질에 대한 함수다. 세포 안에서 그 단백질이 만들어져야 할지 혹은 얼마나 만들어져야 할지를 세포 환경의 조건을 가지고 결정해 주는 함수다.

- **작업보따리**_working memory_는 뇌 인지 과정에서 그때그때 필요한 정보를 임시로 잠깐 보관하는 가상의 작은 기억 장치를 말한다.

- **접근 가능한 목표**_accessible target_는 학습 가능하거나 진화 가능한 함수를 말한다. 관찰되는 특징을 가지고 학습 가능하거나 진화 가능한 함수 클래스에 있는 함수다.

- **지능**_intelligence_은 이 책에서는 우리가 일상에서 사용하는 느낌으로, 사람의 지능을 뜻한다. 책에서 정의하고 논의한 지능의 양상은 100% 확신할 수 없는 학습한 지식 위에서 이치 따지는 과정이다.

- **진화 가능한 함수**_evolvable functions_는 진화 알고리즘이 존재해서 현실적인 비용으로 진화시킬 수 있는 함수다. 현실적인(다항의) 자원을 사용해서 현실적인(다항) 비용으로 오류를 관리하며 진화시킬 수 있어야 한다.

- **최선 함수**_ideal function_는 진화하는 생물체가 주어진 환경에서 모든 가능한 행동 중에 가장 득이 되는 행동을 결정해 주는 함수다.

- **통계적으로 묻는**_statistical query_ 학습은 개별 샘플을 보고 가다듬는 학습이 아니라 샘플들에 대한 통계적인 사실을 통해서 가다듬는 학습이다.

- **튜링기계**_Turing machine_는 기계적인 계산의 모델이다. 이 모델은 튼튼하다. 우리가 생각할 수 있는 모든 기계적인 계산을 포섭하는 것으로 믿겨지는 모델이다.

- **튼튼 논리**_robust logic_는 공통된 의미 구조를 가지고 학습과 이치 따지기를 정의한 시스템이다. 규칙들이 PAC 학습되고 이치 따진 결과의 정확도를 PAC 방식으로 관리할 수 있다.

- **튼튼한 모델**_robust model_은 어떤 현상을 정의한 것인데 그 현상의 최대치를 빠뜨림 없이 담아낸 정의를 말한다. 같은 현상을 정의한 다른 정의까지 모두 아우를 수 있는 정의다. 예를 들어, 튜링기계는 기계적인 계산의 튼튼한 모델이다.

- **퍼셉트론**_perceptron_ 알고리즘은 직선 부등식을 학습하는 하나의 알고리즘이다.

- **현실적인 계산**_feasible computation_은 계산이 끝날 때까지 필요한 연산 횟수가 입력 크기(입력을 표현하는 데 필요한 단위 공간의 크기)의 다항식_polynomial_으로 잡히는 계산이다.

- **홀짝함수**_parity function_는 참-거짓 값을 갖는 인자들을 받는 함수인데, 인자가 홀수 개가 참이면 결과가 참인 함수다.

- **회로**_circuit_는 이 책에서는 입출력과 중간 과정이 명확히 드러나 있는 계산을 말한다.

- **NP-완전**_NP-complete_ 문제는 그 문제를 다항 시간 안에 푸는 알고리즘을 찾으면 NP 클래스의 모든 문제들도 그 알고리즘을 이용해서 다항 시간 안에 풀 수 있게 된다.

- P 클래스는 보통의 계산*deterministic computation*으로 다항 시간 안에 풀릴 수 있는 문제들 집합이다. 다항은 입력 크기를 변수로 하는 다항식*polynomial*을 뜻한다. 입력 크기는 입력을 이진수로 표현할 때 필요한 자리(0 또는 1)의 개수다.

- PAC(얼추거의맞기) 학습*PAC(probably approximately correct) learning*은 예시로 배우는 주입식 학습 과정으로서 그 계산 비용이 다항으로 잡히고 오류율이 다항 비용으로 관리되는 학습이다.

- PAC 스타일의 의미*PAC semantics*는 오류 가능성에 대해서 PAC 학습의 정의에서 했던 방식을 말한다. 오류율이 어느 이상 넘지 않는다는 보장을 확률적으로 한다.

- PAC 학습 가능한*PAC learnable* 클래스는 그 클래스의 모든 함수들이 PAC 학습 알고리즘의 결과로 가능한 경우를 말한다.

- #P 클래스는 NP 문제의 해답 개수를 묻는 문제들을 모은 집합이다.

저자 감사의 글

책에서 밝혔듯이 이 책은 앨런 튜링(Alan Turing)의 통찰력 있는 아이디어에 깊이 뿌리박고 있다.

책에서 인덕*induction*을 과학적으로 다뤘는데, 이 분야는 계산 학습 이론*computational learning theory*이라는 분야다. 지난 삼십 년간 많은 분들이 이 분야를 일궜다. 특히 다음 분들께 감사하고 싶다. Dana Angluin, Avrim Blum, Andrzej Ehrenfeucht, Vitaly Feldman, Yoav Freund, David Haussler, Varun Kanade, Michael Kearns, Roni Khardon, Adam Klivans, Ming Li, Nick Littlestone, Yishay Mansour, Loizos Michael, Lenny Pitt, Ron Rivest, Dan Roth, Robert Schapire, Rocco Servedio, Manfred Warmuth.

또 초창기 계산 복잡도*computational complexity* 분야를 선구적으로 이끈 다음 분들에게 감사한다. Manuel Blum, Stephen Cook, Juris Hartmanis, Richard Karp, Michael Rabin, Volker Strasse.

Juliet Harman에게 고마움을 전한다. 원고를 세밀하게 읽고 비평해 주었다. 그녀의 아이디어 덕분에 이 책이 더 좋아질 수 있었다. Basic Books의 Thomas Kelleher에게도 고마움을 전한다. 편집을 맡으며 소중한 제안을 해 주었다.

저자들에게는 전통이 있다. 배우자들이 어쩔 수 없는 힘든 시간을 잘 참아준 점에 고마워하는 것이다. 이 책을 쓰는 동안 아낌없는 응원을 보내준 Gayle에게 감사하다. Gayle은 원고에 대해서도 소중하고 세밀한 의견을 주었다.

찾아보기

기호

#P 67

#P-complete
#P-완전 67

ㄱ

가다서다한다는
punctuated equilibrium 148

가드너
Howard Gardner 254

가장 가까운-이웃
nearest-neighbor 239

거의
approximately 111

결정 문제
decision problem 39

계산 과학
computational science 84

계산 복잡도
computational complexity 42, 52, 61, 274, 295

계산 이론
computation theory xiv, 42

계산 학습
computational learning 32, 140, 214

계산 학습 이론
computational learning theory 139, 295

계산형
computational 48

골턴
Francis Galton 195

공개키
public key 63

공개키 암호
public-key cryptography 63, 123
public-key cryptosystem 279

공개할 열쇠
public key 123

공리
axiom 180

과학교육 55

괴델
Kurt Gödel 7, 39, 44, 46, 47, 87, 167, 181, 273

구아닌
guanine 81

귀납
induction 10, 179

귀추
abduction 10

그리고
and 106, 108, 111, 117

그리고-식
conjunction 112, 120, 133, 150, 168

기계 학습
machine learning xii, xvi, 15, 16, 234

기억 창고
long-term memory 195

기하급수
exponential 53, 103, 122, 161, 285

기하학
geometry 51

길러진
nurture 214, 243

깊은 신경망
deep neural net xvii, 32, 114, 121, 239
DNN 114

ㄴ

내시
John Nash 274

넷플릭스
Netflix 15

이 책에 쏟아진 찬사들

"이 세계의 복잡성에 대한, 그리고 생명체들이 그런 복잡한 환경을 헤쳐나갈 때 자신도 모르게 사용한 수학에 대한 저자의 생각들이 독자를 빨아들인다."

– 사이언티픽 아메리칸(Scientific American)

"밸리언트의 가설은 튼튼한 계산 이론 위에 서 있다. 튜링이 선구적으로 일군 기계적인 계산과 알고리즘 디자인에 대한 튼튼한 작업들 위에. 이어지는 장에서는 어떻게 에코리즘이 진화를 설명할 수 있는지를 보인다. 진화가 어떻게 최적의 성능을 찾는 과정인지를. 그는 또 에코리즘 아이디어가 인공지능을 구현하려는 컴퓨터과학자들을 어떻게 도울 수 있는지도 보인다. 그의 책은 넓은 시야를 제공해 준다. 어떻게 에코리즘이 성공적으로 여러 도전적인 문제에 적용될 수 있는지."

– 퍼블리셔즈 위클리(Publishers Weekly)

"이 놀라운 책은 일반인들에게 수학과 인공지능의 미묘한 문제가 뭐가 있는지를 전달해 준다. 그리고 생물학자와 컴퓨터과학자 들에게 생각의 틀을 제공한다. 두 분야가 같이 힘을 합쳐서 가장 흥미진진하고 아리송한 생물의 문제를 탐구하는 데 도움이 되는 틀을."

– 마크 커슈너(Marc Kirschner),
하버드 의대(Harvard Medical School) 시스템 생물학(systems biology) 교수,
『생명의 개연성』 공저

"이 책에는 신선한 생각과 우아하고 정교한 아이디어들이 있다. 얼추, 거의, 눈부신 것 그 이상이다. 컴퓨터 계산, 학습, 진화, 그리고 인간의 본질에 대해 관심 있는 사람이라면 이 책은 엄청나게 자극적일 게고 유익할 것이다."

– 스티븐 코슬린(Stephen Kosslyn), 미네르바 대학(Minerva Univ.) 설립 학장,
스탠포드 대학교(Stanford Univ.) 심리학 교수

"에코리즘은 환경과 상호 소통하며 배우는 알고리즘이다. 이 책은 에코리즘의 능력과 한계를 이해하는 데 필요한 이론적인 틀을 설명해준다. 그리고 그 틀을 써서 인간의 인지, 생명의 진화, 그리고 인공지능을 설명한다. 멋지게 쓰인 이 책은 많은 독자들이 읽을 수 있는 난이도를 갖추고 있다."

– 리처드 카프(Richard Karp), **튜링상**(Turing Award) **수상,**
UC 버클리(UC Berkeley) **사이먼 계산 이론 연구소**(Simons Institute for the Theory of Computing) **소장**

"이 대담하면서도 자그마한 책은 양적인 수학 이론을 제안한다. 모든 생명체의 행동(적응, 학습, 진화, 그리고 인지)를 결정짓는 계산 과정의 모든 핵심을 설명할 수 있는 이론으로서. 이 이론은 훌륭한 이론의 자격을 가지고 있다. 간단하고 일반적이고, 오류로 판명될 가능성이 있고, 그리고 무엇보다도 얼추, 거의, 맞다!"

– 아비 워더슨(Avi Wigderson), **네반린나상**(Nevanlinna Prize) **수상,**
프린스턴 고등과학원(Institute for Advanced Study, Princeton) **수학 교수**

"훌륭한 책이다. 수학자인 내 눈을 뜨게 한다. 우리가 어떻게 사고하고 이치를 따지는지 알게 되었다. 그리고 할아버지로서 4개월 된 손자가 어떻게 성장하고 배우는지 더 잘 이해하게 됐다. 밸리언트의 책은 깊은 통찰을 준다. 젊은 사람과 나이 많은 사람 모두에게."

– 야우싱퉁(Shing-Tung Yau), **필즈상**(Fields Medal) **수상,**
하버드 대학(Harvard Univ.) **수학 교수,** 『**The Shape of Inner Space**』 **공저**

"전혀 실수가 없는 기계(소프트웨어)는 실수에서 배우는 기계다. 이 책은 상세한, 아주 필요했던 안내서다. 어떻게 자연이 우리를 여기까지 이끌었는지 그리고 과학 기술이 어디로 우리를 데려갈지를 설명해 주는 안내서다."

– 조지 다이슨(George Dyson), 『**Turing's Cathedral**』 **저자**